"깨어있는 삶, 길찾기"

한상석의

골프장 이야기 2

책머리에

클럽하우스가 화려하더라도 잔디 상태가 나쁘다면 골퍼들이 공을 칠 맛이 나지 않고, 아무리 잔디가 좋아도 캐디(경기 도우미)가 훌륭하지 않으면 라운드가 나빠질 수밖에 없는바, 서비스 정신이 투철한 캐디가 있어야만 골퍼들이 원활한 플레이를 할 수 있을 것입니다.

명문 골프장이 되려면, '잔디'와 '캐디'를 말하는 '2D(투 디)'를 잘 갖춰야 하는바, "골프장의 '하드웨어'와 '소프트웨어'가 잘 조화를 이뤄야 한다."는 뜻이겠고, 지혜의 땅, 소피아그린CC도 적극 신경 쓰고 있습니다.

골프장은 초타 구역(티잉 그라운드), 잔디밭 구역(페어웨이 Fairway, '정상적인 통로'로 제1타를 칠 때 공을 올려놓는 대(Tee)와 그린 사이에 있는 잘 깎인 잔디 지역), 황무지 구역(러프 Rough : 고르지 않은 지역), 모래사장 장애 구역(벙커), 깃대, 공을 쳐서 넣는 구멍(홀) 등을 포함한 일련의 코스로 구성되어 있습니다.

코스의 티잉 그라운드(시작) 위치에서 페어웨이(Fairway)를 지나 그린(종료)까지 구간의 훌륭한 골프코스가 나오기에는, 심미안이 있는 설립자와 훌륭한 코스부지 그리고 능력 있는 설계자 또한 설계를 제대로 구현한 시공사와 완성된 코스를 잘 관리하는 관리팀의 공이었을 것입니다.

지난달 내놓은 〈골프장 이야기〉(세창문화사, 309쪽)는 '골프 초입자나 막연하게 알았던 골퍼들에게도 도움이 되는 책이었다.'고들 얘기하였는데, 〈골프장 이야기 2〉에서는 앞선 내용과 겹치지 않으면서도 잔디와 캐디 등 골프장 속살을 더욱 폭넓게 천착한 이야기를 합니다.

이 책에선 골프 장비나 스윙과 샷 등 실기관련 기본은 과감하게 덜어냈고, 한정된 지면에서 한국 골프(장) 현황과 역사를 천착해 보려는 시도며, 최신 자료를 모아서 골프 정책과 운영, 산업, 경기 4개의 장으로 나눠 친절하게 소주제도 담았습니다.

1장 골프 대중화 정책에서는 1999년 김대중 대통령 골프 대중화 선언과 2022년 문재인 정부 제2 골프 대중화 선언 그리고 관련 대중화 정책을 다루며, 대중제(퍼블릭) 골프장 및 골프에 대한 여론도 함께 실었습니다.

2장 골프장 운영에서는 골프장 CEO와 운영 특히, 골프장 건설과 설계, 골프장 잔디 관련 얘기를 폭넓게 다뤘는데, 골프 코스관리, 잔디 바꾼 골프장, 골프코스 설계자, 초고가 회원제 골프장 소개도 다뤘습니다.

3장 골프 산업에서는 초호황에 들어선 대한민국 골프 현주소를 다양하게 서술하고 캐디학 개론 그리고 골프장 매매도 다루면서, 골프 플랫폼 업계, 골프 최근 뉴스, 변호사 법률조언도 소개합니다.

4장 골프 경기에서는 스포츠 기본법을 비롯해 골프 경기 이야기와 함께 미국 역대 대통령 골프 얘기도 넣고 당구 이야기와 소피아그린CC 코스소개를 실었는바, 특히 '골프와 당구, 닮은 13가지'도 실었습니다.

골프 여제 박세리 선수도 기자들에게 '오늘도 난초 그렸다'는 말까지 듣는 슬럼프가 예고 없이 찾아왔다고 하는바, 결국 심리적 공황이라서 '자신의 한계를 인정하며 마음을 내려놓고서야, 다시 그전과 같이 나이스 한 샷을 칠 수 있었다.'고 합니다.

"날아오는 공도 아니고, 가만있는 공을 치는 건데 왜 공이 안 맞을까?" 라고들 하는데, 움직이지도 않는 공을 못 치는 건 몸이 아닌 마음에서 해결해야 할 문제로, 허심적타(虛心適打, 마음 비우면 원하는 샷을 얻을 수 있다.)를 권합니다.

아마추어 수준에서의 스윙은 조금만 노력하면 줄넘기나 자전거 타기만큼이나 쉽게 익힐 수 있는데도, 결정적인 순간에 오비가 나고 어처구니없는 실수를 연발하는 것은 그때그때의 샷과 스윙에 집중하지 못하고 마음이 흔들리기 때문인데, 사람들은 라운드를 망치고 돌아와서는 폼을 탓하고 장비 핑계를 댑니다.

수많은 시행착오를 거치면서 올바른 스윙 폼과 샷은 충분한 연습과 더불어 그에 상응하는 마음의 수양이 이루어졌을 때 비로소 달성될 수 있고, 골프를 고급 스포츠라고 불리는 것도 돈 있는 사람이 하는 스포츠이면서, 반드시 마음을 갈고닦아야만 실력이 향상되는 정신 스포츠입니다.

많은 회식 자리에서 '백두산'을 외치는데 '백 살 넘어도 두 발로 산에 가자'라는 것이니, 후렴은 '해불자' 라고 함께 하면 좋겠고, 남과 비교해서 최고가 되려고 하기보다 매 순간 나 자신에게 최고가 되기 위해 최선을 다하는 골퍼, 함께하는 동반자들을 존중하고 배려하는 골퍼들에게는 향기가 나고, 그 향기는 골프코스를 넘어 일과 일상에까지 스며들 것입니다.

저도 골프장 운영 임원으로서 그리고 골프 예찬 내지는 옹호론자로 자처하기보다는 골프 대중화가 이루어지게 되는 현상을 깊게 천착하면서, 진정으로 골프가 건전한 국민체육으로 자리 잡도록 최선을 다 하렵니다.

2022년 5월 29일

소피아그린CC 상임감사 한상석

차례

2장 골프장 운영

3장 골프 산업

4장 골프 경기

골프 대중화 정책

1장 | 골프 대중화 정책

1 골프 대중화를 바라며

골프(GOLF)란 '그린(Green), 산소(Oxygen), 빛(Light), 발 운동(Foot)'이라고도 하며, 푸른 초원에서 신선한 산소와 햇빛을 받으며 걷고, 골프채(막대기)로 작은 공을 쳐 목표 홀에 넣는 운동입니다.

골프는 마음의 수양이 뒤따르는 '허심적타'(虛心適打, 마음 비우면 원하는 샷을 얻을 수 있다.)의 정신 스포츠이며, 사치성 스포츠를 떨쳐내고서 명실상부하게 골프 대중화가 이루어져야 합니다.

2016년 리우올림픽 메달이 걸린 아마추어 스포츠로 되었던 골프는 코로나19 덕에 초호황을 누리고 있고, 최근 갤럽 여론조사에서도 나왔듯이 '사치성 스포츠'가 아닌 '대중 스포츠'로서 자리매김이 된 실정입니다.

한국 공무원 사회에서 '골프 금지→해금'이 그리 낯선 광경은 아니었고 길게는 5년마다, 짧게는 매년 공무원들의 골프는 금지와 해금을 반복했는데, 이유도 가지각색이었습니다.

1999년 골프 대중화 선언을 한 김대중–노무현 집권 10년 동안 100개가 안 되던 골프장 수가 227개로 늘고 내장객 수는 두 배 이상 증가했는데, 이후 등장한 보수 정권 9년 동안 골프 산업은 세제 등에서 압박을 받았으며, 박근혜 대통령의 '김영란법'으로 결정적인 타격도 있었습니다.

올해 '제2 골프 대중화'를 선언한 문재인 정부는 지난 1월 「골프장 이용 합리화 및 골프 산업 혁신 방안」을 발표했고, 문화관광체육부는 2026년까지 골프 인구 600만 명, 시장규모 22조 원 달성을 목표로, '실질적 골프 대중화'와 '지속 가능한 산업 혁신'을 양대 정책 방향으로 제시했습니다.

지난 5월 10일 서울 여의도 국회에서 윤석열 대통령은 4만여 명이 참석한 가운데 취임식을 갖고, "자유, 인권, 공정, 연대의 가치를 기반으로 국민이 진정한 주인인 나라를 만들어 나가겠다."고 다짐하며, 닻을 올렸습니다.

대통령 취임사는 개인의 메시지가 아니고 새로운 시대를 여는 서사여서, 대한민국에 대한 역사적 인식, 시대적 과제에 대한 진단과 대한민국이 나아갈 방향, 이를 실현하기 위한 신임 대통령의 비전이 녹아 있습니다.

윤 대통령은 취임사에서 자유, 성장, 연대를 강조했고, "모든 시민이 자유 시민이 되어야 한다. (그러려면) 경제적 기초, 공정한 교육과 문화의 접근 기회가 보장돼야 한다."며 평등적 자유주의 개념을 말했는데, 여성 배제, 장애인 혐오 등 자신과 국민의힘이 내비쳤던 차별 · 혐오부터 정리해 주시기를 바랍니다.

이어 "양극화와 사회 갈등이 민주주의를 위협하고 사회 발전을 발목 잡고 있다."며 그 해법으로 "과학과 기술, 혁신에 의한 도약과 빠른 성장"을 제시했는데, 지금의 신자유주의 경제는 성장한다고 그 혜택이 골고루 분배되는 구조가 아님을 염두에 두어, 취약계층을 포용하는 각별한 노력으로 양극화를 개선하시기 바랍니다.

윤 대통령은 '국민이 주인인 나라'라고 말한 취임사로 많은 우려를 불식시키고 국정 동력을 얻기 바라며, 숱한 반발과 갈등에 부닥칠 때 답은 정면 돌파가 아니라 국민이어야 하니, 초심(初心)을 유지해 성공한 대통령이 되시기를 기원합니다.

윤 대통령은 0.73%포인트 차의 신승에다 엄청난 여소야대 국회는 윤 대통령이 먼저 다른 진영에 손을 내밀 것을 요구하고 있는데, 국민의 위임을 받아 앞으로 5년 동안 대한민국을 이끌어가야 하며 자신과 의견이 다른 집단의 입장도 인정해야, 다른 후보를 찍은 절반의 국민도 윤 대통령을 진심으로 지지할 것이고, 자유는 물론 통합과 소통의 가치도 함께 지켜나가시길 기대합니다.

한국인 골프 사랑

한국인의 골프 사랑은 일차적으로 높은 경제성장의 결과인데, "보통 1인당 국민소득이 1만 달러가 되면(한국은 1995년) 사람들이 골프를 치기 시작하고, 2만 달러가 되면(한국은 2007년) 골프 열풍이 분다."고 하는데, 지금은 국민소득 3만 5천 달러 전후가 됐습니다.

지난해 골프장을 찾은 사람은 5,057만 명에, 홀 당 이용객은 5,092명으로 한국인의 골프 사랑은 다른 나라와 비교해도 유난한바, 2,000명 수준인 미국과 일본을 압도하며, 골프 규칙을 관장하는 로열앤드에이션트골프클럽(R&A)의 2021년 통계처럼 한국은 미국, 일본, 영국, 캐나다, 호주, 독일, 프랑스에 이어 세계에서 8번째로 골프장이 많은 나라입니다.

골프가 2016년 리우올림픽에서 정식 종목으로 채택된 아마추어 운동이고, 말 그대로 일반 대중들이 저렴하고 쉽게 즐길 수 있도록 만든 대중제(퍼블릭) 골프장은 전체의 65%, 회원제 골프장은 나머지인 35%를 차지했으나, 미국도 퍼블릭 비중이 69.8%입니다.

2022년 2월 3일 국내 골프장은 총 499곳(군 · 경 41곳 포함)이고, 18홀 규모가 195곳(39%)으로 가장 많았으며, 27홀 135곳(27%), 10홀 이하 112곳(22%), 36홀 44곳(9%), 36홀 이상 13곳(3%)이었는데, 총 홀 수는 1만 375개로 조사돼 18홀로 환산시키면 570여 개소입니다.

한국골프의 본격적인 역사는 1954년 7월 서울군자리에 18홀짜리 골프코스 탄생으로 시작해, 1968년 뚝섬골프장과 1974년 경기도 고양에 6홀 규모의 123골프장이 개장하면서 1970년대 말까지 전국적으로 약 20여 개의 골프코스가 문을 열었으며, 1980년대에는 용평리조트를 포함해 3개의 대중제(퍼블릭) 코스가 있었습니다.

1986년 6.29 선언

1986년 6.29 선언이 나온 해 아시안게임과 1988년 서울올림픽을 계기로 골프장 설립에 대한 인·허가 조건이 완화되면서 골프 대중화를 열었고, 1990년 들어 정부가 '회원제 골프장 건설시 퍼블릭 코스 병설을 의무화'시켜 늘어났으나, '골프장 사업주의 재산권 침해에 해당된다.'는 이유로 1999년부터 폐지됐지만, 10여 년간 1999년까지 조성된 병설 퍼블릭 골프장 수도 35개에 이릅니다.

1996년에 마침내 골프장 100개 시대(군 골프장 제외)가 열리면서 골프가 비로소 대중들에게 산업으로 인식되기 시작했고, 골프장 수도 지난 1991년 63곳에서 2001년 158곳으로 두 배 이상 증가해, 소수 부유층만이 즐기는 '귀족 스포츠'나 '사치성 스포츠'가 아니고, 값비싼 회원권이 없더라도 퍼블릭(대중) 골프장에서 저렴하게 골프를 즐길 수도 있게 됐습니다.

한국골프는 1998년 박세리의 미국여자프로골프(LPGA)투어 메이저대회 맨발 샷 우승과 김미현의 잇따른 2승, 2002년 최경주의 미국프로골프(PGA)투어 첫 우승, 2009년 양용은의 메이저 PGA챔피언십 우승, 2010년 신지애의 한국인 최초 세계 랭킹 1위 등극, 2015년 박인비의 커리어 그랜드슬램 달성, 2016년 박인비의 리우 올림픽 금메달과 골든 커리어 그랜드 슬램 달성을 비롯 한국 선수들이 일본 JLPGA 투어 및 미국 LPGA투어 200승까지 빠른 시일 내에 급성장했습니다.

김대중 대통령 골프 대중화 선언

1999년 10월 11일 김대중 대통령은 "서민들도 골프를 할 수 있도록 퍼블릭 코스를 개발하고, 21세기에는 스포츠가 (선수 등 전문가들의 전유물이 아니라) 우리 국민의 생활의 질을 높일 수 있도록 모든 사람이 참여할 수 있게 개선돼야 한다."고 강조했습니다.

김대중 정부는 골프장 건설이 불가능했던 개발제한구역에 골프장을 지을 수 있도록 했으며, 2000년 7월 1일부터 재정경제부 시행령으로 그동안 유보됐던 18홀 대중골프장에 대한 특소세를 폐지하기로 확정해, 대중제 골프장에 한해 개발부담금과 개별소비세 면제도 이뤄졌습니다.

1999년 37개 대중제(퍼블릭) 골프장이 10년 만인 2008년 운영 중인 대중골프장은 102개로 5배 증가했고, 당시 건설 중인 곳은 61개, 미착공인 곳이 14개로 모두 177개에 달했으며, 2000년 이후 2008년까지 국내 골프 산업은 황금기를 구가하면서 매년 10% 이상의 고속 성장을 했습니다.

2008년 국제금융 위기를 맞아 공급과잉을 초래해 홀별 이용객 수 및 전체 골프장 내장객 수 감소로 이어졌으면서 등장한 것이 '시뮬레이터 골프'로 불리는 '스크린골프 산업'이었는데, 2007년부터 성장을 시작한 스크린골프 산업은 2010년에 골프존이 등장하면서 지각변동이 일었습니다.

골프존은 2011년 5월에 코스닥 상장을 성공시켰고, 2007년 1,600여 개에 불과했던 매장 수가 2012년에는 8,000여 개로 폭발적 증가를 했으며, 이는 잠재 골프 인구를 골프장으로 끌어들이는 원동력이 되었는데 이로 인해 골프 산업은 리먼 사태의 위기를 벗어나 4~5%의 성장을 유지하게 되었습니다.

유원골프재단의 '한국골프산업백서 2020'에 따르면 국내 골프 산업 규모는 12조 9,991억 원에 달하며, 한류 열풍으로 전 세계를 휩쓸고 있는 K-콘텐츠의 대표격인 게임산업(15조 6,000억 원)과 엇비슷하고, 음악산업(5조 8,000억 원)이나 영화산업(2조 3,000억 원)보다 크다고 하는바, 지난해 한국을 미국, 일본 다음으로 큰 골프 장비 및 골프의류 시장으로 꼽았고, 5위에 그친 골프 종주국인 영국을 앞질렀을 뿐 아니라 1인당 지출액은 세계 최고입니다.

문재인 정부, 제2 골프 대중화를 선언

2022년 제2 골프 대중화를 선언한 문화체육관광부는 「골프장 이용 합리화 및 골프 산업 혁신 방안」을 발표했고, 문체부는 2026년까지 골프 인구 600만 명, 시장규모 22조 원 달성을 목표로, '실질적 골프 대중화'와 '지속 가능한 산업 혁신'을 양대 정책 방향으로 제시했습니다.

문체부는 1999년 골프 대중화 정책을 추진한 이후 20여 년 만에 이번 방안을 마련했고, 문체부 유병채 체육국장은 "부지는 확보할 수 있고, 코로나19 이후에도 내장객은 계속 늘어날 것"이라고 설명했는데, 2000년부터는 회원제 골프장과 비교해 대중골프장에 낮은 세율을 적용해왔고, 이로 인해 대중골프장이 2000년 40개(비중 27%)에서 2021년 341개(비중 68%)로 증가했습니다.

문재인 정부에서는 골프의 인기가 높아지자 아예 골프를 대중화하기로 마음먹었는데, 1976년 박정희 시절 '골프장은 사치성 시설'이라는 판단 아래 룸살롱 등 사치성 업종에 긴급조치로 고시(당시 특별소비세)했었으나, '골프를 접대 수단으로 표현하고 있는 각종 법령과 규정을 개정해 골프가 사치 활동이나 접대 수단이 아닌, 누구나 즐길 수 있는 스포츠라는 공감대를 확산한다.'는 것입니다.

〈 허심적타(虛心適打) 〉

"날아오는 공도 아니고, 가만있는 공을 치는 건데 왜 공이 안 맞을까?" 라고들 하는데, 움직이지도 않는 공을 못 치는 건 몸이 아닌 마음에서 해결해야 할 문제로, 허심적타(虛心適打, 마음 비우면 원하는 샷을 얻을 수 있다.)를 권합니다.

골프 여제 박세리 선수도 호된 슬럼프 동안 기자들에게 '오늘도 난초 그렸다'는 말까지 듣는 슬럼프가 예고 없이 찾아왔다고 하는바, 결국 심리적 공황이라서 자신의 한계를 인정하며 마음을 내려놓고 다시 그전과 같이 나이스 한 샷을 칠 수 있었다고 합니다.

프로가 아닌 아마추어 수준에서의 스윙은 조금만 노력하면 줄넘기나 자전거 타기만큼이나 쉽게 익힐 수 있는데도 결정적인 순간에 오비가 나고 어처구니없는 실수를 연발하는 것은 욕심, 불안, 긴장으로 인해 그때그때의 샷과 스윙에 집중하지 못하고 마음이 흔들리기 때문으로 사람들은 라운드를 망치고 돌아와서는 폼을 탓하고 장비 핑계를 댑니다.

수많은 시행착오를 거치면서 올바른 스윙 폼과 샷은 충분한 연습과 더불어 그에 상응하는 마음의 수양이 이루어졌을 때 비로소 달성될 수 있고, 골프를 고급 스포츠라고 불리는 것도 돈 있는 사람이 하는 스포츠이면서 반드시 마음을 갈고닦아야 실력이 향상되는 정신 스포츠입니다.(2022. 5. 18. 내외신문 오피니언 게재)

2 골프 대중화 흐름

1999년 10월 11일 김대중(金大中) 대통령이 인천 종합경기장에서 열린 제80회 전국체전 공개행사에서 "골프가 이제는 더 이상 특권층의 스포츠가 아니며 중산층이나 서민 가릴 것 없이 국민 누구나 즐길 수 있어야 한다."는 내용의 '골프 대중화를 선언'했는데, 미LPGA(여자프로골프) 초년병인 '슈퍼 땅콩' 김미현 선수의 승전보가 날아든 날입니다.

1999년 10월 11일, '골프 대중화 선언'

김 대통령은 "과거 골프는 특권층이 했지만 이제는 젊은 딸들이 세계에 나가 골프를 통해 국위를 떨치고 자랑스럽게 하고 있다."면서 '골프 찬양론'을 폈는데, "서민들도 골프를 할 수 있도록 퍼블릭코스를 개발하고, 21세기에는 스포츠가 (선수 등 전문가들의 전유물이 아니라) 우리 국민 생활의 질을 높일 수 있도록 모든 사람이 참여할 수 있게 개선돼야 한다."고 강조했습니다.

또 김 대통령은 "IMF(국제통화기금) 사태 때문에 체육계에 해외 전지훈련이라든지 지원이 줄었다"고 지적하고, "그러나 정부는 이제 외환위기가 고비를 넘기고 경제가 플러스성장으로 돌아선 만큼 선수들의 해외연수, 국내훈련, 기자재 확충 등에 예산을 더 배정할 것"이라며 "장래가 유망한 선수나 생활이 어려운 선수들에게 지원 강화할 준비를 갖추고 있다."고 밝혔습니다.

김미현 여자 골프선수는 미국여자프로골프(LPGA) 투어 진출 첫해 2승을 거둬 지난 1998년 박세리에 이어 신인왕을 거머쥐는 등 최고의 한 해(1999년)를 보냈는데, 특히 김 선수는 155㎝의 작은 키의 핸디캡을 극복하고 세계무대에 돌풍을 일으켰고, 어려운 환경 속에서도 항상 웃는 얼굴로 팬들의 인기를 독차지했습니다.

'골프 대중화' 기류가 형성되면서 회원제골프장들의 퍼블릭코스 조성이 활기를 띠고 있으나, 다소 호전됐다고는 하지만 국제통화기금(IMF) 한파를 겪으면서 심화된 골프장들의 자금난이 여전히 발목을 잡고 있었습니다.

흔히 한국의 골프 역사를 100년이라고 말하지만 지난 1998년 박세리 선수가 US여자오픈에서 극적인 우승을 하고, 이듬해 1999년 김대중 대통령이 '골프 대중화 선언'을 하면서 가시화 된 것으로 국내 골프 대중화 역사는 매우 짧습니다.

정부는 2000년 7월 1일부터 재정경제부 시행령으로 그동안 유보됐던 18홀 대중골프장에 대한 특소세를 폐지하기로 확정해 김대중 대통령이 공언했던 골프 대중화에 한발 다가선 것으로 평가받는데, 18홀을 포함한 대중골프장에 대한 특소세가 완전 폐지됩니다.

정부는 지난 1999년 12월 3일 '주요 가전제품과 대중골프장에 붙는 특소세를 폐지하고 올 1월부터 시행한다.'고 발표한 바 있지만, 대중골프장의 범위에 대해 재경부장관이 시행규칙에서 이를 정해야 하나 그동안 이를 확정하지 안 해서, 18홀 이상 대중골프장을 이용하는 골퍼들은 여전히 특별소비세를 물어왔습니다.

그동안 이들 골프장의 입장료는 7만 8,000원이었지만, 이 조치로 입장료는 5만원 정도로 이들 골프장을 이용할 수 있을 것으로 전망돼, 골프 대중화에 크게 기여한 것입니다.

회원제골프장 가운데 퍼블릭코스 조성에 가장 적극적인 곳은 충북 진천의 천룡골프장과 용인에버랜드가 운영 중인 경기도 안성의 안성세븐힐스골프장, 제주의 제주다이너스티골프장 등이고, 이밖에 수도권의 경기, 대영루미나, 일동레이크골프장 등도 각각 9홀짜리 퍼블릭코스를 조성하였습니다.

당시 레이크사이드, 포천아도니스, 동진, 발안, 지산, 코리아, 태광, 태영, 용평, 핀크스 등 21개 회원제골프장이 퍼블릭코스를 운영 중이며, 천안상록, 올림픽, 1.2.3 등 순수 퍼블릭골프장도 11개가 운영되고 있었습니다.

2000년 7월 1일부터 재정경제부 시행령으로 18홀 대중골프장에 대한 특소세를 폐지하기로 확정한 조치로 특소세가 면제되는 18홀 대중골프장은 레이크사이드CC를 비롯해 썬힐GC, 파크밸리 천안상록 보문CC 등 5곳이고, 특히 썬힐GC는 특소세가 면제되는 동시에 면제분 3만 원가량을 입장료(그린피)에서 줄이기로 하는 등 골퍼들에게 혜택을 주기로 했습니다.

‘골프 대중화’ 논란

최근 연간 내장객 1,000만 명 시대에 갈수록 골퍼는 늘고 있지만, 골프장 증가는 이에 못 미치고 있어 심각한 부킹난과 각종 불·탈법이 이뤄지고 있는 현실에서 골프계가 ‘김대중 대통령의 골프 대중화 선언’에도 불구하고 ‘정부 정책이 갈수록 골프장 건설을 가로막는 방향으로 진행되고 있다’고 반발하였습니다.

특히 지난 2001년 2월 건설교통부(www.moct.go.kr)가 발표한 ‘준도시지역 개발계획 수립기준’은 신규 골프장 건설을 사실상 불가능하게 할 뿐 아니라, ‘대중·간이 골프장 건설마저 어렵게 한다’는 것이 골프계의 중론입니다.

주요 내용을 살펴보면 우선 개발예정용지 가운데 50% 이상이 산림법상 보전임지(농림지)이거나 단위 면적당 수림비율(임목축적)이 해당 시·군 평균 대비 150% 이상인 지역에서는 콘도 등 관광 휴양시설이나 골프장 등 체육시설을 지을 수 없도록 했습니다.

또 건축물은 경사도 25도, 표고 250m 이하 지역에서만 지을 수 있고, 산 중턱을 깎더라도 비탈면의 높이가 20m(골프장 30m) 이하로 제한되도록 했으며 이를 지난 3월 1일부터 시행하고 있습니다.

한편, 골프클럽(가방) 수입액의 증감은 종합주가지수 및 1인당 GNP(국민총생산)의 증감과 높은 상관관계가 있는 것으로 나타났는데, 일본에서 올리마 골프클럽을 직수입하고 있는 필 골프코리아가 최근 10년간 자료를 분석한 바에 따르면 종합주가지수와 1인당 GNP는 골프클럽 수입 규모를 예측하는 선행지표 역할을 하고 있습니다.

골프클럽 수입액이 최고에 달한 때는 1996년으로 수입액이 1994년 1천 1백 46만 달러에서 1996년에는 무려 9천 4백 50만 달러로 치솟았는데, 1998년 IMF(국제통화기금) 위기 여파로 골프클럽 수입액이 2천 4백 19만 달러로 급감했는바 1인당 GNP의 증감은 클럽수입액 변동에 더 빠르게 영향을 미쳤습니다.

1994년 1인당 GNP가 8천 달러를 넘어서면서 클럽수입액이 급증하기 시작했고, 1만 달러를 돌파했을 때(1996년) 클럽수입액은 사상 최고를 기록했는바, 클럽수입액이 급감한 시절에는 1993년 김영삼 정부가 들어서 '공무원들의 골프를 금지한 때'입니다.

IMF 이후 클럽시장이 살아난 데는 1998년 박세리와 김미현이 미국에서 우승을 하고 '김대중 대통령이 골프 대중화를 선언'하면서부터고, 2001년 국내 골프장 이용객 수가 1,294만 명으로 지난 1998년에 비해 53.9% 증가하는 등 초 호황기를 맞고 있는 것으로 나타났으며, 또 이 같은 호황에 힘입어 회원제의 지난 2002년 골프장 평균 매출액도 108억 원으로 2001년에 비해 12.6% 상승한 것으로 집계됐습니다.

골프장 수도 지난 1991년 63곳에서 2001년 158곳(회원제 110, 퍼블릭 44, 군 골프장 4)으로 두 배 이상 증가했는데, 골프장 이용객 수의 경우 지난 1998년 외환위기 여파로 전년(1997)에 비해 14.3% 줄어든 839만 명을 기록했으나, 1999년 1,034만 명, 2000년 1,197만 명, 2001년 1,294만 명 등 최근 3년간 10%대 증가율을 보였습니다.

또 지난해 58개 회원제 골프장의 평균 매출액은 108억 원으로 전년의 96억 원에 비해 12.6%가 상승했고, 영업이익도 34.1% 증가한 24억 원을 기록했는데, 홀별 회원제 골프장 매출액은 18홀 86억 원, 27홀 111억 원, 36홀 161억 원 등입니다.

주부, 회사원 할 것 없이 주말마다 필드를 찾는 골프 인구가 지난 몇 년 새 크게 늘어 골프는 더 이상 소수 부유층만이 즐기는 '귀족 스포츠'가 아니고, 값비싼 회원권이 없더라도 퍼블릭(대중) 골프장에서 저렴하게 골프를 즐길 수도 있습니다.

웬만한 회원제 골프장 못지않은 정규 18홀 코스를 갖춘 퍼블릭 골프장들도 속속 선보이고 있는데, 남여주, 한탄강, 인천 그랜드, 원주 파크밸리 등이 수도권에서 1~2시간 거리에 자리 잡은 대표적인 18홀 퍼블릭 골프장이고, 당시 입장료(그린피)도 주중 8만 5천~10만 원, 주말 11만~13만 5천 원으로 저렴한 편입니다.

'골프 대중화' 여론

골프 대중화 바람을 타고 2003년 6월 19일부터 22일까지 서울무역전시장(SETEC)에서 골프용품과 관련 산업을 한눈에 보여주는 '2003 서울국제골프박람회'가 열렸습니다.

한국골프용구공업협동조합이 주최한 박람회는 미국, 말레이시아, 태국 업체를 포함해 200여 개 부스가 마련했고, 국내외 60여 개 업체가 참가해 각종 골프 관련 제품을 선보일 예정인데, 네오랭스, 빠제로, 아파치골프코리아 등 대형 골프용품 업체에서는 골프클럽 풀세트, 드라이버, 우드, 퍼터 등을 전시하며 각종 골프채를 비롯해 골프 장갑, 골프 웨어, 골프화, 모자 등 액세서리도 선보였습니다.

당시 윤이중(전남대 교수 · 체육교육학) 교수는 칼럼에서, 영국에서 골프는 '신사의 도'를 익히는 훌륭한 스포츠로 통하나 한국의 골프문화는 '접대 골프', '도박 골프' 등으로 회자되면서 부정적으로 인식되고 있는 안타까운 현실을 비판하였습니다.

골프에 대한 국민의 욕구가 커지고 한국 선수들의 기량이 세계적 수준에 이르고 있으나, 한국의 골프문화는 스포츠문화로 제대로 정착되지 못한 이유는 정부가 골프를 스포츠로 인정하지 않고 유흥업과 유사한 영역으로 분류해 아직도 특별소비세를 부과하기 때문이랍니다.

그에 따라 골프장 이용료가 턱없이 비싸지기 때문에 일반 국민이 접근하기 어려워 '골프=상류 계층의 전유물'이라는 오명에서 벗어나지 못해, 골프 대중화 정책의 가장 우선적인 과제는 특소세를 폐지하고 부족한 대중골프장을 추가로 건설하는 것입니다.

2005년 서울시장 출마 의사를 밝힌 정치인들도 "난지도 골프장을 공원으로 조성해 시민에게 돌려줘야 한다."는 입장을 밝혔고, 시민단체로부터 촉발된 난지골프장 공원화 논란이 더욱 확산되었습니다.

난지골프장 부지(10만 평) 조성비용으로 시민 세금 1,522억 원이 투입된 데 비해 체육공단이 투자한 비용은 146억 원에 불과해서 혈세로 조성된 땅을 4인 1조로 6분 간격으로 경기 시작(티오프)을 할 경우 하루 240명의 골프인만을 위해 사용하는 것은 문제라며, 공원으로 조성하면 수 만 명의 시민들이 이용할 수 있다고 비판했습니다.

당시 회사에서 체력단련비로 매달 10만 원씩 보조해주고 있다면 골프는 인생을 살아가면서 꼭 해야 할 운동이라서 다른 운동을 해도 들 돈을 추가해서 골프를 치고 있었으며, 수입에서 충분히 감내할 수 있는 정도라 무리하는 것이 절대 아니라고들 하는데, 골프 인구가 늘면서 계층과 연령층도 다양해졌고 골프는 더 이상 부유층의 전유물이 아닙니다.

비용이 만만치 않지만, 다른 운동도 비슷한 돈이 든다면서 수영, 헬스 등을 하다가 재미가 없어서 다른 운동을 찾았는데 '주변에서 골프를 권유했다'고 하며, 나이가 더 들어서도 칠 수 있고, 미래의 신랑, 자녀와 함께 칠 수 있다는 점이 마음에 들었다고들 합니다.

상황은 이렇지만 골프의 대중화는 계속 '현재 진행형'이고, 폭발적으로 늘어난 골프 인구만 놓고 따져보면 대중화에 접어들었다고 할 수 있지만, 당시 골프업계 관계자들은 이구동성으로 "대중화라고 표현하기는 무리가 따른다."고 지적했습니다.

"1970년대와 비교하면 완전히 대중화됐다고 표현해도 될 정도로 골프 인구가 엄청나게 늘었다."면서 "현실을 있는 그대로 인정해 주는 자세가 필요하지만, 골프장 사업주들이 고압적인 자세로 매년 입장료(그린피)를 올리고, 부킹이 '하늘에 별 따기'라는 점은 분명 공급보다 수요가 많다는 방증입니다.

2002년 대한골프협회 김동욱 전무가 그린피는 왜 비싼가에 대해선, "골프장 부지에는 종합토지세 등 세금이 많이 붙어 유지비용이 높다. 체육시설용지는 다른 용도로 전용할 수 없는데도 주변 땅값이 올라가면 골프장의 과표도 함께 올라가 세금이 많아지는 것이다. 골프장 사업주는 이를 그린피에 붙여 소비자들에게 전가하는 셈이다. 또 사치성이라고 해서 특별소비세 등이 2만 2,000원 가량 붙는다. 세금을 모두 합하면 그린피의 40%를 차지는데 20만 원 중 8만 원이 세금인 것이다."라고 밝혔고,

"골프는 여러 나라에서 서민들이 즐기는 운동이다. 또 어린이부터 시작해 60~70대까지 남녀노소가 모두 즐길 수 있으니 누구나 접근할 수 있게 골프장이 많이 생겨야 한다. 회원권이 10억 원이 넘는 골프장에서부터 그린피가 3만 원이 넘지 않는 대중적인 골프장까지 다양하게 존재할 수 있다. 일부 고가 회원권 골프장에 대한 위화감 때문에 무작정 이를 금기시하는 것은 옳지 않다고 본다. 자본주의 사회니 다양성을 인정할 필요가 있다."고 강조하였습니다.

골프장 정책

골프는 전형적인 사교 스포츠인데, 상류층 스포츠 이미지 때문에 필요 이상으로 언론에서 비판한다는 의견도 있지만, 상류층에서 골프가 완전히 인기를 잃을 확률은 별로 없어 보입니다.

귀족 스포츠의 인식이 있는 승마나 테니스 역시 사교 스포츠로서 기능을 하지만, 말을 타야 하는 승마나 격렬한 움직임이 필요한 테니스에 비해, 골프는 나이 든 사람도 감당 가능할 정도로 템포도 느리고 이동 시간도 길뿐더러 대회 치르는 거 아니면 구역 내 인구밀도도 낮은 경우가 대부분이라, 그야말로 사적인 얘기나 사업상 중요한 밀담 등을 하기엔 좋습니다.

2003. 5. 6. 경기부양책의 일환으로 재정경제부가 빠르면 하반기부터 현재 임야면적의 3%로 제한 되어있는 골프장 허가면적을 5%로 상향 조정하기로 했고, 이럴 경우 현재 완공돼 영업 중이거나 공사 중인 전국 1백 30여 개의 골프장 외에 골프 수요가 큰 수도권에서만 최소한 40여 개의 골프장 신축허가가 나올 것으로 전망되었습니다.

재경부가 내세운 근거는 "18홀짜리 골프장 하나를 새로 만들 경우 발생하는 8백억 ~ 1천억 원의 신규건설투자와 50억~90억 원의 세수확대로, 40개의 골프장이 신설된다고 할 때 3조 2천억~4조 원의 신규투자 효과와 연간 2천억 ~ 3천 6백억 원의 세수증대가 기대된다." 라는 얘기입니다.

재경부는 골프장 신축허가를 대폭 허용하기에 앞서, 국세청이 추진해온 골프장 및 룸살롱 등 이른바 '향락성 접대비'의 손비처리 불허 방침을 백지화시켰는데, 핵심근거는 '내수경기 위축 우려'였고, 골프장 등의 접대비를 손비 처리해 주지 않으면 이들 산업부문의 소비경기가 급랭할 것이라는 주장입니다.

정부의 경유승용차 조기 허용 방침 등에 이은 골프장 신축 허가방침을 개발 논리에 근거한 대표적 반환경적 정책으로 규정하며 환경운동연합 등 환경단체들이 가만있지 않겠다는 분위기였습니다.

한편, 옆 나라 일본은 '관료의 나라'인데, 일본도 한때 접대문화가 극성을 부린 적이 있었고 특히 골프의 경우가 그랬는바, 1988년 국세청에 신고된 일본의 골프 접대비는 4조 5천 5백억 엔으로 사상 최고치를 기록했고, 이는 그해의 국방비보다도 많은 액수였습니다.

그 후 1991년 일본경제의 거품이 꺼지면서 일본에서는 '골프 접대 망국론'이 팽배했고, 관료나 대기업 임원 등이 골프 접대에 빠져들어 경제가 어떻게 돌아가는지 모르다가 '일본경제를 만성불황의 늪으로 침몰시켰다'는 비판이었습니다.

일본은 골프 접대비에 대한 손비처리를 폐지하는 결단을 내렸고, 그 여파로 공급 과잉이던 일본 골프장들이 연쇄도산하고 골프회원권 값이 폭락했지만, '윤리경영'을 하지 않고서는 살아남을 수 없다는 위기감에서 외국계로 넘어간 닛산자동차는 '골프 접대 중단'을 선언했고, 많은 일본의 대기업들이 그 뒤를 따랐습니다.

한편 DJ정부 후반부 경제를 책임 맡은 진념 경제팀은 경기부양책으로 건축경기 부양과 신용 카드사용 증가를 택했고, 노무현 정부 김진표 경제팀은 골프장, 스키장, 룸살롱 등의 레저산업에 기대를 거는 듯 한 인상이었는데, 10여 년 전 일본이 경험했던 '골프 접대 망국론'이 금명간 우리나라에서도 제기되지 않을까 걱정되기도 했습니다.

한국의 골프장은 일본의 시스템을 도입하여 조성되었으나, 이후 일본보다 훨씬 고급스러운 고비용 구조로 진화되었고, 이는 높은 골프장 이용료로 이어졌는데, 상대적으로 고급스러운 기존 형태의 골프장 추가공급은 최대한 억제하고, 공공형 골프장의 보급을 통해 골프를 생활 스포츠로 확대해 나아가야 합니다.

한편, 공직사회에 전면적인 골프 금지령이 처음 내려진 것도 정치적인 목적이 다분했는데, 아이러니하게 인류 역사에 '골프'라는 단어가 나오는 최초의 기록물도 스코틀랜드의 제임스 2세가 1457년 '사람들이 골프에 빠져 영국과 전쟁에 대비한 궁술 연마를 등한시한다.'는 정치적인 이유로 반포한 '골프 금지령'이었습니다.

특히 공무원 골프 금지령은 정권 교체기나 국가의 비상사태, 대형사건 사고나 골프와 관련된 공직자 비리 발생 때 공직기강 확립 차원에서 내려지곤 해서 공직사회 기강 잡기의 대표적인 조치로 비쳐 지고 있습니다.

정치인들이 골프를 좋아하는 이유는 과도한 업무로 인한 스트레스 해소와 건강관리 때문이지만, '강한 중독성' 때문에 간혹 본업을 제쳐두고 골프에 몰두했다가 구설수에 오르내리는 정치인들이 허다합니다.

전국은 물난리로 정신이 없는데, 속 편한 정치인들끼리 '굿 샷'을 연호하다가 여론의 뭇매를 맡은 일은 한두 번이 아니고, 골프 때문에 여론의 질타를 받고 목이 날아간 고위공직자 정치인은 부지기수여서 '언제, 어디서, 누구와 골프를 쳤느냐'가 '몇 타를 쳤는지' 보다 더 중요합니다.

골프와 정치

골프와 정치를 비교할 때 "재미있고, 배우는데 돈이 많이 들고, 같이 활동하는 동반자가 필요하며, 잘못하면 손가락질을 받는다."는 점에서 많은 공통점을 갖고 있으며, 또 "한 번 발을 들여 놓으면 쉽게 빠져나오기 힘든 중독성을 지녔다"는 면에서도 가장 닮았습니다.

한국의 대통령들도 골프를 좋아했는데, 박정희 전 대통령을 비롯해, 전두환, 노무현 전 대통령이 골프를 즐겼던 반면, 김영삼 전 대통령은 공무원 골프 금지령을 내리는 등 골프에 배타적이었고, 김대중 전 대통령은 골프를 즐기지는 않았지만 '골프 대중화'를 선언했을 정도로 골프에 호의적이었습니다.

생애 첫 라운드에서 11개의 홀인원을 기록했다고 전해진 북한 지도자 김정일의 골프 실력은 신기에 가깝다고 보이는데, 만일 북한 방송의 보도가 사실이라면 김정일은 지금 당장 타이거 우즈와 붙어도 이길 수 있는 실력이고, 진짜 실력이라면 타이거 우즈는 동네 연습장에 있어야 합니다.

전두환과 노태우 대통령은 골프장 건설의 붐을 일으킨 주인공이고, 전두환 대통령은 골프를 무척 좋아해 시간이 나면 골프장을 찾은 반면, 노태우 대통령은 드러내 놓고 골프를 즐기지 않았는데 평소 성격대로였고, 수십 개에 불과하던 골프장은 5공과 6공화국 시기에 몇 배가 증가했습니다.

김영삼 전 대통령은 취임 초부터 골프가 시간이 많이 걸릴 뿐 아니라 계층 간 위화감을 조성한다는 이유를 들어 '골프 금지령'을 내렸으나, 김대중 전 대통령은 야당 시절 "모든 골프장을 갈아엎어 논밭으로 만들어야 한다."고 주장할 정도였지만 집권 이후 보수층을 의식해 '골프 대중화'를 추진하였는데, 기본적으로 본인이 몸이 불편해 골프를 일절 하지 않았습니다.

김영삼 대통령은 재임 기간 동안 골프를 하지 않겠다고 선언했고, 게다가 '공무원의 골프 금지령'까지 선포해 골프와 담을 쌓고 살았으며, 박정희 대통령이 만들어 놓았던 청와대의 골프연습장도 없앴습니다.

김대중 대통령은 골프를 하지 않았지만 의외로 호의적이었는데, 1999년 제80회 전국체전 공식행사 자리에서 "골프는 더 이상 특권층의 전유물이 아닌 국민의 스포츠다. 퍼블릭코스를 개발해 서민도 함께 할 수 있는 종목으로 만들어야 한다."며 '골프 대중화' 정책을 폈고, 이로 인해 골프 인구가 폭발적으로 증가하는 원동력이 됐습니다.

경제적 효과와 관련돼서 김대중 대통령이 골프를 대중화시키고 그 다음에 최경주, 김미현 등을 청와대로 초청해서 골프 산업 자체가 활성화돼서 IMF를 극복하는데 상당 부분 일조를 한 점도 있습니다.

노무현 대통령은 이론과 실기를 겸비한 스타일로 유명한데, 취임 초기 청남대와 충북의 한 골프장에서 측근들과 함께 여러 차례 라운드하면서 갈고닦은 실력을 과시하기도 했고, 평균 스코어는 보기플레이 정도에 불과하지만 전직 대통령과 비교하면 자주 라운드 한 편이며, 장비에도 관심이 많아서 클럽을 여러 번 교체하기도 했고, 부인 권양숙 여사도 골프를 좋아했는데 실력 면에서는 노 대통령보다 낫다는 후문입니다.

노무현 대통령은 2003년 6 · 15 공동선언 3주년 때 아무런 기념행사도 갖지 않은 채 청와대 참모들과 '우중(雨中) 골프'를 치고, 같은 해 11월에는 충북 충주시 시그너스 골프장에서 자신의 후원자인 강금원 전 창신섬유 회장과 부부동반으로 라운드하는 등 심심치 않게 골프 구설수에 올랐습니다.

우리나라 역대 대통령과 골프 사이에는 묘한 상관관계가 엿보이는데, 김영삼–이명박–박근혜 대통령 시절과 김대중–노무현 대통령 시절 사이에는 골프 산업에 대한 온도 차가 있었고, 보수 쪽 대통령 재임 때는 골프 산업에 대한 규제가 강화되다가 진보 쪽 대통령 때는 골프 산업 육성이 이뤄졌습니다.

공무원 퍼팅

골프 은어 가운데 '공무원 퍼팅'이라는 게 '퍼팅할 때 과감하게 밀어주지 못해 홀에 미치지 못하는 상황'을 말하며, 상사 눈치만 보고 조그만 일에도 움츠러드는 공무원 사회 특성을 희화화한 은어입니다.

이명박 대통령이 연일 공직 기강을 다잡는 발언을 쏟아내고 있었고, 휴일을 잊은 채 근무를 하는 분위기에서 '모범'을 보여야 할 청와대 참모들이 '감히, 어떻게' 골프채를 잡을 수 있느냐는 흐름도 있었습니다.

공무원 사회 속성상 청와대가 골프를 치지 않는 쪽으로 가고 있는데, 정부 부처뿐만 아니라 공기업, 산하기관 등이 다른 방향으로 갈 수 있겠느냐는 것입니다.

과거 김영삼 전 대통령은 청와대에 입성하자마자 "골프를 안 친다."고 했고, 정치권과 관가에서도 "나도 안 친다."는 선언이 이어졌으나, 반면 김대중 전 대통령은 '골프 대중화 정책'에 적극 나서면서 '금지령'을 깼습니다.

청와대에서는 골프를 하지 말라고 직접 지시한 적은 없지만, 공무원들이 스스로 자제하는 분위기고, 공무원과 함께 공기업과 삼성그룹도 '골프 3불(不) 존(Zone)'으로 통하며, 정부가 '골프 규제 완화를 통해 소비를 활성화하겠다'는 취지와는 다른 길을 걷고 있었습니다.

우리나라에선 1971년 박정희 대통령 시절 백두진 국무총리가 대선과 총선을 앞두고 고위 공무원의 골프를 금지시킨 게 시초였고, 이후 공무원 골프 금지는 선거가 있거나 정권의 지지율이 떨어지면 단골 소재로 등장했는데, '선거를 앞두고 고위 공무원들이 골프장을 출입하는 모습이 유권자들에게 별로 달갑지 않게 비춰 질 수 있다'는 이유에서였습니다.

김영삼 전 대통령(YS)은 골프를 치지만 1992년 대통령에 당선되면서 재임 중에는 골프채를 잡지 않겠다고 선언을 했고, 이때가 '공무원 골프 금지령의 신호'로 전해집니다.

YS는 1993년 대통령이 되자 사실상 공무원들의 골프를 금지시켰고, 이는 골프를 좋아하던 '군 출신 중심의 이전 정권과의 차별화 목적에서였다'고도 하는데, YS는 재임 기간 내내 공무원들의 골프 금지령을 풀지 않아 일부 고위 공무원들은 "1998년 3월 1일 필드에서 만납시다."는 자조 섞인 말을 내뱉기도 했다고 합니다.

반대로 김대중 대통령(DJ) 시절인 1999년에는 "골프는 이제 더 이상 특권층의 스포츠가 아니며 중산층과 서민 모두 골프를 즐길 수 있도록 퍼블릭 골프장을 개발해야 한다."고 권장했습니다.

야당 총재 시절 "골프장을 갈아엎어 논밭으로 만들어야 한다."고 말할 정도로 골프에 부정적이었던 DJ는 되레 공무원들이 골프 치는 것에 인색하지 않았는데 물론 여기에도 정치적인 함수가 있었다 하고, YS가 이전 정권과의 차별화를 위해 골프를 금지시켰다면, DJ는 보수층을 끌어안기 위한 카드로 '골프 대중화'를 꺼냈습니다.

이명박 전 대통령(MB) 취임 초기에도 공무원들의 골프는 술래잡기를 계속했는데, MB 정부가 출범했던 2008년 3월 초 당시 류우익 대통령실장이 수석비서관회의에서 "이 시점에서 골프를 하는 수석이나 비서관은 없겠지만…"이라고 말한 것이 알려지면서, 모든 공직자들이 골프채를 놓았습니다.

청와대 안팎에선 해금 건의가 여러 차례 있었지만 MB는 모호한 태도로 일관했고, 2009년 5월 출입 기자들과의 삼계탕 오찬 자리에서 공직자 골프 허용 문제가 거론되자 "자기들이 알아서 하는 것이지 대통령에게 신고하면서 할 필요까지 있느냐"고 하면서 "골프 비용 약 20만 원은 너무 비싸다. 골프는 시간이 많이 걸려 운동이 제대로 안 된다."는 뼈 있는 한마디를 덧붙였습니다.

박근혜 정부 들어서는 지난해 7월 청와대 수석들과의 환담에서 한 인사가 '휴일 골프' 얘기를 꺼내자 박 대통령이 "수석님들이 바빠서 칠 수 있겠어요?"라고 답해 사실상 암묵적으로 전 공무원의 골프 금지령이 내려진 상태였습니다.

이런 가운데 박근혜가 인천 송도에서 개최되는 '2015 프레지던츠컵'(미국과 비유럽 대항 골프대회)의 명예대회장을 맡으면서 공무원의 골프 금지령이 풀릴지가 관가에서 초미의 관심사였습니다.

골프에 '문외한'인 박근혜는 미국프로골프 투어 관계자들을 접견하고 명예대회장직을 수락하면서 "골프는 이제 스포츠뿐 아니라 산업 측면에서도 매우 중요해졌다."고 말해 골프 금지령 해제에 대한 기대만을 높였습니다.

우리나라는 골프장이 2015년 당시 545개에 이르고 골프 인구도 270만 명에 달해 사실상 고급 스포츠 차원을 넘어 대중화 · 산업화 됐는데, 골프장 매출도 지난 2014년 기준 연 3조 3,900억 원에 달하고 용품과 의류 등 연관 산업을 포함하면 20조 원 안팎의 산업을 형성하고 있습니다.

그런데도 아직 '골프=접대 또는 비리'라는 인식이 남아있어 금지령이 직 · 간접적으로 내려진 것이나, 공무원 골프 금지령에 따라 수도권 기준 골프장 내장객이 20% 안팎 줄어든 것으로 당시 업계는 파악했습니다.

골프용품을 비롯한 연관 산업의 매출 감소를 감안하면 엄청난 타격이란 점에서 박근혜가 골프를 '산업'으로 지칭한 것에 업계는 큰 의미를 두고 있고, 프레지던츠컵 골프대회가 골프에 대한 인식전환과 함께 대중화를 가속화하고 공무원들의 해금으로 이어져 불황에 허덕이는 골프 산업을 일으켜 세우는 계기가 되기를 기대하기도 했습니다.

'박근혜 정부에서 골프 금지령을 내린 적은 없고 산업 활성화 측면에서 골프를 쳐도 된다.'는 김종덕 문화체육관광부장관이 솔선수범해서 쳐라 분위기가 좋게 이어져갔는데, 정권 때마다 골프 금지령 같은 것들이 암묵적으로 내려져 왔습니다.

공무원 골프

골프 치는 시간이 상당 부분 소요가 되고, 기본적으로 라운드 하는 시간도 평균 5시간이며 가는 시간 1시간, 오는 시간 1시간 벌써 2시간 그래서 7시간인데, 끝나고 밥도 같이 먹고 그러면 얼추 9시간, 10시간 됩니다.

공무원들께서 일단 시간 자체가 그렇게 될지 어렵고, 두 번째는 비용 자체가 상당히 소요가 되는데 적어도 20만 원, 30만 원 이상이 소요가 될 것이라서, 스스로 내는 것인지 스폰서가 등장해서 그 자리를 대신 다 내주는 모습인지 궁금했습니다.

물론 개인적으로 주말에 단출하게 자기 돈으로 친다고 한다면, 공무원도 국민의 한 사람으로서 행복추구를 할 수 있는 권리가 있고 레저의 선택 자체는 자기 의사결정인데, 맥락 자체는 어떤 스폰서 문화를 간접적으로 사이에 넣고서 하는 것이라서 긍정적으로 바라볼지 의문입니다.

골프가 좋은 운동이라서 공무원들도 골프 칠 수 있는데 누구랑 치는 지가 중요해, 자비로 치는 건 아무 문제가 없겠지만 어떤 이해관계인하고 친다든지, 민원인하고 친다든지 접대를 받기 위해서 친다든지 하는 건 심각한 문제가 됩니다.

'골프만큼 접대에 가장 좋은 게 없다'는데, 동반자와 계속 카트를 타고 가고 4시간 심지어는 밤까지도 계속해서 같이 있기 때문에 접대하고 로비하는 게 좋다는 것으로, 사실 일반인들이 골프 치는 것은 당연히 권장할 만하나 '누구랑 치는지'가 가장 중요하며 정말 이해관계인하고 치면 조심해야 되는 것입니다.

당시 이완구 국무총리 후보 같은 경우는 친구인 분을 도지사 시절에 특보로 채용했다가 총장 만들어 주시고, 그 다음에 그 총장이 있는 곳에 가서 이런 일도 있었으니까 친구라고 해서 지금 관리대상에서 벗어난다고 볼 수 없는 것입니다.

이전의 정권에서 공무원들에게 사실상 내렸던 것은 골프라고 해서 운동하지 말라고 아니고, '골프라고 하는 운동의 특성상 열리게 되는 로비의 자리 같은 것을 조심하고 엄금하라'는 것인데, 특히나 정부에서 활동을 하다 보면 시선이 집중될 수밖에 없고 사건, 사고들이 많이 일어납니다.

주무부처의 담당자가 혹은 고위공직자가 그런 골프를 즐기고 있는 모습을 보였다면 국민 정서상 굉장히 안 좋은 영향들을 미치게 되는 것인데, 박근혜 정부의 특별한 주문사항 같이 여겨 최경환 부총리는 '특소세 인해 해야 된다', 그 옆에서 문화체육부장관부터 '골프 치시죠, 솔선수범하시죠.' 하는데, 공직자들에게 '골프를 쳐도 된다.'라고 하는 사인으로까지도 읽혔습니다.

어느 지역에 골프장도 있고 그 옆에 과수원도 있어서 가족 친지들도 같이 가고 그래서 지역에 골프를 매개로 한 여행과 더불어서 '창조경제적, 내수 활성화에 대한 활성화 방안을 마련해 보라'는 취지인 것인지 공무원들이 멈칫거렸습니다.

요즘 대중제(퍼블릭)들이 많아져서 많이 즐길 수 있다고 하겠지만 온 가족이 같이 가서 할 수 있는 그런 상황들은 아닌 것 같고, 또 하나는 골프라고 하는 운동이 필연적으로 코스를 중심으로 이뤄지기 때문에 코스들은 또 항상 환경을 훼손해야 되는 상황도 있습니다.

'골프할 때 좋은 공기를 마시면서 오랫동안 걸으면서 대화도 나눌 수 있는 스포츠가 어디 있느냐' 하는데, 환경 건드리지 않고도 등산을 해도 되고 그야말로 트래킹을 해도 충분합니다.

한국이 산지형 골프장에 사계절이 있고 겨울이 춥기 때문에 골프장을 유지하는데 필연적으로 많은 경비가 들어갈 수밖에 없어서, 입장료(그린티)를 올리는 구조적인 문제들이 있다고 한다면 골프 말고 다른 쪽에 다양한 활성화를 제안한 의견도 있었습니다.

참여정부 이해찬 국무총리의 '3 · 1절 골프' 파문은 기본적으로 골프 '중독'에서 비롯돼 너무 탐닉하다 보니 시도 때도 없이 필드에 나가고, 깊은 주의 없이 순수성에 의심이 가는 사람들과 어울려 라운딩을 한 것이 당시 사태를 불렀습니다.

골프 중독 수준인 사람도 당시 열린우리당과 청와대에 적지 않았고, 액수가 크지는 않지만 '스킨스'(한 홀 당 일정액의 돈을 걸어 승자가 가져가는 방식) 등 내기골프를 심심치 않게 했는데, 소위 386 의원 중에서는 벌써 프로골퍼 수준인 70타대를 치는 의원도 있었다고 합니다.

대통령이 골프를 바라보는 시각에 따라 골프 산업이 요동치기 때문에 정권이 바뀔 때마다 골프계는 몸살을 앓고, 최고 통치권자의 말 한마디에 골프계가 살기도 하고 죽기도 한만큼 대통령의 의지가 중요하며, 골프업계에서는 대통령이 골프를 하든지 하지 않든지 '이래라저래라' 참견하지 않는 것이 골프계를 살리는 길이라고 주장하기도 합니다.

엄밀히 경제만 놓고 보면 골프는 활성화하는 게 좋은데 역대 대통령을 보면, 박정희 대통령은 경제를 활성화시켰으니 적극 권장, 김영삼 대통령 금지했던바 IMF 왔고, 김대중 대통령은 IMF 극복하며 골프 대중화 선언해서 활성화됐습니다.

프로 골퍼 1호 연덕춘을 비롯해 박세리 선수가 나왔으니 우리나라 골프 강국인데 골프를 활성화하는 것은 좋고, 다만 음성적으로 거래하는 건 철저히 조사해서 공무원들이 출입할 경우에는 철저히 실명을 해야 될 것 같습니다. 왜냐하면 가명을 많이 쓰는데 얼마를 썼는지 투명하게 신고를 하면 큰 문제는 없을 것 같습니다.

3 골프장 정책

대중제(퍼블릭) 골프장은 말 그대로 일반 대중들이 저렴하고 쉽게 즐길 수 있도록 만든 골프장인데, 수억 원대에 이르는 고가의 회원권을 구입해야만 이용이 가능한 회원제 골프장과 달리 저렴한 비용으로 누구나 이용할 수 있습니다.

한국 퍼블릭 골프장의 효시는 1968년 6월 개장한 뚝섬골프장이나 2004년 4월, 서울시가 뚝섬 일대에 서울 숲을 조성함에 따라 폐장, 지금은 존재하지 않지만 현재 서울에 거주하는 중장년층 골퍼라면 찾지 않은 사람이 없을 정도로 40년 가까운 세월 동안 많은 사랑을 받았습니다.

골프코스는 60,461평방미터 면적에 7홀 규모로 조성되었으며, 당시 1라운드에 평일 14,000원, 주말 21,000원의 이용료를 적용했고, 2002년의 연간 이용객은 11만 8,100명으로 하루 평균 350명이 찾았습니다.

뚝섬골프장에 이어 1974년 경기도 고양에 6홀 규모의 123골프장이 개장하면서 1970년대까지 국내에는 두 곳의 퍼블릭 코스만이 운영됐고, 1980년대에는 용평리조트를 포함해 3개의 퍼블릭 코스가 추가 개장했습니다.

회원제 골프장의 퍼블릭 병설

1980년대까지 5개에 그쳤던 퍼블릭 골프장은 1990년 들어 정부가 회원제 골프장 건설시 퍼블릭 코스 병설을 의무화하면서부터 늘어나기 시작했는데, 정부는 18홀 이상의 회원제 골프장을 건설할 경우 최소 6홀을 기본으로, 회원제 9홀이 추가될 때마다 3홀을 추가해서 퍼블릭 골프장을 병설하도록 했습니다.

27홀 규모의 회원제 골프장은 퍼블릭 9홀을, 36홀 회원제 골프장은 퍼블릭 12홀을 설치하도록 한 것이고, 비용이나 부지로 인해 조성이 불가능한 경우 병설해야 할 퍼블릭 코스 1홀 당 5억 원씩을 예치하도록 했으며, 18홀 회원제 골프장의 경우 30억 원을 예치하도록 한 것입니다.

정부가 주도적으로 골프 대중화 정책으로 추진한 퍼블릭 코스 병설은 '골프장 사업주의 재산권 침해에 해당된다.'는 이유로 1999년부터 폐지됐으나, 병설 의무가 적용된 10여 년 간 등록된 회원제 골프장이 퍼블릭 코스를 병설하면서 국내 퍼블릭 코스의 수적 증가를 가져왔고 제도가 폐지되기까지 조성된 병설 퍼블릭 골프장 수는 35개에 이릅니다.

회원제 골프장들이 예치한 퍼블릭 조성비는 실제로 대중골프장 건설이라는 결실을 맺었고, 경기도 지역 회원제 골프장들의 대중골프장 조성비로 마련된 400억 원(300억 원의 예치금과 이자)의 기금으로 2000년 탄생한 남여주 골프장도 같은 경우입니다.

18홀 규모로 조성된 남여주는 예치금 납부 골프장을 주주로 하고, 한국체육진흥공단이 경영하고 있는데, 당시 입장료(그린피)는 주중 88,000원, 주말 110,000원을 적용하고 있으며 컴퓨터 무작위 추첨 예약제를 운영해 예약의 공정성을 높였습니다.

퍼블릭을 통한 골프대중화 모색

퍼블릭 코스 병설 제도가 사라진 1999년 김대중 대통령의 '골프 대중화 선언'은 퍼블릭 골프장에 대한 새로운 정책으로 이어졌습니다.

김미현의 LPGA 투어 2승 직후 골프 대중화 선언을 발표한 김 전 대통령은 '서민들도 골프를 할 수 있도록 퍼블릭 코스를 개발해야 한다.'는 방안을 제시했습니다.

이로 인해 프로골퍼와 우수 아마추어 선수들의 골프장 이용 시 특별소비세 면제와 함께 대중 골프장 육성을 위한 다양한 정책이 추진됐고, 골프장 건설이 불가능했던 개발제한구역에 골프장을 지을 수 있도록 했으며, 대중골프장에 한해 개발부담금과 개별소비세 면제도 이루어졌습니다.

특히 정부는 민간에서 꺼릴 수 있는 퍼블릭 골프장 육성을 위해 대중골프장 건설과 운영에서 세제 혜택을 주고 있고, 회원권 분양을 통해 골프장 건설 시의 투자비를 회수할 수 있는 회원제 골프장과 달리 퍼블릭 골프장은 투자비 회수에 20년 이상이 소요되기 때문입니다.

우선 골프장을 등록할 때 회원제 골프장의 경우 등록 대상 자산의 10%에 해당하는 취득세를 내야 하지만, 퍼블릭 골프장은 2%만 적용하고 있고, 골프장 운영 시 재산세 토지분도 회원제의 경우 과세표준액의 4%이지만 퍼블릭 골프장은 50분의 1수준인 0.08%에 불과하며 재산세 건물분 역시 회원제는 4%이지만, 퍼블릭은 1% 수준입니다.

골프장을 이용하는 골퍼들의 코스이용료에도 세금이 포함되는데 이 부분에도 퍼블릭 골프장 회원들에게는 세제 혜택이 주어지며, 회원제 골프장 이용객은 특별소비세(12,000원)와 교육세(3,600원), 농어촌특별세(3,600원), 국민체육진흥기금(3,000원), 부가가치세(15,000원)를 부가했으나, 퍼블릭 골프장 이용객은 세금이 면제되어 그린피가 회원제에 비해 저렴합니다.

퍼블릭 골프장 간 경쟁 돌입

2008년 현재 운영 중인 대중골프장은 102개, 건설 중인 곳은 61개, 미착공인 곳이 14개로 모두 177개에 달하며, 1999년 37개였던 대중 골프장이 10년 사이에 다섯 배 가까이 늘어난 것이고, 현재 운영 중인 퍼블릭 골프장(102개)은 전체 골프장의 36.4% 수준이지만, 추진 중인 골프장이 모두 완공되면 그 비중은 전체의 44%에 이를 전망이었습니다.

전국 골프장의 연간 매출액 규모는 2005년 기준 2조 1,012억 원으로 2000년 1조 869억 원이었던 것에 비해 두 배 가까이 증가했고, 이 중 회원제 골프장의 매출액이 1조 7,885억 원으로 85.1%의 비중을 차지하고 있었습니다.

퍼블릭 골프장의 매출액은 2005년 2,491억 원으로 2004년 대비 31.4%나 급증, 전체 골프장 매출액의 11.9%를 차지하는데, 나머지는 군(軍) 골프장 등의 매출액으로 2005년 638억 원 정도입니다.

골프장의 숫자도 대폭 증가해서 2000에는 전국 152개였던 것이 2005년 224개로 늘었고, 여기에 2005년 말 현재 '건설 중'인 골프장 75개, '사업허가를 받았으나 착공하지 않은 곳' 18개를 더하면 향후 골프장 숫자는 더욱 증가할 전망입니다.

특히 퍼블릭 골프장이 2000년 말 40개에 불과했지만 2005년 말 77개로 92.5% 증가했으나 여전히 전체의 34.4%에 불과한 수준으로, 미국의 퍼블릭 비중은 69.8%입니다.

예수보증금으로 계산한 골프회원권 분양대금은 2005년 말 기준 누계 7조 1,300억 원에 달한데, 회원권이 거래되는 가격으로 2006년 3월 10일 기준 평균으로 계산한 시가총액(월드회원권거래소 추계)은 23조 7,685억 원이었습니다.

1999년 10월 김대중 전 대통령의 '골프 대중화 선언' 이래로 호황을 누려온 골프장 산업이 지난 2007년에도 흑자 경영을 기록했지만, 당시 전망은 밝지 않은 것으로 드러났습니다.

한국레저산업연구소가 발표한 '2007 골프장 업체들의 경영실적 분석' 자료에 따르면, 2004년 이전에 오픈한 전국 101개 회원제 골프장 지난해 영업이익률(영업이익÷매출액)은 19.7%로 집계됐고, 이는 2006년 18% 대비 1.7% 상승한 수치지만 정점이었던 2002년의 27%에 비해 7.3% 하락한 수치입니다.

2006년 이전 개장한 28개 퍼블릭 코스를 대상으로 분석한 퍼블릭 골프장의 영업이익률은 41.6%로 집계돼 2006년 대비 0.1% 상승했지만 가장 큰 이익률을 냈던 2005년(49.1%)에 비해서는 7.5%나 하락했습니다.

이처럼 골프장의 영업 이익율이 2005년까지 상승세를 기록할 수 있었던 이유는 대부분의 골프장이 줄줄이 그린피 인상에 동참한데다 1999년 처음으로 내장객 1,000만 명 시대(1,043만 6309명)을 맞은 이래 지난 2007년 2,234만 3,079명이 골프장을 찾는 등 골프장 이용객수가 매년 증가했기 때문입니다.

18홀 기준 회원제 골프장의 평균 매출액은 160억 8,500만원이며 회원제 골프장 중 가장 큰 이익률을 낸 골프장은 이익률이 68.3%에 달한 경기도 가평의 썬힐골프

클럽으로 드러났고, 뒤를 이어 서라벌CC(49.1%)-시그너스CC(41.2%)-도고CC(39.4%)-88CC(38.4%) 등이 '톱 5'에 이름을 올렸습니다.

퍼블릭 골프장의 경우 18홀 기준 평균 매출액은 108억으로 집계됐으며 68.2%의 영업 이익률을 낸 중원CC가 1위에 올랐고 한탄강(63.6%)-베어크리크(60.6%)-아네스빌(56.7%)-용인(55.5%) 등이 뒤를 이었습니다.

그러나 지역별 영업 이익율을 보면 영남권이 2006년 대비 4.3% 늘어난 21.3%로 가장 높았던 반면 제주권 골프장의 영업이익률은 2005년 8.2%로 처음으로 적자를 낸 이래 2005년 29.4%까지 눈덩이처럼 불어나 희비가 엇갈렸습니다.

한국레저산업연구소 서천범 소장은 이에 대해 "1999년 10월 골프 대중화가 선언된 이래 골프 인구가 크게 늘어났고 골프장 사업도 호황을 누려왔다"면서 "그러나 올해 2008년만 해도 골프장 50개가 신규 오픈하는 한편 2011년까지 532개까지 골프장이 늘어나는 등 골프장 환경이 급변하고 있어 제주, 전라도 등 지방 골프장을 중심으로 수익성이 떨어질 것으로 전망된다. 이에 대한 대비책이 필요할 때"라고 말했습니다.

퍼블릭 골프장, 일탈

한편, [추적취재] 방송에선 "퍼블릭 골프장, 세금 혜택만 받고 운영은 회원제"(2018. 1. 15) 보도를 해 소개합니다.

고가의 회원권을 분양하는 회원제 골프장과 달리 대중 골프장은 법적으로 회원 모집을 하지 못하도록 되어 있고 대신 '좀 더 저렴하게 골프를 즐기게 해 주자'는 취지로 각종 세제 혜택을 주고 있는데, 일부 골프장들이 편법으로 사실상의 회원 모집을 하고 있습니다.

강원도의 한 유명 골프장은 대중제 골프장으로 운영되는 곳인데, 회원제 골프장과 달리 예약만 하면 누구나 선착순으로 이용할 수 있다는 게 특장점입니다.

이 골프장에 딸린 콘도의 회원은 따로 혜택을 받고 있었는데, 골프장 입장료 면제는 물론, 주말 우선 예약도 보장한 것이고 사실상 콘도 회원권이 골프장 회원권이나 마찬가지입니다.

경북의 또 다른 골프장 역시 비슷한 방식으로 운영하고 있는데, "(콘도) 정회원은 70% 할인되시고요. 5주 전부터 예약을 받고요. 일반 (회원)은 4주 전부터 예약을 받습니다."

취재진이 무작위로 콘도를 함께 운영하는 대중제 골프장 8곳을 확인한 결과 모두 비슷한 혜택을 줬는데, 골프장 주주 모집을 핑계 삼아 10억 원에 달하는 회원권을 파는 곳도 있었습니다.

"골프 타임은 무조건 다 우선 배정해 드리고요. VIP 전용 라커룸이 들어가고… (대중제인데 말 안 나와요?) 그런 건 전혀 문제가 없으세요." 법망을 피하기 위해 이면 계약서를 썼다는 의혹도 제기됩니다.

경상남도청은 "(콘도) 계약서상에는 그런 (골프장 혜택) 내용은 없었습니다. 특약 조건으로 다른 계약을 할 수 있는 상황이…"라고 합니다.

현행법상 대중제 골프장은 회원 모집과 별도의 혜택 제공을 할 수 없습니다. 대신 세금은 회원제 골프장의 5분의 1만 내면 됩니다. 정부가 골프 대중화를 위해 세금을 대폭 깎아줬기 때문입니다.

김대중 전 대통령이 골프를 대중화하겠다고 선언했고, 2000년부터 세율을 인하하게 되면서, 편법 운영하는 대중골프장의 연간 이득액은 10억~15억 원 정도라는데, 취재가 시작되자 관련 부처와 지자체는 불법 영업 여부를 확인하기 위해 전수조사에 들어갔습니다.

대중제 골프장에 주어지는 혜택은 혜택대로 받고 사실상의 회원 모집을 하고 있는 셈이고, 전국의 골프장 10곳 중 6곳 이상이 대중제인데 "대다수가 유사 회원제로 운영하다보니 연간 평균 영업 이익률은 회원제의 6배가 넘는다."는 게 전문가들 얘깁니다.

세제 혜택은 골프 대중화를 위해 주어지는 건데, 엉뚱한 사람들이 이익을 보고 있는 꼼수 영업은 공공연한 비밀이었지만 각 시 · 도 지자체와 문체부 등 관리 당국은 하나 같이 '몰랐다'는 반응이었습니다.

골프장 세금 논란

정부는 지방 회원제 골프장에 한 해 2009년부터 2년간 한시적으로 개별소비세(이하 개소세)를 면제했습니다.

내수경기를 활성화시키겠다는 취지로 "적자 골프장이 속출하고 있고, 회원권가격도 큰 폭으로 하락하는 등 골프장 경영상태가 좋지 않다."며 "해외로 나가는 골프인구를 국내로 끌어들여 골프장은 물론 캐디와 인근 식당, 특산품 생산 농가까지 파급 효과를 기대할 수 있다."는 설명입니다.

2011년 11월 조세특례제한법 연장 안에 대해 상반된 의견을 표출한 게 대표적인 사례인데, 회원제가 "입장료(그린피) 인하를 통해 신규 골퍼의 유입을 유도해 파이를 키울 수 있다."며, 전국적인 확대를 주장한 반면 대중제는 "출혈경쟁이 예상된다."며 반대 성명까지 선언하는 등 정면충돌했습니다.

실제 강원과 충청 등 지방 회원제들은 이 기간 동안 최고 28.7%의 증가율을 보여 수혜자가 됐고, 개소세 1만 2,000원에 교육세와 농특세가 각각 3,600원(개소세의 30%), 국민체육진흥기금 3,000원, 부가가치세 1,920원 등 2만 4,120원의 세금이 면제됐지만 일부 골프장들은 최대 5만 원까지 그린피를 내려 골퍼들을 끌어 모았습니다.

경기도 여주와 안성, 포천, 양평 등 이른바 접경 지역에 위치한 '변방골프장'들은 그러나 상대적으로 가장 큰 피해를 입었고, 최고 15%까지 매출이 뚝 떨어졌습니다.

수도권 회원제들은 그러자 "국내 골퍼들의 외유를 막기 위해 도입된 이 법을 효율성을 위해 이제는 골퍼들의 70% 이상이 몰려 있는 수도권으로 확대해 그 효과를 더욱 극대화해야 한다."고 했습니다.

하지만 대중제는 또 입장이 달랐는데, 싼 그린피가 트레이드 마크였던 대중제들은 "조특법의 시행으로 차별화에 어려움을 겪으면서 오히려 9.5%나 입장객이 감소해 엄청난 타격을 얻어맞았다."며, "이 법을 수도권까지 확대하면 우리는 입지가 더욱 좁아진다."고 반대했습니다.

조특법 연장안은 2014년 결국 국회에서 상정도 되지 못한 채 소멸됐고, 연장을 하자니 수도권과 대중제가 반대, 확대를 하자니 지방 회원제와 대중제의 반대가 극심했습니다.

김성원 이포골프장 사장은 이에 대해 "골프장산업 전체가 파국으로 치닫는 분위기"라며 "회원제와 대중제의 경계를 허물고 양쪽 모두 돌파구부터 마련하는 게 시급하다."고 했습니다.

"골프장에 대한 중과세를 현실적으로 개선하면 저비용과 함께 골퍼들이 대거 유입돼 전체적인 파이가 커진다."며, "대중제 또한 그린피를 인하할 경우 수요의 가격탄력성이 높아 가격 인하율보다 이용객 증가율이 더 높아질 것"이라고 확신했습니다.

대중제에 대한 지원책 마련도 제안했는데, "대중제의 경우 금융비용 등을 감안해 유사회원권 등 투자비 일부를 회수할 수 있는 방법도 연구할 수 있을 것"이라며, "어떤 형태든 일단 세금을 줄여 저비용 구조를 구축하는 게 이용객 수를 확대에 골프장산업 전체를 활성화시키는 지름길"이며 "이후 각각의 골프장들이 가격 및 서비스 경쟁에 나서는 게 현명한 판단"이라고 주문했습니다.

2013년 12월. 다시 골프장업계로 돌아와 보면, 회원제는 결국 일본 골프장업계의 '버블 붕괴'처럼 다 망하는 것은 아닙니다.

2000년대 이전에는 '체육시설 설치 및 이용에 관한 법률'에 따라 신규회원권 분양금액 결정에 제한이 있었고, 이에 따라 지금도 시세를 지키며 입회금 반환에서 자유로운 골프장들이 상당히 존재합니다.

일각의 주장처럼 "M&A나 대중제 전환 등을 통해 정리될 곳이 다 정리된다면" 남은 건 골프장의 경영 여건이고, 한국골프장경영협회가 수없이 중과세 완화를 부르짖는 이유로 "세금 부담이 적어지면 자연스럽게 그린피가 낮아지고 신규 골퍼 유입의 동력이 된다."는 설명입니다.

골프장의 세금 부담은 과연 얼마나 되는 것인지 살펴보면, 골프장 세금은 회원제와 대중제, 또 수도권과 지방 등 지역에 따라 천차만별입니다.

먼저, 개별소비세(이하 개소세) 1만 2,000원에 교육세와 농특세가 각각 3,600원(개소세의 30%), 부가가치세 1,920원 등 2만 1,120원이고, 국민체육진흥기금 3,000원은 지난 2013년 2월 폐지됐습니다.

2011년 11월 조특법 연장을 놓고 한바탕 논란이 벌어졌던 까닭인데, 대중제는 물론 이 세금을 내지 않고, 회원제도 조세특례제한법(이하 조특법)에 따라 지방에 한해 2009년 10월부터 2년간 한시적으로 이 세금이 면제됐다가 부활했습니다.

수도권에서는 "골프장의 자구책을 토대로 최대 5만 원까지 그린피 인하가 가능하다."며, "개소세 면제를 전국 골프장으로 확대해야 된다."는 논리를 펼친데 반해 지방은 그대로 연장, 대중제는 오히려 "경쟁력 약화를 초래한다."며 폐지를 촉구했고 당연히 각각의 이해관계가 충돌했기 때문입니다.

추가로 골프장이 내야 하는 세금은 재산세 4%고, 원형보존지에 대한 종합부동산세는 최대 2%, 취득세 12% 등 다양한 토지 관련 세금이 또 있습니다.

골프장들이 "재산세는 일반 기업(0.25%)의 16배에 달할 정도"라며, "특히 원형보존지는 골프장의 의사와 상관없이 법령에 강제 보유하도록 명시해 놓고 투기용 재산으로 몰아 중과세한다."며 불만을 터뜨리는 출발점입니다.

사실 개소세의 경우 사행시설인 카지노의 4.2배, 경마장의 24배, 경륜장의 60배에 달하는데, 이를 토대로 각종 세금을 분석해보면 18홀 규모 골프장의 연간 세금은 수도권은 무려 55억 원, 그린피의 최대 33%가 세금으로 나갑니다.

지방은 15억 원, 대중제는 11억 원 수준이고 1인당 그린피에 포함되는 세금으로 환산하면 수도권이 8만 8,500원, 지방 5만 5,200원, 대중제는 1만 5,200원 선입니다.

골프장 관련 세금은 실제 1976년 룸살롱 등 사치성 업종에 부과됐던 징벌적 과세로, 박정희 전 대통령 재임 시절 '골프장은 사치성 시설'이라는 판단 아래 긴급 조치로 고시(당시 특별소비세)됐지만 37년이 지났고, 역대 대통령들이 대선 때마다 골프 대중화를 주창하면서 개선책 마련을 공약했던 점에 비추어 어떤 형태로든 새롭게 정리돼야 하는 건 분명합니다.

골프장경영협회는 "국내 선수들이 해외에서 국위 선양에 앞장서면서 체육훈장까지 받는 시대에 관련 부처에서는 여전히 전근대적인 행태를 답습하고 있다."며 수위를 높이고 있고, 문제는 입법기관의 수동적 행태로 전문가들은 "필요성을 인정하면서도 선거를 의식하다 보니 나설 사람이 없다."고 합니다.

'세원 확보'에 대한 우려도 마찬가지로 재산세를 50%로 감면할 경우 2,400억 원이 줄어드는데 반해 지역경제 활성화 3,200억 원, 관광수지 개선 7,200억 원 등 기대효과는 1조 4,000억 원에 달한다는 분석이고, 개소세 면제 감소액 역시 2,700억 원에 불과하지만 기대 효과는 1조 5,600억 원에 육박합니다.

골프 인구가 여전히 증가하고 있는 추이에 비추어 세제 개편에서 출발한 그린피 인하는 결과적으로 더 많은 골프 인구 유입을 통해 세원 확보는 물론 일자리 창출, 해외 골프투어 감소 등으로 이어지는 엄청난 경제효과로 직결된다는 이야기입니다.

"2015년 지구촌 골프축제 프레지던츠컵이 인천에서 열렸고, 2016년 리우올림픽에서는 골프가 정식 종목으로 채택되는 지금이 바로 세제 개편의 호기"라는 주장이 설득력이 있었습니다.

대중제 코스는 불특정 다수가 도착순서나 예약 순에 의해 이용해야지 회원들에게 부킹 우선권을 주면 안 됩니다. 레이크사이드 역시 동 · 남코스의 경우 공식적으로는 인터넷 회원이 예약한 뒤 잔여 타임을 회원들에게 배정하는 것으로 하고 있지만 '회원들에게 먼저 부킹을 해주는 것 아니냐'는 의혹이 끊이지 않았습니다.

정부는 골프 대중화를 촉진시키기 위해 중과세율을 적용하는 회원제 골프장과는 달리 대중제 골프장에는 취득세와 재산세, 개별소비세, 종합부동산세, 지방세 등에서 다양한 감면혜택을 주고 있고, 법인세만 하더라도 대중제와 회원제 골프장의 차이가 큽니다.

대중제 골프장들이 회원제에 비해 세제혜택을 많이 받고 있어서 평균 입장료는 회원제보다 4만 5000원 정도 싸나, 일부 대중제 골프장의 경우 각종 세제혜택은 다 누리면서도 그린피는 회원제와 큰 차이가 없으니 골퍼들이 '가깝고도 먼 골프장'으로 생각합니다.

한국골프소비자모임에서 2012년 5월 발표한 '그늘집 식음료 가격 현황' 자료에 따르면, 캔 맥주와 이온음료, 삶은 계란, 캔 커피 등 4개 품목의 합계 금액이 회원제 골프장 1만 4905원, 대중제 골프장 1만 4,956원으로 오히려 대중제가 더 비쌌습니다.

4 제2 골프 대중화 선언

2022년 2월 3일 국내 골프장 조사 자료에 따르면, 국내에서 운영 중인 골프장은 총 499곳(군 · 경 41곳 포함)이고, 18홀 규모가 195곳(39%)으로 가장 많았으며, 27홀 135곳(27%), 10홀 이하 112곳(22%), 36홀 44곳(9%), 36홀 이상 13곳(3%)으로 뒤를 이었는데, 총 홀 수는 1만 375개로 조사됐습니다.

18홀 기준으로 환산하면 576개 골프장을 넘는데, 대중 골프장은 전체의 65%, 회원제 골프장은 나머지인 35%를 차지했습니다.

신규 골프장은 모두 대중 골프장 37곳으로, 회원제는 세금이 비싸기 때문인지 18홀 19곳(51%), 10홀 이하 8곳(22%), 27홀 이하 6곳(16%), 30홀 이상 4곳(11%)으로 18곳은 공사 중이고, 19곳은 공사가 시작되지 않았습니다.

토지수용 불가 및 골프장 개발 관련 법 적용 등의 한계로 골프장이 늘어날 가능성은 적고, 매년 5곳 정도로 보는데, 문화체육관광부(이하 문체부)와 국민체육진흥공단이 발표한 '제2 골프 대중화'도 사업 용지 확보의 어려움으로 현실성이 낮아 보입니다.

비행기 길이 열리면 국내 평균 내장객이 하락하겠지만, 젊은 골프 층의 등장으로 내장객은 유지될 것이고, 골프장 객단가는 현재보다 낮아질 것입니다.

'제2 골프 대중화'에서 분석한 문체부 유병채 체육국장은 "부지는 확보할 수 있고, 코로나19 이후에도 내장객은 계속 늘어날 것"이라고 설명했습니다.

정부에서는 골프의 인기가 높아지자 아예 골프를 '대중화'하기로 마음먹었는데, 골프를 접대 수단으로 표현하고 있는 각종 법령과 규정을 개정해 골프가 사치 활동이나 접대 수단이 아닌, '누구나 즐길 수 있는 스포츠라는 공감대를 확산한다.'는 것입니다.

2022년, 제2 골프 대중화 선언

문화체육관광부는 「골프장 이용 합리화 및 골프산업 혁신 방안」을 발표했고, 문체부는 2026년까지 골프 인구 600만 명, 시장규모 22조 원 달성을 목표로, '실질적 골프 대중화'와 '지속 가능한 산업 혁신'을 양대 정책 방향으로 제시했습니다.

이를 위해 ▲ 골프장 이용가격 안정화제도 개선, ▲ 대중 친화적 골프장 확충, ▲ 디지털·친환경 산업 고도화, ▲ 골프산업 저변 확대를 중심으로 9개 과제를 추진합니다.

'대중형 골프장'이란 '비회원제 골프장 중 국민체육 진흥을 위한 요건을 충족하는 골프장'을 의미하고, 대중형으로 지정된 골프장에 대해서는 세제 합리화, 체육기금 융자 우대 등의 지원 방안을 마련하고, 이를 통해 이용자가 서비스 선택권을 갖고, 상대적으로 저렴하게 골프장을 이용할 수 있도록 유도할 계획입니다.

문체부는 1999년 골프 대중화 정책을 추진한 이후 20여 년 만에 이번 방안을 마련했고, 2000년부터는 회원제 골프장과 비교해 대중골프장에 낮은 세율을 적용해왔으며, 이로 인해 대중골프장이 2000년 40개(비중 27%)에서 2021년 341개(비중 68%)로 증가했습니다.

또한 정부는 전국 170개 골프장을 대상으로 이용 실태를 조사하고 그 결과를 바탕으로 문제 업체에 대한 직권 조사와 시정 조치를 할 예정인데, 아울러 「골프장 이용 표준약관」상 경기보조원 · 카트 · 식당 이용 강요 금지 규정을 신설하고, '취소 위약금을 합리화한다.'며, 이를 통해 골프 이용자의 소비자 권리 의식과 서비스 만족도를 높일 계획입니다.

골프를 주제로 다양한 관광시설을 도입할 경우, 단지 내 골프시설의 적정 면적비율을 탄력적으로 적용하는 방안도 검토하고, 이를 통해 골프 관련 시설을 도입한 관광단지의 수익성을 높이고, 아시아 골프 여행 시장을 선점할 계획입니다.

한편 디지털 융 · 복합 지원, 혁신기업 육성–2022년 '스포츠 테크 프로젝트'에 50억 원 투입, 유망한 골프 및 스포츠 기업 성장단계별 맞춤형 지원도 강화합니다.

문체부는 골프 및 스포츠용품 제조기업과 정보통신기술(ICT) 기업 · 대학 · 연구소 간 협업을 통한 혁신상품 개발을 지원하는 '스포츠 테크 프로젝트'에 2022년 50억 원을 투입하고, 골프 및 스포츠산업에 대한 연구개발(R&D) 정부투자도 2021년 177억 원에서 콘텐츠산업에 준하는 수준으로 단계적으로 확대할 계획입니다.

유망한 골프 및 스포츠 기업에 대해 성장단계별로 맞춤형 지원을 강화(2022년 360개 업체)하고, 금융 지원을 확대(2022년 체육기금 융자 1,840억 원, 펀드 240억 원)하고, 이를 통해 국내 골프 기업의 혁신적 서비스 개발과 경영 고도화를 유도해 해외 기업 위주의 골프용품 시장 구조를 개선할 계획입니다.

서비스 다양화 · 고도화–캐디 · 카트 이용 고객 선택권 부여 골프장 혜택 제공, 안정적인 캐디 수급과 전문성 강화를 지원합니다.

골프장 요금 상승의 주요 원인인 캐디 · 카트 의무적 이용 관행 문제를 해결하기 위하여 고객이 캐디 · 카트 이용 여부를 선택하도록 하는 골프장에 체육기금 융자 우대 등의 혜택을 부여합니다.

캐디가 없이 경기하더라도 시간 지연이나 안전사고가 일어나지 않도록 경기보조 응용프로그램(앱), 개인용 인공지능(AI) 카트 등 기술적 조치를 지원하고, 소비층 변화에 따라 다양한 경기시간 · 방식을 선택할 수 있도록 6홀 · 12홀 등 소규모 골프장의 확대도 지원합니다.

안정적인 캐디 수급과 전문성 강화를 위해서는 민간 협회를 중심으로 체계적인 캐디 양성 및 평가 체계를 구축하고, 교육훈련 지원을 확대하며 이와 더불어 캐디의 단계적인 4대 보험 가입과 캐디 요금 카드 결제를 추진해 해당 직종에 대한 사회적 인식을 개선하고, 이용자의 불만을 해소할 계획입니다.

안전한 골프 환경 조성-골프장 내 응급조치 대책과 '탑승 카트 관리 지침'을 마련하는데, 중장년 · 고령층 골프장 이용 시 취약요소를 보완하고, 체계적으로 안전을 관리하기 위한 대책도 마련했고, 「체육시설법」 시행규칙상 골프장 내 자동심장충격기(AED) 배치 기준을 명확히 하고, 캐디를 대상으로 응급조치 요령과 심폐소생술 교육도 추진합니다.

전국 골프장에 대해서는 카트 이용 실태를 조사하고 이를 바탕으로 '골프장 탑승 카트 관리 지침'을 마련하며, 카트 관리 · 운행 · 점검 · 교체 정보를 투명하게 공개해 안전과 관련한 소비자의 불안과 불만을 해소할 계획입니다.

입장료(그린피) 논란

2022년 4월 15일 국회 본회의에선 골프장 이용가격(그린피) 따라 대중골프장을 비회원제와 대중형으로 나눠 정부의 세제 혜택을 달리하는 '체육시설의 설치, 이용에 관한 법률(약칭 체시법)'이 통과됐습니다.

더불어민주당 박정 의원이 발의한 법안으로 '골프장의 그린피 폭증 현상을 방지하겠다.'는 목적인데, 골프장 분류체계를 개편하는 법 개정안이 국회 본회의를 통과하면서 정부의 '골프 대중화 정책' 변화가 급물살을 탈 것으로 기대도 합니다.

해당 개정안에 따르면 기존의 회원제 · 대중골프장 구분을 회원제 · 비회원제 · 대중형 골프장으로 변경해 회원제는 그대로 두되, 기존 대중골프장을 그린피 가격에 따라 비회원제와 대중형으로 나눈 뒤 세제혜택을 차별화하겠다는 것으로, 비회원제와 대중형으로 나누는 그린피 가격 기준이나 세제 혜택 등에 대한 구체적인 방안은 추후 문화체육관광부가 정하게 됩니다.

문화체육관광부장관이 비회원제 골프장 중에서 이용료 등의 요건을 충족하는 골프장을 '대중형 골프장'으로 지정하고 다양한 지원을 할 수 있도록 했으며, 정부는 이번에 통과된 법률안에 따른 시행령 개정, 세제 개편 등의 후속 절차에 착수할 예정입니다.

그동안 정부는 대중골프장에 대한 개별소비세, 취득세 및 재산세 등에서 각종 세제 혜택을 부여하며 골프의 대중화를 지향해왔으나, 코로나19 이후 해외 골프장을 이용할 수 없게 되자 국내 대중골프장 이용료가 폭등하는 등 문제가 발생하기 시작했고, '대중골프장에 대한 세제 혜택을 없애라'는 내용의 국민청원이 등장하기도 했습니다.

박 의원은 입법 목적에 대해 "최근 상당수의 대중골프장이 회원제 골프장을 상회하는 그린피 인상, 유사회원 모집 등 편법 영업 행위, 고가의 식음료 이용 강요, 캐디 및 카트에 대한 소비자 선택 미부여 하는 등 국민체육 진흥 및 골프대중화 정책의 취지와 상충하는 영업형태를 보이고 있다."며 "대중 골프장으로 등록하면 일률적인 세제 및 지원정책 대상이 되는 현 골프장업 분류제도에 개선 필요성이 제기된다."고 했습니다.

골프장업계에서는 최근 골프 이용객 증가에 따른 대중골프장의 그린피 폭증과 편법 영업의 문제점에 대해서는 인정하지만, '법으로 가격을 통제하겠다는 것은 반시장주의적인 발상이라'고 지적했습니다.

최근 골프장의 그린피 폭증은 철저하게 시장 논리에 따른 결과물이라는 것이 업계 관계자의 설명이고, 코로나19로 인해 실내 스포츠가 금지되자 젊은 층들이 대거 유입됐으며, 해외 골프를 즐기던 기존 이용객까지 국내에 체류하게 되면서 국내 골프장 수요가 폭발했다는 것입니다.

골프업계 관계자는 “과거 주말에만 골프이용객이 몰렸지만, 지금은 평일에도 골프예약(부킹)조차 어렵다”며 “골프장 증설이 어려운 상황에서 급작스럽게 수요가 늘어나다보니 가격이 올라갈 수밖에 없다”고 말했고, 코로나19가 끝나면 자연스럽게 수요가 줄어들게 되고 그린피도 안정세를 찾아갈 것이라고도 전망했습니다.

하지만 법안이 이 같은 ‘시장 기능을 무시하고 시행될 경우 결국 그 피해는 이용객에 돌아갈 것’이라고 우려하기도 했는데, 그간 대중골프장들이 지원 받았던 세제 혜택을 철회할 경우 ‘어떤 방식으로든 이용객에게 그 부담을 전가시킬 공산이 크다’는 것이고, 저렴한 그린피에 맞춰 현격하게 떨어지는 서비스도 이용객 불편으로 이어질 수 있는바, 문체부에서 매년 물가 인상 등을 고려해 적정 그린피 가격을 책정하는 것에도 한계가 있습니다.

골프업계에서는 회원제 골프장은 비싼 골프장, 대중골프장은 저렴한 골프장이라는 이분법적 사고는 문제이고, 회원제와 대중골프장은 ‘회원권을 가진 소수만 이용할 수 있느냐, 누구나 이용 가능하냐.’에 따라 갈립니다.

대중골프장 중에서도 시장의 요구에 따라 얼마든지 회원제보다 더 좋은 서비스를 제공하고 그에 따른 그린피를 받을 수 있지만, 법안 구상에서 이 같은 가능성을 제한한 게 아닌가 하는 의문을 제기하고 있습니다.

일각에서는 세제 규제를 무기로 그린피를 잡겠다는 것은 ‘과거 세금으로 부동산 가격을 잡으려던 시도와 겹쳐 보인다.’며 ‘부동산 규제’ 실패의 원인을 다시 되새겨야 한다는 비판도 제기됐습니다.

‘우선이용권’이 있는 회원

문화체육관광부에서는 지난 1월 ‘골프장 이용 합리화 및 골프산업 혁신 방안’을 발표하면서 새로운 정책을 들고 나왔고, 이중 회원권시장에서 가장 눈에 띄는 부분은, 회원의 개념을 ‘우선이용권’이 있는 사람으로 보다 구체화 했다는 것입니다.

원래 '체시법' 법률 제2조에는 회원의 정의를 "일반 이용자보다 우선적으로 이용하거나 유리한 조건으로 이용하기로 체육시설업자와 약정한 자를 말한다."고 포괄적으로 명시하고 있습니다.

풀이하면 체시법상 '유리한 조건' 사용자 개념을 제외하고 '우선 이용권'을 가진 자로 회원을 한정한 것이고, '우선 이용권'이라 함은 즉, 골프부킹을 우선하거나 우대하는 경우를 지칭합니다.

문체부는 이를 바탕으로 현행법상 허용 여부가 불투명했던 '우선 이용권'이 없는 각종 할인과 마케팅은 활성화를 시키는 쪽으로 방향을 잡고, 골프장들 입장에서 연회원제 회원권, 선불카드, 쿠폰과 골프상품권 형태 등의 다양한 방식들을 선택할 수 있는 여지는 남겨뒀습니다.

다만 공통점이 있다면 향후 변동이 있을 수 있더라도 아마도 모두 소멸성 회원권으로 한시적 사용하는 형태에 초점을 맞췄을 듯하고, 회원제에서 골프장 조성 및 시설투자 등의 공사비에 해당하는 분양상품과는 별개의 사안으로 봐야할 것입니다.

그러자 골프장들은 대체로 아직 여유가 있는 모양새지만, 이미 신규 사업을 진행중이거나 분양을 계획하던 업체들은 해당 조치들에 대한 유 불리를 따지느라 부산합니다.

물론 대중제들은 그 동안 다양하게 편법적으로 회원을 모집하던 과거 상품들은 향후에 쉽지 않을 전망이나, 그러면 문체부가 제시한 내용에서 상품구성을 고민할 터인데, 가장 익숙한 것은 선불카드 형식으로 다수의 골프장들이 선택할 개연성이 높아 보입니다.

골프장 영업행태를 개선해 '회원' 개념을 명확히 하고 유사회원 모집 금지를 명시한다는 「체육시설법」상 비회원제 골프장에서 모집이 금지되는 '회원'의 개념을 '유리한 조건으로 이용하는 자'에서 '우선 이용권이 있는 자'로 명확히 한다. 는바, 이에 따라 비회원제 골프장 내 우선 이용권이 없는 소비자에 대한 할인과 홍보를 활성화하되, 유사회원 모집은 엄격히 단속하는 것입니다.

문제는 '문체부' 의도대로 '우선 이용권'이 없더라도 이외의 금액조건이나 혜택들을 활용한 상품구조를 모두 용인할 수 있는 것인지는 아직 미지수고, 이 부분에 대해서는 '좀 더 구체적인 지침이 필요하다'는 지적들이 나오고 있습니다.

가령, 선불카드라도 금액단위가 과거에 비해 높아지고 있고, 물론 그에 걸 맞는 혜택을 부여하는 것은 당연하니 발행 숫자가 커지면 골프장들의 수익성도 하락할 가능성이 있습니다.

여하튼 최근 비싼 상품은 1~2억 원 단위 상품들이 나오기도 했기에 무기명 혜택을 활용하거나 선호도가 떨어지는 골프텔 및 일부 콘도 복합상품 등으로 연계하면 금액단위가 이보다도 훨씬 높게 책정할 수 있고, 이 경우 골프장 조성금이나 운전자금을 충분히 마련할 수 있기에 소비자 후생 외에도 골프장들의 편법회원권 발행에 오히려 면죄부를 부여하는 격이 될 수도 있습니다.

그리고 정부가 대중제 골프장 제재에만 주목하고 있는 나머지 회원제 골프장과 다단계식 유사회원권 업체 간의 폐단에 대해서는 눈을 감고 있는 것도 집고 넘어갈 문제로, 상당수 유사회원권은 소멸성 또는 선택적으로 예탁금을 취하기도 하나, 골퍼들 선호도가 높은 일부 회원제 골프장들과 부킹 약정을 맺고 정규시장 회원권인 양 아직도 성행하고 있습니다.

더구나 자율경영이라는 시장경제 시스템과는 별개로 골프장들의 부킹 공정성에 대한 시비는 최근 더욱 증폭되고 있기에, 이에 대한 해법의 일환으로 일부 주주회원제 골프장에서는 아예 모든 예약현황을 부분 실명제를 도입해 호응을 얻었습니다.

'유사회원권'은 과거부터 소비자 피해가 컸던 사안인 만큼, 명확한 정부지침이 필요한 시점입니다.

그린피 예약

주말골퍼 A씨가 지인이 예약해 둔 서울 인근의 한 골프장에 전화를 걸어 입장료(그린피)를 물었는데, 날짜와 시간까지 얘기했지만 골프장 직원은 가격을 알려주지 못하고 머뭇거리는 눈치였습니다.

골프장마다 요일과 시간에 따라 할인율이 서로 달라 사실 직원들조차도 그린피를 바로 대답하기는 어려운 현실이지만, 날짜는 물론 티오프 시간까지 알려줘도 그린피를 말 못하는 이유는 따로 있습니다.

한때는 티타임이 거래되던 시절이 있었고, 예약담당자가 뒷돈을 받아 집까지 산다는 말까지 나돌았던 성수기 황금시간대는 적게는 몇 십만 원부터 수백만 원에 사고팔았으며, 곳곳에 브로커도 많았습니다.

지금은 일부 근거리의 좋은 시간대는 여전히 쉽지 않지만, 웬만한 골프장은 인터넷으로도 원하는 시간을 예약할 수 있어서 격세지감을 갖습니다.

예약서비스는 에이스골프와 SBS골프 등 골프포털사이트를 중심으로 커졌는데, 최근에는 엑스골프가 등장해 아예 골프여행상품 등을 패키지로 구성하는 등 서비스도 다양해졌고, 대중제는 물론 회원제도 부지기수로 당연히 회원이 먼저 예약한 후 잔여 티타임을 주는 방식이라 선호 시간대가 많지는 않습니다.

보통 100곳 이상의 골프장에서 실시간 예약이 가능하고, 예전에는 포털사이트를 통해 예약한 경우 '노쇼'(No Show, 예약취소 없이 해당 시간에 입장하지 않는 경우)를 대비해 그린피를 선불로 받기도 했는데, 요즈음은 그러나 예약을 채우기에 급급해 미리 그린피를 받거나 위약금을 물리는 일도 드물고 공급자 위주에서 수요자 우위의 시장으로 재편된 셈입니다.

엑스골프가 대표적인데, 처음에는 불과 5곳의 골프장을 모아 예약서비스를 시작했지만 10년이 지난 현재 250여 곳과 제휴하고 있고, 1박 2일 패키지 상품도 100여 곳에서 진행 중이며 지난해에는 매출액 120억 원, 영업이익이 70억 원에 달하는 엄청난 성장을 거듭했습니다.

금융권 VIP서비스와 박람회 개최, 프로구단 운영 등으로 사업영역도 확장됐고, 내년에는 골프장 위탁운영까지 해보겠다는 계획이랍니다.

예약 수요가 많아지면서 2, 3년 전부터는 부킹 에이전시도 생겼고, 비슷한 업무를 수행하고 있지만 기업이 아닌 커뮤니티 형태로 발전했으며, 개인이 포털사이트의 카페나 블로그를 운영하면서 모객을 하는 방식이고 연습장에 소속된 프로나 운영자가 주로 인근 골프장과 연계해 예약을 대신합니다.

예약이 가능한 골프장은 많아야 10개 정도고 A씨가 그린피를 알 수 없었던 이유가 바로 여기에 있었는데, 부킹에이전시를 통해 예약한 경우 추가 할인을 받을 수 있습니다.

어느 에이전시를 이용해 예약했는지에 따라 가격이 달라졌고, 모객능력이 뛰어난 곳에는 리베이트(백 마진)까지 지불해, 고객에게 그린피를 받은 뒤 1인당 1만원씩 등 에이전시에게 적립하는 방식입니다.

블로그에서 시작해 아예 기업형으로 커진 골팡이 가장 규모가 크고, 최근 홈페이지까지 오픈해 본격적인 사업에 나섰는데, 수도권 골프장 50여개에 대해 예약 대행과 할인까지 해준다고 합니다.

한 부킹에이전시 관계자는 "회원제나 소위 명문이라고 내세우는 골프장에서는 이름을 공개적으로 노출시키지 않고 모객을 할 수 있는 가장 좋은 수단"이라고 설명합니다.

온라인시스템이 구축돼 있지 않기 때문에 주로 전화로 예약하고 가보지 않은 골프장에 대해 자세한 설명을 들을 수 있다는 게 큰 메리트인데, 규모도 점점 대형화되고 있는 추이로 골프장이 모자라 주말 티타임 하나를 잡기 위해 애면글면하던 시절에서 부킹에이전시가 골프장의 새로운 '갑(甲)'으로 등장하면서 입장이 역전된 모양새입니다.

회원권 시장과 골프장 입장료, 관련 장비 및 의류 시장까지 더하면 단일 스포츠 종목으로는 골프가 한국에서 가장 큰 규모인 것으로 추정되어, 대중화하면서 관련 산업의 규모도 계속 커지는 추세입니다.

산악지형 골프장

국토가 상대적으로 좁은데다 인구 밀도가 높고 산지가 많은 지리적 여건의 한국에서는 잔디 심기에 적합하지 않은 지형과 기후 특성상 골프장 세우는 데에도 돈이 엄청나게 소요되며 환경 파괴를 일으킨다는 이유로 시민단체들의 공격대상이 되기도 합니다.

당연히 산악지형 골프장 건설비용이 더 높을 수밖에 없고, 골프장을 많이 짓는 게 어렵습니다만, 미국과 영국 등 유럽 경우는 평지가 많기 때문에 회원비도 저렴한 편이어서 미국이나 동남아시아 가서 골프를 즐기는 사람들도 많다고 합니다.

더불어 2008년 국제금융 위기로 지방 여럿 골프장은 짓다가 시공사 부도 및 여러 경제적 여파로 흐지부지되는 일까지 있었고, 골프장 난립으로 멧돼지들이 자기들 서식지가 파괴되어 먹이를 구하고자 농가에 나타나 사람에게 피해를 준다는 연구결과도 나와서 골프장이 비난을 받기도 합니다.

이렇게 골프장에 돈이 많이 드니 회원권과 이용요금도 비싸고, 다른 나라들과 비교해도 그런 편인데, 그래도 괜찮은 입지의 골프장 회원권은 없어서 못 판다하나, 대중제(퍼블릭) 골프장 이용을 많이 합니다.

다만 극과 극으로 안 팔리는 곳은 그야말로 이용료가 헐값인데, 골프 관련 잡지만 봐도 '지방의 사람이 없는 골프장이 몰락해간다'는 식의 기사가 한 때는 자주 나오다가 코로나19 덕에 반전되어 호황입니다.

반면, 미국처럼 평야가 흔한 지방의 경우 평야지대에 그냥 잔디 뿌리고 울타리 두르면 돼 골프장을 짓는 게 정말로 쉽다는데, 덕분에 비용자체가 얼마 안 드는지라 사람이 얼마 안사는 농지 주변에서도 자주 볼 수 있고, 농업지역을 지나가다 높게 울타리가 쭉 쳐져있는 곳이 자주 보이는데 거의 다 골프장이랍니다.

다만 골프장을 만드는 비용은 훨씬 적지만 장비 구매 비용, 그리고 이용할 때마다 돈이 들어간다는(이용료는 더 싸다) 건 미국도 마찬가지이기 때문에, 대중들이 즐기기는 요즘 파크골프 열풍이 일고, 프랑스 파리시 내에선 페탕크처럼 공 하나로 경기를 하는 경우도 많습니다.

한편, 골프는 회원권을 구입하기 이전에 클럽만 구입하는 데도 엄청난 비용을 지불해야 하기 때문에 진입 장벽이 높은 스포츠이고, 비용과 시간 투여가 과도해 멈칫거리는 사람이 많은바, 한때 들었던 내용을 소개합니다.

당시 얘기로 풀어나가 금액 차이는 나겠는데, 우선 기초를 다지기 위한 아이언 1개 정도는 5만 원선이지만 우드 1, 3, 5번 쯤까지 손을 대면 개당 3~40만 원은 지출됩니다.

소수로 즐길 수 있음에도 여러모로 진입 장벽이 높아 오덕들이 손을 못 대는 분야이며 금전적으로 여유가 없을 경우 중고 클럽을 구매해도 되는데, 지면을 스치는 금속헤드의 특성상 사용감이 매우 두드러져 완전한 세트도 50만 원 정도에 구비할 수 있습니다.

필드에서 제대로 즐기고자 한다면 골프채 14개는 있어야 하고, 적어도 필드에는 나왔는데 좀 즐겨야하지 않겠느냐 라고 한다면 최소한 하프백에 골프채를 가득 채워 넣어야 하는데, 싸구려 골프채 8개 채워 넣어도 벌써 200만 원은 쉽게 지출해야 하는 상황입니다.

입문자용은 브랜드 기준으로 풀 세트를 맞추려면 적어도 100만 원 정도는 있어야 마련할 수 있고, 30만 원 가량의 캐디백도 포함. 물론 1번 드라이버를 제외한 우드들은 필요성에 따라 따로 마련하여야 하며, 게다가 장비 구비할 능력이 없으면 회원비와 그린피는 감당하지도 못합니다.

동남아 같은 해외에서 골프를 즐기는 사람도 많이 존재한데, 물가와 인건비가 싸기 때문에 관리 비용도 저렴하고 환경단체의 간섭 등으로부터도 많이 자유로우며, 특히 이런 관광객들을 대상으로 하여 골프 용품을 대여(렌탈)해 주는 업체도 많다보니 싼 맛에 실컷 즐길 수 있기 때문입니다.

'광활한 초원에서 작은 구멍에 넣기 위해 작은 공을 치면서 희로애락을 맛보는 놀이, 아니 큰 즐거움을 찾는 놀이' 쯤으로 뭉뚱그릴 골프의 속성을 제대로 알려면 자신이 직접 플레이를 해 보지 않고서는 말할 수 없을 것이나, '작대기(막대)로 공을 쳐서 구멍에 넣기 놀이' 쯤이나 될까요?

골프에 대한 철학이나 골프가 사회에 주는 사회학적 영향을 다 파악하지 못하고, 골프를 하려면 돈이 많이 들고 가진 자들이 주로 즐긴다는 그 프레임 한 가지만 따져 무조건 부정적으로만 치부해버리기도 합니다.

이어서 2005. 12. 21. 자 서울신문에 게재한 [김후년의 클럽하우스] "골퍼와 비(非)골퍼의 송년회"도 소개합니다.

송년 모임이 잦은 연말이며 남의 시선을 아랑곳하지 않고 우루루 몰려다니던 게 마냥 좋았던 어린 시절의 친구들. 절반 정도가 모일 때까진 가족들 안부나 세상 돌아가는 일에 서로 귀동냥하기에 바쁘지만, 식탁 위에 빈병이 하나 둘 쌓일 즈음이면 화제는 자연스럽게 골프로 바뀝니다.

핸디가 몇인지, 자주 가는 골프장은 어딘지, 어떤 골프채를 쓰는지…. 빈 술병만큼이나 말이 많아지는 '고수'와 귀를 쫑긋 세우지만 못들은 척 술잔만 기울이는 비(非)골퍼의 구분이 시작되는 건 얼굴이 벌게지기도 전입니다.

회원권을 가진 친구들의 홈 코스 자랑이 늘어나고, '오잘공'은 물론 코스에서 지갑이 털릴 뻔한 아찔한 실수를 구사일생으로 만회한 기막힌 샷의 드라마도 줄줄이 나오는데, 구석에서 말없이 술잔을 기울이던 비(非)골퍼의 입에서 "야야 재미없는 얘기 집어치우고 술이나 한 잔 하자."며 강제로 술잔을 부딪치지만 그냥 물러설 골퍼들이 아닙니다.

말대로라면 산전수전 다 겪은 골퍼들. 무대는 이제 외국 골프장으로 넘어가고, 그린피 싸고 서비스 좋다는 태국에서 시작해 지구 한 바퀴를 거침없이 도는데, 미국 캘리포니아 사막 한가운데 스킨스게임의 발상지 얘기로 목소리를 높이더니 호주와 뉴질랜드를 거쳐 영국, 그 중에서도 골프의 발상지라는 스코틀랜드의 세인트 앤드루스를 찍고 일본으로 돌아옵니다.

실상 출장 틈새에서 한두 차례 골프장을 찾은 얘기는 단기 사병 출신이 예비군 훈련장에서 특전사 제대했다고 과장하듯 조만간 세계 100대 골프코스 라운드를 마칠 것처럼 화려한 영웅담으로 변하고, 남의 바지저고리 추태에 혀를 끌끌 차는 매너 교육도 빠지지 않습니다.

이때쯤이면 화장실에 가는 사람이 늘고, 가족을 위해 사느라 이제서야 7번 아이언 하나 들고 똑딱이 골프를 치는 늦깎이들은 부러움과 시샘을 말아서 들이부은 술로 고주망태가 되는데, 자리를 파할 시간. 그러나 보낼 사람 보낸 뒤엔 2차가 기다리고 있습니다.

흐릿한 조명 속에 모험담은 계속 이어지고, 18홀을 마쳤으니 이제는 19홀 얘기. 바야흐로 화려한 '밤 문화'의 경험담이며, 푸껫을 돌아 필리핀까지 술기운을 타고 거침없이 쏟아내는 짜릿한 모험담에 비(非)골퍼 친구들의 눈도 그제서야 말똥말똥 해 집니다.

이야기보따리가 바닥을 보일 때쯤 자리를 끝내는 것도 '고수'의 기술. 마지막 한 마디로 일격을 가한 뒤 비틀비틀 자리에서 일어서는데, "어이쿠, 늦겠다. 김 사장이랑 라운딩 잡혀 있는데…."

골프, 외국선 대중화

2022. 5. 20 자 오상준 아시아 골프인문학연구소 대표의 "비싼 운동 골프, 외국선 대중화 누리는 이유"(여성경제신문) 칼럼도 소개합니다.

골프에 입문하기 위한 장비 구입비용과 골프를 지속적으로 즐기기 위해 지불해야 하는 그린피 등등으로 골프는 비싼 운동이, 굳이 세세히 설명하지 않아도 대한민국에서 골프를 치기 위해 드는 비용은 만만치 않음에도 불구하고 골프는 역사상 가장 큰 호황을 누리고 있습니다.

'도대체 왜일까?' 라고들 묻는데 골프가 인기 있는 이유는 골프를 치면 행복하기 때문이고, 골프라는 스포츠가 재미있기 때문인데, 이런 재미있는 운동, 골프를 쉽게 즐길 수 있는 나라들이 있습니다.

어떤 운동이건 부담 없이 누구나 즐길 수 있어야 그런 운동을 '대중 스포츠'라 부를 수 있고 그런 문화가 형성되어야 '스포츠 선진국'이라 할 수 있습니다.

미국은 1만 4,794개의 골프장 중 지자체에서 운영하는 골프장이 2,497개나 됩니다.(출처 NGF, 미 내셔널골프파운데이션) 전체의 17%나 되는 골프장이 지역주민을 위한 시설이고, 삼사만 원만 내면 반나절 동안 잔디밭에서 즐겁게 놀 수 있습니다.

영국의 경우, 특히 에든버러는 골프 대중화의 상태가 더 심각(?)한데, 2004년 기준으로 250파운드(당시 환율로 약 50만 원)를 내면 카드 하나를 발급해 주고, '에든버러 골프 패스'라 불리는 카드를 보여주면 도심 근교에 있는 골프장 6곳을 일 년 내내 무제한으로 칠 수 있습니다.

골프의 규칙을 제정하고 골프 4대 메이저 대회인 디 오픈 챔피언십을 주관하는 최고의 골프기관인 영국의 R&A(Royal and Ancient Golf Club of St Andrews)에서 '골프와 건강의 상관관계'에 대해 4년간 연구한 결과를 발표한 보고서가 있습니다.

① 비(非) 골퍼 대비 골퍼의 평균 수명 5년 연장

스칸디나비아 스포츠의학저널에 따르면, 스웨덴 골프연맹의 30만 회원의 사망률이 비(非) 골퍼 대비 40% 감소했으며, 이는 평균 수명 5년 연장과 맞먹는데, 남녀노소와 모든 사회경제 계층에 적용된 결과입니다.

② 골프는 질병 극복에 효과적

골프는 40가지의 만성질환의 예방과 치료에 효과적이고, 이러한 만성질환에는 당뇨, 심장마비, 발작, 유방암, 결장암, 우울증, 치매 등이 포함되는데, 콜레스테롤과 혈압을 낮추어 각종 심혈관계 질환의 예방효과가 있다는 다양한 연구보고도 있습니다.

③ 골프는 중간강도의 신체활동

국제 신체활동지수 보고서를 포함한 연구 결과에서 강조된 바와 같이, 중간강도의 신체활동은 소파에 앉아 있을 때에 비해 분당 칼로리 소모를 3배에서 6배까지 증가시킵니다.

이 결과는 세계보건기구, 미 보건국과 영국 최고의료기관을 포함한 세계적인 정책 결정권자들이 권고하는 바와 일치하므로, 중간강도 신체활동의 하나인 골프는 노년층의 신체균형, 근 골격 지구력 향상 및 심혈관, 호흡기와 신진대사 향상에 도움이 됩니다.

④ 골프는 사회관계를 촉진

골프는 불안감, 우울증과 치매를 감소시키는 데 효과적이며 개인의 웰빙과 자존감을 증가시키는 데 도움이 되고, 사회관계의 결핍은 골프 참여를 통해 해결될 수 있으며, 지난 5년간 노년층의 가장 심각한 건강위해요소는 사회적 고립으로 밝혀졌습니다.

골프백을 메고 걷거나, 수동 카트를 활용하는 방법이 전동 카트를 타는 것보다 더 많은 혜택이 있고, 부상이나 질병을 얻게 되는 것과 같은 골프의 부작용이 있지만, 발생 확률은 7분 정도의 준비운동으로 현저히 줄일 수 있는바, 직사광선 노출도 위험 요소이나 자외선 차단제로 예방할 수 있고, 골프를 통해 맑은 공기 흡입과 일광욕을 하는 것은 비타민 D 생산에 도움이 됩니다.

'골프 대중화의 목적이 싸게 골프를 치는 것인가?' 라는 물음에 대한 답은 멀리 찾을 필요가 없고, 골프 대중화의 필요성과 방법론은 이미 골프 선진국들이 정립하여 실천하고 있으니 '그들이 수백 년간 만든 골프 대중문화를 어떻게 우리 실정에 맞게 도입할 것인가?' 이 문제를 고민하고 비록 오랜 시간이 걸릴지라도 대안을 만들어야 대한민국에서 골프는 대중화될 수 있을 것입니다.

노캐디, 자율골프

현대 사회에 들어서면서 한 라운드에 너덧 시간이 소요되는 골프를 피하는 젊은 층이 늘었는데, 오늘날의 골프 종주국인 미국에서부터 골프 인구가 줄어들자 십수 년 전부터 기존 방식의 변형을 모색하기 시작했습니다.

미국골프협회(USGA)는 2010년부터 '9홀이라도 즐기자'거나 '포워드티에서 쉽게 치자'는 캠페인을 전개했는데, 원조 골프 황제인 잭 니클라우스는 자신의 대표 코스라 할 수 있는 메모리얼토너먼트 무대인 오하이오 뮤어필드빌리지에 12홀 스코어카드를 만들어 18홀이 아니라 6홀씩 두 번 12홀 라운드라도 일단 골프를 하자는 캠페인을 벌였습니다.

미국뿐만 아니라 태국에서는 2015년에 방콕 인근에 개장한 고급 니칸티 골프장이 18홀을 6홀씩 라운드하게 했습니다.

6홀 단위로 12홀, 18홀, 24홀을 골라 시간 여건과 몸 컨디션 편의에 맞게 라운드할 수 있다는 개념을 국내에 처음 도입한 게 루나엑스로, 경주와 포항의 중간의 천북면의 해발 350미터 완만한 동산에서 지난해 10월 개장한 이 골프장은 빅토리를 비롯해 6홀씩 A, B, C코스 24홀로 구성되어 있습니다.

골프장 바로 옆으로는 그물망이 없는 340미터 길이 드라이빙 레인지 연습장을 갖춰서 이 골프장에서는 연습과 6홀을 플레이할 수 있고, 시간을 절약하는 12홀 반나절 골프를 할 수 있으며, 18홀 정규 라운드와 오후에는 4개 코스를 모두 도는 24홀 플레이가 가능합니다.

캐디가 없는 자율골프로 리모콘으로 작동되는 5인승 전동카트로 이동하고, 또한 비대면 방식으로 선결제 예약과 무인 키오스크를 운영합니다.

스타트 광장으로 나가면 라운드 할 코스와 티오프 시간이 적힌 카트가 나와 있고 내 백을 스스로 실으면 출발 준비가 끝나는데, 골프장 직원이 리모콘 조종법과 함께 셀프 라운드의 숙지사항을 알려주면 이제 자율 골프가 시작됩니다.

카트 뒤에는 공 닦는 수건이 걸린 하프백을 걸어두었고 티샷한 뒤에 각자 아이언이나 어프로치용 웨지와 퍼터를 집어넣고 이용하라는 의미이며, 그린 옆에는 혹시 웨지를 잃어버리지 않았는지 혹은 전 홀에서 놓고 간 웨지를 놓아두라는 거치대를 설치해 두었습니다.

6홀을 라운드 하는 데는 1시간 20분 정도가 걸리고, 카트에는 GPS 기능이 있어 각 홀의 소개와 함께 대강의 거리, 그린에 꽂힌 핀 위치와 그린의 언듈레이션(코스 내의 높고 낮은 기복) 까지 알 수 있습니다.

모든 카트는 유도선을 따라 움직이고 핸들을 조정할 수 없도록 해서 골퍼는 리모컨으로 출발 정지만 누르면 됩니다.

24홀 각각은 노캐디 라운드를 고려해서인지 페어웨이 폭이 넓고 블라인드 홀을 없앤 것이 특징이고, 6홀의 코스마다 파5와 파3 홀이 한 개씩이어서 18홀이면 세 개씩의 파3, 파5 홀을 치게 됩니다.

이곳은 골프 비용이 주중에 6홀은 5~8만 원이고 18홀을 라운드 하면 12만 5천원에서 17만 5천원까지인데, 24홀을 라운드 한다면 주말에는 최대 28만 5천원까지입니다.

카트를 포함한 요금인데 다가 캐디가 없는 자율골프이므로, 식음을 제외하면 이게 골프장에서 드는 비용의 전부여서 여느 수도권 골프장보다는 대폭 저렴합니다.

골프장에 대욕탕을 없앤 이 골프장은 주차장에서 아예 골프복장으로 오라고 하며, 라운드 후에 샤워를 하려면 유료로 부스를 이용하도록 했고, 대신 클럽하우스 바로 옆에 골프 연습장 플레이 엑스를 운영한바, 그물망이 없는 2층 규모 53개 타석에서 샷을 가다듬을 수 있습니다.

한편, 생을 다한 공간, 이를테면 쓰레기 매립지나 채석장 등을 골프장으로 새롭게 활용하는 일은 세계적인 추세이자 한국에서도 심심치 않게 볼 수 있는 시도인데, 이 땅을 그린으로 뒤덮는 대신, 버려진 땅의 특성 그대로를 골프의 재미로 끌어들여 본다면 어떨까요?

가령 버려진 공장 기계를 그대로 둔 상태로 공원을 조성한 독일 인더스트리얼 파크나, 물탱크를 그대로 둔 호주 목장 등을 떠올려볼 수 있겠고, 더 이상 망가질 것도 없는 엉망진창의 쓸모. 디스토피아적 골프장에서 문득 지속 가능한 골프장의 가능성이 비칩니다.

1971년 1월 31일. 아폴로 14호가 달에 갔을 때, 선장 셰퍼드는 접이식으로 특별히 제작한 6번 아이언을 챙겨가 달에서 스윙을 했고, 당시엔 깜짝쇼를 위한 퍼포먼스였지만, 대체 행성을 찾는 동시대의 우리에게는 진짜 가능한 일일지도 모르겠고, 지구와는 중력이 다르니 골프의 기본부터 역사를 아예 새로 쓰게 될지도. 사막에서 골프를 하는 듯한 신비한 체험은 덤이 될 것입니다.

한국에 골프장을 만들고 싶은 DMZ 지역은 지역 자체의 특수성도 독특하지만, 한국에 이곳만큼 자연이 훼손되지 않은 지역은 아마 없을 것으로, 철새가 가득하고, 사슴이 뛰노는 들판 근처에서 라운딩을 한다고 상상해 보십시오.(이상은 언뜻 본 재밌는 글로 생각이 나서 소개하였습니다.)

5 골프에 대한 여론

한국갤럽이 2022년 3월 5~7일 사이에 유무선 전화를 통해 조사원 인터뷰 방식으로 진행한 '골프에 대한 여론조사' 결과 '골프가 사치스러운 운동'이라고 생각하는 비율이 36%로 집계돼, 1992년 같은 조사에서 응답자의 72%가 골프를 사치스러운 운동이라고 답한 것에 비해 절반 정도로 줄어든 수치로, 비율이 30년 만에 절반으로 떨어졌습니다.

조사 대상은 전국 만 18세 이상이고 표본오차는 ±3.1%포인트(95% 신뢰수준), 응답률은 11.5%였다는 한국 갤럽은 5년 주기로 한국인들의 골프에 대한 인식 조사를 해오고 있는데, 2000년 조사에서 사치스러운 운동이라는 답변이 57%로 줄었고, 이후 2007년 절반 이하로 내려가 43%에 이어 올해 36%까지 내려갔습니다.

1999년 김대중 전 대통령의 '골프 대중화 선언'과 2004년 골프장 설립 규제 완화 조치이래 미국 금융위기가 세계로 퍼진 2008년 여름까지 전국에 골프장은 급증했습니다.

골프를 칠 줄 모르는 사람 중에서도 2013년까지 '사치스러운 운동'이란 시각이 우세했으나, 2018년 조사에서는 역전했고, 골프 가능자 중에서는 오래전부터 '그렇지 않다'는 의견이 더 많았으며, 연령별 인식도 2018년을 기점으로 달라졌습니다.

2013년에는 고 연령일수록 사치스럽게 생각했으나, 2018년부터는 70대 이상을 제외한 전 연령대에서 30%대로 비슷해졌습니다.

지난 30년 사이에 1998년 박세리의 LPGA 첫 우승부터 2002년 최경주의 미국프로골프(PGA)투어 첫 우승, 2009년 양용은의 메이저 PGA챔피언십 우승, 2016년 박인비의 리우 올림픽 금메달과 골든 커리어 그랜드 슬램 달성에 한국 선수 일본 JLPGA투어 및 미국 LPGA투어 200승까지 빠른 시일 내에 급성장했습니다.

이에 따라 '골프를 칠 줄 안다'는 응답 비율도 1992년 2%에서 올해 조사에서는 34%로 급증했으며, 2007년 조사에서는 응답자의 9%가 골프를 칠 줄 안다고 답했고, 2013년 18%, 2018년 24% 순으로 계속 늘었습니다.

골프를 칠 줄 안다고 답한 사람은 남성이 42%, 여성이 26%였고 연령별로는 50대(52%)와 40대(41%)가 많았는데, 업종 중에는 자영업과 사무 · 관리직(40%대), 생활수준 상 · 중상층(54%)에서 상대적으로 많았습니다.

'칠 줄 안다'고 응답한 이는 1992년 2%, 2004년 6%, 2013년 18%, 2018년 24%, 2022년 올해 34%가 됐고, 특히 최근 10년 사이 여성에서의 증가세가 두드러지는데, 남성 골프 가능자는 2013년 29%에서 2022년 42%로, 같은 기간 여성은 8%에서 26%로 늘었습니다.

골프 관련 시설의 이용 경험과 관련해 우리나라 성인 중 20%가 최근 1년간 골프 연습장을 이용했고, 14%는 실제 필드에 나간 적이 있는 것으로 나타났는데, 필드에 나갔다고 응답한 14% 중에 남성은 18%, 여성은 11%를 차지했습니다.

필드를 나갔다는 응답의 경우 50대가 28%로 가장 많았고, 40대가 20%, 60대가 12%순이었으며, 지역별로는 지난 1년간 필드 골프를 쳤다는 응답의 15%가 서울과 대전/세종/충청이었고, 인천/경기와 대구/경북에서는 17%를 차지한 반면 광주/전라는 7%에 그쳤고 강원도와 제주도는 미미했습니다.

직업별로는 자영업자 중에 골프를 쳤다는 비율이 22%, 사무관리직이 21%로 높게 나타났고, 골프 가능자(342명)만 놓고 봤을 때 골프연습장을 다녔다는 응답이 58%, 실제 필드까지 나갔다는 비율이 42%였습니다.

성인 중 21%가 '골프를 칠 줄 모르지만 앞으로 배울 의향이 있다'는 응답은 높았고, 30대 남성(33%)과 20~40대 여성(30% 내외)에서 골프 입문 희망자가 많았던 반면, 골프를 배울 의향이 없는 이는 20대와 60대의 약 50%, 70대 이상의 68%를 차지했습니다.

현재 골프를 칠 줄 모르는 사람(662명) 기준으로만 보면 31%가 '앞으로 배울 의향 있다'고 답해 2013년, 2018년(각각 29%)과 비슷한 수준이고, 1992년에는 그 비율이 20%였으나, 2000년부터는 30%를 웃돕니다(2000년 38%, 2004년 37%, 2007년 40%).

대중골프장 그린피, 2년간 29.3%나 '폭등'

2022. 5. 22. [서울=뉴스핌] 김용석 기자 보도에 따르면, 코로나19 특수로 초호황을 누리고 있는 '국내 골프장들의 그린피가 폭등세를 보인 것'으로 조사됐습니다.

한국레저산업연구소(소장 서천범)가 최근 발간한 '레저백서 2022'에 따르면, 대중골프장의 주중 그린피는 올해 5월 17만 3,500원으로 2년 전보다 29.3%, 토요일은 22만 1,100원으로 22.0%씩 폭등했고, 2010~2020년까지 대중골프장의 그린피는 주중 32.4%, 토요일 21.9% 인상했는데, 지난 10년간의 인상률과 비슷했습니다.

이처럼 이용료가 큰 폭 인상된 것은 골프장 수에 비해 골프 인구가 많은 골프의 초과수요현상이 지속되고 골프장들이 이에 편승해 이용료를 인상시켜 왔기 때문입니다.

반면 회원제 골프장의 비회원 주중 그린피는 올해 5월 20만 1,100원으로 2년 전보다 15.1%, 토요일은 25만 1,600원으로 12.5% 인상에 그쳤습니다.

회원제 · 대중골프장의 그린피 차액도 크게 축소됐는데, 코로나 19 사태 직전인 2019년 그린피 차액은 주중 4만 3,200원에서 올해 5월에는 2만 7,600원, 토요일은 4만 3,400원에서 3만 500원으로 좁혀졌고, 회원제 · 대중골프장과의 그린피 세금 차액은 약 3만 7,000원 정도입니다.

2020~2022년 2년 동안 대중골프장의 입장료 인상률을 지역별로 비교해보면, 주중 입장료는 전북이 46.2%로 가장 많이 올랐고 제주가 42.7%로 두 번 째로 많이 올랐으며, 토요일 입장료는 충북이 33.7%로 가장 인상되었고 전북이 32.1%, 제주가 30.4% 올랐습니다.

특히 충북의 대중골프장 입장료는 회원제 비회원의 입장료보다 2,000원 싼데 그쳤는데, 이처럼 대중골프장의 입장료가 회원제와 비슷해지면서 대중골프장들이 막대한 세금을 감면받으면서 폭리를 취한다는 비난을 받고 있습니다.

골프장의 암적인 존재로 10여 년 전에 사라졌던 객단가까지 다시 부활했고, 단체팀에 강요하는 객단가는 입장료 이외에 1인당 3만~5만 원 정도로 골프장 내에서 써야 하는 돈이며, 또한 부킹난이 극에 달하면서 일부 대중골프장에서는 9~10월의 입장료가 정상가의 2배에 달하는 30만~35만 원을 하루에 2건씩 올리면서 골퍼들을 착취하기도 했습니다. 게다가 적지 않은 대중골프장들이 고급 회원제 골프장처럼 홈페이지에 정가를 게시하지 않고 있는 실정입니다.

캐디피도 캐디의 고용보험 의무화 조치와 캐디인력난 등으로 크게 인상됐는데, 대중골프장의 캐디피(올해 5월 기준)는 팀당 13만 6,500원, 회원제 골프장은 14만 1,400원으로 2년 전보다 각각 10.7%, 13.1%씩 인상되었고, 캐디의 고용보험 의무화 조치가 오는 7월부터 시행되고 골프장의 부담이 늘어나면서 수도권, 강원권, 충청권 골프장들이 캐디피를 1만~2만 원씩 인상하고 있습니다.

수도권, 강원권, 충청권 골프장들의 캐디피를 보면, 팀당 13만 원짜리가 지난해 5월에는 213개소에서 올해 5월에는 16개소 급감한 반면, 14만 원짜리는 4개소에서 141개소, 15만 원짜리는 8개소에서 71개소로 급증했습니다. 심지어 팀당 캐디피가 18만 원에 달하는 골프장도 있고, 수도권, 강원권, 충청권 골프장 231개소 중 캐디피를 인상하지 않은 곳은 삼성그룹 골프장, 상록CC 등 17개소(7.4%)에 불과했습니다.

이처럼 이용료가 폭등하면서 지난해 대중골프장의 영업이익률은 48.6%, 회원제는 24.2%로 사상 최고치를 경신했습니다.

대중제 골프장은 일반 국민의 이용을 활성화하려는 취지로 각종 세제 혜택을 받고 있고, 당연히 소비자들도 대중제 골프장은 요금이나 서비스 측면에서 이용문턱이 낮을 것으로 기대하는데, 회원제와 큰 차이가 없는 요금을 책정하고 이용에 여러 가지 조건을 붙여 불편을 준다면 대중제라는 근본 취지에 어긋납니다.

뉴스핌과 만난 김훈환(61) 한국골프장경영협회 상근부회장은 "호황은 골프를 즐기는 이들이 급격히 늘어났기 때문이다. 골프 인구가 500만 명이 넘었다. 우리나라 국민들 10명 중 1명이 골프를 친다는 얘기다. 수요는 많은데 공급 요인인 골프장이 부족하다. 이것이 계속적인 그린피 상승과 부킹난 등을 가져오고 있다"라고 설명했고, 재정적으론 든든해 졌지만 골프장에 대한 나쁜 인식으로 인한 애로를 털어놨습니다.

김 부회장은 "골프장 경영에선 사람들이 꾸준하게 이용 해주는 환경을 만드는 것이 상당히 중요하다. 진짜 골프를 사랑하는 이들에겐 무엇보다 큰일이다. 하지만 지금은 과도한 그린피 인상으로 골프장에 대한 인식이 많이 안 좋아졌다. 골프장이 지속 가능한 경영을 하기 위해서는 좋지 않다"라고 말했습니다.

이어 "사실, 코로나19 이전엔 회원제의 60%가 적자였다. 하지만 코로나19 특수로 인해 수익이 많이 나고 있다. 물론 골프장 입장에선 적자에서 탈출해 좋다. 하지만 안 좋은 여론이 많이 생긴 게 문제다. 일반 사람들이 '그린피가 너무 많이 올랐다'고 불평하고 있다"라고 했습니다.

과도한 그린피에 대해선 "사실 그동안 많이 오른 건 사실이다. 일부 골프장 대표님께서도 '그린피 상승이 지나치다'라는 말들을 한다. 대중제 골프장 그린피 상승은 지나친 측면이 있다"라고도 말했습니다.

김 부회장은 부킹난에 대해선 "예전엔 골프장 평일 할인 등이 있지만 지금은 하기 힘든 시대가 됐다. 부킹난 때문이다. 원하는 날짜에 하기 힘들다. 또 앞으로 젊은 세대인 MZ 세대의 유입도 계속 늘 것으로 보인다. 그나마 위드 코로나와 함께 동남아 골프를 즐기는 이들이 대략 200만 명 정도 될 것으로 예상 돼 숨통이 트일 것으로 예상된다."라고 전했습니다.

'체육시설의 설치 · 이용에 관한 법률' 제1조(목적)에는 이 법은 '체육시설의 설치 · 이용을 장려하고, 체육시설업을 건전하게 발전시켜 국민의 건강 증진과 여가 선용에 이바지하는 것을 목적으로 한다.'라고 명시돼 있고, 한국골프장경영협회는 에티켓 캠페인 등을 통해 좋은 골프장 환경을 만들기 위해 힘쓰고 있습니다.

체육시설의 설치 · 이용에 관한 법률을 개정해서 과거 회원제 · 대중제 골프장의 이분 체제를 회원제 · 비회원제 · 대중형 골프장의 삼분 체제로 구조 개편하는 계획을 쉽게 말해 지금까지 대중제 골프장에 줬던 각종 세제 혜택(개별소비세 · 재산세 · 취득세)을 앞으로는 선별하여 주겠다는 계획입니다.

소위 대중제 골프장으로 운영되는 사업장에서 그린피와 부대 서비스 가격을 과도하게 책정하거나 캐디 · 카트 강제 이용 조항을 넣어 소비자의 부담을 가중시키는 사업장의 경우 세제 혜택을 폐지하고, 구조개선에 동참하는 대중형 골프장에는 세제 합리화, 체육기금 융자 우대 등을 지원한다고 합니다.

골프장 그린피 인하

한편, 2022년 3월 31일 한국소비자원은 지난해 11월에 이어 지난 2월 28일부터 3월 7일까지 전국 170개 골프장(대중제 85개 · 회원제 85개)의 골프장 이용료(그린피)를 조사한 결과 8% 수준 내린 것으로 나타났다고 밝혔습니다.

최근 요금 인하 골프장은 평일 31곳(36.5%), 주말 30곳(35.3%)으로 나타나 요금을 인상한 골프장의 1.5배에 달했고, 최대 12만 원까지 요금을 내린 곳도 확인됐는데, 이는 '대중골프장이 다양한 세제 혜택을 받고 있는데도 과도한 이용료를 받는다는 부정 여론'을 수용한 결과라는 해석입니다.

대중골프장의 경우 '골프 대중화 정책' 일환으로 회원제 골프장과 달리 이용료 가운데 개별소비세 등 2만 1,120원 면제와 재산세 감면 혜택이 주어집니다.

앞서 소비자원은 지난 2021년 10월 28일부터 11월 19일까지 같은 골프장의 요금을 조사한 결과를 토대로 '일부 대중제 골프장들이 다양한 세제 혜택을 받으면서도 비싼 요금을 받고 있다'는 내용을 발표했고, 이후 이달 초 재조사를 한 결과 지난해 조사 때 보다 대중제 골프장의 주말 평균요금은 8.2%, 평일 요금은 7.8% 저렴해졌다는 것입니다.

세부적으로 살펴보면 평일 요금을 인하한 대중골프장은 31곳, 주말 요금을 인하한 곳은 30곳이었는데, 요금을 인상한 곳(평일 20곳, 주말 19곳)보다 인하한 곳이 더 많았고, 최대 12만원까지 내린 곳도 있었습니다.

회원제 골프장의 비회원 평균 요금보다 비싼 대중골프장 수도 줄었고, 지난해 조사 때는 평일 기준 21곳의 대중골프장이 회원제 평균요금보다 비쌌지만, 올해는 7곳으로 감소했습니다.

지역별로는 경기 · 인천, 충청, 강원 등 지난해 요금이 비쌌던 지역의 하락 폭이 컸고, 충청 지역의 경우 평일 요금은 16.7%, 주말은 14.3% 저렴해졌으며, 경기 · 인천은 평일 11.6%, 주말 11.1% 저렴해졌고 강원은 평일 11.7%, 주말 10.3% 가격을 내렸습니다.

다만 예약 취소 시 위약금 약관은 여전히 개선이 필요한 것으로 나타났는데, 이용일 7~9일 전에 취소해도 위약금을 부과하는 골프장이 오히려 지난 조사 때보다 4곳 늘어 24곳으로 파악됐습니다.

지난해 11월 18홀 기준 대중골프장(회원제 골프장은 비회원 기준) 주말 평균요금은 19만 341원에서 17만 4,787원으로 8.2% 하락했고, 평일은 14만 4,998원에서 13만 3,643원으로 7.8% 내렸습니다.

제주도민은 외면한 채 코로나19에 골프 관광객이 몰리면서 지속적으로 요금 인상 행보를 이어온 것으로 조사결과 확인된 골프장들의 '고공요금' 행보가 견고한 것으로 나타났고, 조사대상 중 주말 대중제 20만 원대는 제주가 유일하기도 합니다.

제주 골프장은 요금 추이가 사실상 변동이 없고 오름세를 이어갔는데, 2년 내리 역대 최대 내장객을 기록하는 등 여전히 국내 골프객 선호도가 높은 것도 주요인으로 꼽히고 있습니다.

'골프장 이용 표준약관' 개정

최근 4년간(2018~2021년) 소비자상담센터에 접수된 골프장 관련 소비자 상담 건수는 1,627건으로 파악됐는데, 주 내용은 '미사용 요금 환급 거부' 18.3%(297건), '이용료 부당 과다 청구' 17.6%(287건) 등으로 이용료 관련 불만이 많았습니다. 또한 골프장 예약 취소 때 위약금 약관도 여전히 개선사항으로 꼽혔습니다.

소비자원은 "공정위에서 전국 주요 골프장에 대한 직권조사가 진행 중"이라며 "소비자원과 사업자 단체 등 각계 의견을 거쳐 골프장 이용 표준약관 개정도 추진 중"이라고 밝혔는데, 조사 결과를 바탕으로 골프장 사업자들에게 위약 기간 및 위약금 규정 등을 자율 개선하도록 재차 권고할 예정입니다.

소비자 상담센터는 공정거래위원회가 운영하고 한국소비자단체협의회, 한국소비자원, 광역지자체가 참여해 상담을 수행하는 전국 단위 소비자상담 센터입니다.

골프장 이용 표준약관상 소비자는 평일 이용 3일 전까지, 주말 이용 4일 전까지 위약금 없이 취소가 가능한 반면, 골프장 입장 후 강설 · 폭우 · 안개 등 천재지변이나 불가항력적 사유로 경기를 중단할 경우, 이용하지 못한 홀 요금에 대해 표준약관이나 소비자분쟁해결기준을 적용하는 골프장은 95곳(55.9%)에서 97곳(57.1%)으로 2곳(1.2%p) 증가하는 등 지난해 보다 일부 개선되었습니다.

현재 공정거래위원회는 전국 주요 골프장에 대한 직권조사를 진행 중이며, 한국소비자원과 사업자 단체 등 각계의 의견수렴을 거쳐 '골프장이용 표준약관' 개정을 추진 중이고, 또한, 한국소비자원은 이번 조사결과를 바탕으로 골프장 사업자들에게 위약기간 및 위약금 규정 등을 자율 개선하도록 재차 권고할 예정입니다.

대중제 골프장 수도 2015년 265개에서 지난해 290개로 늘어났지만, 회원제는 같은 기간 218개에서 196개로 줄었고, 이는 대중제로 전환한 회원제 골프장은 66개소나 됐지만 새롭게 문을 연 회원제 골프장은 2011년 13.5개소에서 2014년 1개소로 줄더니 2015년 이후에는 자취를 감췄습니다.

회원제 골프장 매출 비중은 2011년 69.1%에서 지난해 50.9%로 하락했고, 대중 골프장 비중은 같은 기간에 28.3%에서 46.7%로 급증했습니다.

서천범 한국레저산업연구소장은 "국내 골프장산업 매출액은 골프장수 증가에도 입장료 하락과 이용객수 정체 등으로 올해 이후 점차 줄어들 것으로 전망된다."며, "대중제와 회원제 골프장의 매출 비중은 올해 대중제가 회원세를 추월하고 향후 3~4년 내에는 6대 4로 역전할 것으로 예상된다."고 말했습니다.

이어 연구소는 지난해 국내 골프장 265곳의 영업이익률을 분석한 결과 12.1%로 2015년보다 0.8%포인트 늘었다고 발표했습니다.

성인 34% "골프 친다."

이어서 국민대 골프과학산업대학원 최우열 교수의 "성인 34% "골프 친다"(문화일보, 2022. 5. 2.)를 소개합니다.

여론조사기관 한국갤럽은 최근 만 18세 이상 한국인 중 34%가 골프를 칠 줄 안다고 응답한 조사 결과를 발표했으니 무려 '성인 세 사람 중 한 명꼴'이고, 골프를 칠 줄 모른다고 응답한 사람 중에서도 약 32%는 '앞으로 사정이 허락된다면 골프를 배우겠다.'고 답했습니다.

한국인의 이런 골프 사랑은 다른 나라와 비교해도 유난한바, 한국골프장경영협회의 집계에 따르면 지난해 골프장을 찾은 사람은 5,057만 명에, 홀 당 이용객은 5,092명으로 2,000명 수준인 미국과 일본을 압도합니다.

골프 규칙을 관장하는 로열앤드에이션트골프클럽(R&A)의 2021년 통계에 따르면 한국은 미국, 일본, 영국, 캐나다, 호주, 독일, 프랑스에 이어 세계에서 8번째로 골프장이 많은 나라입니다.

미국의 시장조사기관인 골프데이터테크는 지난해 발표한 보고서에서 한국을 미국, 일본 다음으로 큰 골프장비 및 골프의류 시장으로 꼽았고, 5위에 그친 골프 종주국인 영국을 앞질렀을 뿐 아니라 1인당 지출액은 세계 최고입니다.

유원골프재단의 '한국골프산업백서 2020'에 따르면 국내 골프산업 규모는 12조 9,991억 원에 달하며, 한류 열풍으로 전 세계를 휩쓸고 있는 K-콘텐츠의 대표격인 게임산업(15조 6,000억 원)과 엇비슷하고 음악산업(5조 8,000억 원)이나 영화산업(2조 3,000억 원)보다 큽니다.

한국인의 골프 사랑은 일차적으로 높은 경제성장의 결과인데, 보통 1인당 국민소득이 1만 달러가 되면 사람들이 골프를 치기 시작하고, 2만 달러가 되면 골프 열풍이 분다고 합니다.

한국은 1995년과 2007년에 각각 이 기준을 넘어섰고, 1998년 박세리의 US여자오픈 우승, 2010년 신지애의 한국인 최초 세계랭킹 1위 등극, 2015년 박인비의 커리어 그랜드슬램 달성 등 국제무대에서 한국 여자골퍼의 눈부신 활약과 빼어난 성적도 한국인을 골프에 빠지게 만든 요인입니다.

사바나 가설

한국인의 유난한 골프 사랑에 이런 긍정적 요인만 있는 것은 아닌바, 진화인류학에 따르면 초기 인류는 아프리카 사바나 기후에서 진화해서 인간은 선천적으로 사바나와 비슷한 환경에 대한 선호를 갖는데, 이것을 '사바나 가설'이라고 합니다.

실제로 사람들에게 다양한 풍경 사진을 보여주고 어디에 살고 싶은지 물었을 때 낙엽 숲, 침엽수림, 열대우림, 사막보다 사바나 환경을 가장 많이 선택했고, 넓은 초원에 간간이 나무 몇 그루가 서 있는 전형적인 아프리카 사바나의 사진을 보고 있노라면 '골프장의 풍광과 매우 흡사하다'는 사실을 깨닫게 됩니다.

한국의 높은 산지 비율과 도시화로 인해 경제협력개발기구(OECD) 국가 중 인구밀도가 가장 높고, 사람이든 동물이든 좁은 공간에 몰려있으면 스트레스를 받아 난폭해지거나 이상 증세가 나타납니다.

심리적으로 편안함을 느끼려면 일정한 자기만의 영역이 필요한데 한국의 도시민에게는 이것조차 쉬이 허락되지 않고, 이촌향도 현상이 본격화된 1972년 가수 남진은 “저 푸른 초원 위에 그림 같은 집을 짓고, 사랑하는 우리 님과 한 백 년 살고 싶어”라고 외쳤습니다.

노래처럼 한국인은 탁 트인 전망과 널찍한 마당을 갈망한바, 사바나 가설에 따르면 골프장은 이런 사람들에게 일종의 심리적 해방구 역할을 하는 셈입니다.

미국의 사회심리학자 레온 페스팅거의 사회비교 이론에 따르면 사람에게는 자신의 의견이나 능력에 대한 정확한 자기평가를 위해 남들과 비교하는 성향이 있고, 이런 성향은 유독 한국이 다른 나라와 비교해 더 강한 편인데, 어릴 때부터 경험한 경쟁적인 교육환경의 결과입니다.

많은 한국인은 모든 것을 서열화하고 끊임없이 남과 비교하는 비교 중독증에 빠져있고, 도로에 유달리 외제차나 대형차가 넘쳐나는 것도 남의 시선이나 평가를 중시하기 때문으로 한국 사회에서 골프는 오랫동안 자기 과시와 신분 상승을 욕망하는 사람들의 놀이였습니다.

골프의 귀족 스포츠 이미지 때문이어서 골프는 문화체육관광부 조사에서 몇 년째 향후 금전적 여유가 생기면 하고 싶은 운동 1위를 지키고 있습니다.

2

골프장 운영

2장 | 골프장 운영

1 골프장 최고경영자(CEO)

국내 골프장 운영환경은 ① 대중제 전환, ② 스포츠 · 레저 목적으로의 골프, ③ 코로나19, ④ 젊은 세대 유입, ⑤ 캐디 수급 문제와 셀프플레이 확산 등 다양한 요인과 함께 변화하고 있습니다.

골프장이 명문이 되기 위해서는 그곳의 전통이 타 코스의 모범이 되어 추종할 만한 가치를 지녀야 하고, 골프가 많은 이들의 삶을 윤택하게 할 수 있도록 후원하는 사회적 책임까지도 마다하지 않아야 합니다.

골프의 룰을 제정하고 디 오픈을 주최하며 아마추어 골퍼 인구 증진에 힘쓰고 있는 R&A가 위치한 세인트 앤드류스 올드 코스는 지자체가 운영하는 퍼블릭 코스이지만, 600년 골프의 역사와 함께 한 최초의 코스이자 코스설계의 교본과 같은 역할을 하여 '명문 코스'로 불리는데, 이견이 없습니다.

미국의 오거스타 내셔널은 세계에서 가장 폐쇄적인 클럽으로 유명하지만 해마다 마스터즈 경기를 개최하며, 아시아 퍼시픽 아마추어 챔피언십을 후원하는 등 골프 산업 증진을 위해 통 큰 기부를 해왔습니다.

전통과 사회적 책임의 실천이 명문이 되기 위해 축적해야 할 무형의 가치라면, 이런 가치가 실현되는 구심점 역할을 하는 곳은 코스인데, 명문 코스를 만들기 위해 있어야하는 필수불가결한 요소는 3가지로 귀결됩니다.

① 골프에 대한 철학과 심미안이 있는 소유자(오너).
② 훌륭한 골프장이 들어설 수 있는 탁월한 코스부지.
③ 변함없는 가치를 유지할 수 있는 설계를 할 수 있는 코스 설계가.

명문이 되기 위한 유무형의 가치를 실현하려면 흔들림 없는 의지가 있는 오너가 필요하며, 이런 오너가 제대로 된 땅을 고를 줄 알고, 거기에 명품 코스를 설계할 수 있는 능력을 갖춘 설계가를 선정하여 일임했을 때 비로소 세계적인 코스가 탄생하는 것입니다.

골프장 CEO

공짜 골프도 원 없이 즐길 수 있고 보수도 많이 받을 거라는 이유에서 흔히들 골프장 최고경영자(CEO), 즉 사장은 '신의 직함'이라며 부러워하나, 남모를 애환이 많습니다.

예나 지금이나 골프장 부킹은 쉬운 일이 아니어서 오래전부터 아마추어 골퍼들 사이에선 "골프장 사장보다 사장의 친구가 낫다"라는 속설이 있고, 그만큼 골프장 사장직은 힘들지만, 그 사장의 친구는 사장에게 부킹이라는 최고의 선물을 자주 받을 수 있기 때문입니다.

코스 관리와 고객 상대 업무, 여기에 각종 민원을 처리해야 하고, 라운드를 하더라도 이것저것 신경 쓰다 보면 '골프를 즐길 맘의 여유가 없다'는 현실입니다.

보통 국내 골프장 CEO들의 골프 횟수는 한 달에 4~6번 정도라고 한 골프장 CEO가 하는 일은 혹서기나 폭우가 쏟아지는 악천후 전후, 장마 전후에 코스 관리에 쏟는 신경은 가히 상상을 초월합니다.

전국에 골프장이 570여 곳 있는바 보조원 수는 이에 못 미치는 캐디(경기도우미)나 직원 관리도 어려운데, 캐디피를 1만원이라도 더 받을 수 있는 골프장이 생기면 캐디들은 지체 없이 이동합니다.

캐디피를 마음대로 올릴 수도 없는 형국이라서 골퍼와 캐디 중간지점에 서 있는 골프장 사장 입장에선 심적 부담이 상당하고, 캐디 관련한 각종 성희롱이나 폭언 등의 사태가 발생하면 더욱 피곤해지는데, 캐디와 고객 간 문제라 선불리 합의를 유도할 수도 없는 상황으로 오랫동안 시달리게 됩니다.

특히 안전사고와 주차장에서의 고객 간의 차량 사고도 매우 예민한 부분인데, 골프장 측에서 관련 보험을 들고 있지만, 사태를 해결하기 위해 법정에 서는 경우도 종종 있고, 물론 경미한 사고는 대부분 골프장 측이 알아서 처리하는 경우도 있지만, 극히 드뭅니다.

골프장 대표의 최고의 임무는 골프장을 잘 관리하는 것이지만, 골프장도 이윤을 추구하는 기업인지라 매월 기록되는 매출을 신경 쓰지 않을 수 없습니다.

골프장 대표들은 토요일, 일요일, 공휴일이 가장 바쁜데, 18홀 골프장의 경우 풀 부킹이 되면 76~80팀이 되며, 보통 월요일이나 화요일, 간혹 악천후에 따른 휴장일은 쉴 수 있습니다.

국내 골프장 CEO들의 근무연수는 대략 3~5년 정도 근무하고 다른 골프장으로 옮기는 경우가 많고, 물론 까다로운 소유자(오너)를 만나면 얼마 안가 그만두기도 하고, 아예 이직을 하는 경우도 있습니다.

또한, 극히 드물지만 한 골프장에서 30년 이상 근무하는 경우도 있고, 대부분의 골프장 CEO들은 자신들의 직업이 '3D 직업'까지는 아니라도 절대 쉽지 않은 직업이라고 얘기한 만큼, 대한민국 골프장 CEO들은 일반 골퍼들이 생각하듯이 하루하루가 그리 편한 날은 아닌 듯합니다.

이상은 "골프장 CEO로 사는 법"(2022. 4. 21 골프저널) 오우림의 글을 참조한 글이었습니다.

우분투(UBUNTU)

대부분의 골프장들이 홀 당 10억 매출을 올려 18홀 기준 180억 원, 27홀 기준 270억 원 매출은 그리 어렵지 않았는데, 오히려 이를 훨씬 상회하는 골프장들도 많습니다. 18홀 기준 250억 원의 매출을 올린 골프장도 있다고 하니 요즘 최고의 호황인 듯싶습니다.

2022년도 연매출 목표를 잡아야 하는데, 지난 2021년의 최고 매출보다는 적게 잡을 수 없기 때문에 각 골프장 CEO들은 올해 초 많은 고민에 빠졌었고, 목표를 높여 잡았다가 달성하지 못하면 쏟아질 비난은 불 보듯이 뻔합니다.

내년도 목표 매출 부담 때문에 모 골프장은 지난 12월 매출을 조정하는 사태까지 벌어졌는데, 모든 골프장이 지난해 대비 같거나 높은 매출로 신년 사업계획안을 올렸습니다.

그런데 이와는 반대로 2022년 매출 목표를 2021년도도 아니고 ‘2020도 매출 기준으로 줄여 잡으라.’는 이상한 골프장이 있고, 그것도 직원이나 임원도 아닌 골프장 오너가 내린 지시로 오히려 직원과 임원이 매출 목표를 더 높게 잡아야 한다는 이상한 현상이 벌어졌습니다.

더군다나 2021년도 매출도 아니고 2020년도 코로나19가 발발한 사실상 첫해 매출로 상반기는 코로나19의 영향으로 골퍼 내장객이 많이 줄었던 때이고, 이곳 골프장은 지난해 27홀에 270억 원의 매출을 올리지 못했기에 오히려 책임 추궁이 있을 법한 곳인데, 2022년 골프장 매출을 40억 원 적게 잡으라고 하니 참 이상한 골프장입니다.

이곳 골프장 오너의 생각은 매출 목표를 높이면 당연히 입장료(그린피)와 모든 시설 이용료가 올라갈 것이고 이는 고스란히 골퍼의 부담으로 돌아갈 것이라는 설명이었습니다.

기업은 당연히 최고의 수익을 내는 것이 목표인 것은 맞지만 소비자에게 고통스럽게 만드는 것은 이상적인 경영이 아니라는 것이고, 또 하나 골프장 호황이 끝난 이후엔 어떻게 할 것인가를 살펴, 계속 목표치를 채우기 위해서 그린피와 각종 이용료를 올리겠다는 것이냐며 ‘골퍼와 함께 가야한다’는 설명입니다.

남아프리카 반투족 말에는 ‘UBUNTU(우분투)’가 있는데, 우분투는 “우리가 함께 있기에 내가 있다”라는 뜻이고 ‘우분투’는 사람들 간의 관계와 배려에 중점을 둔 윤리사상입니다.

세상은, 우리의 삶은 결코 혼자 가는 것이 아니라 함께 가는 것이고 극강의 '기업 이윤보다는 골퍼의 고통을 덜어주겠다'고 한 센테리움 골프장이야 말로 이 시대에 묵묵히 박수를 쳐 주고 싶은 곳입니다.

정말 골프장에 위기가 닥쳐왔을 때 골퍼들의 골프장에 대한 충성도가 어느 곳으로 쏠릴지는 묻지 않아도 자명하고, 눈앞의 매출과 이익만 좇지 말고 우리가 함께 갈 수 있는 방법이 무엇인지를 생각해야 할 때로, 누군가는 참 셈도 못하는 바보 같은 골프장이라고 말할지 몰라도 적어도 '우분투' 정신을 지키려는 이곳 골프장의 정신을 곱씹어봐야 할 것입니다.

골프장 운영내역

골프장의 주 수입원은 당연히 그린피(입장료)고, 평균 15만 원에 연간 6만 명이 입장했을 때 90억 원이 들어오며, 여기에 레스토랑과 프로 숍 운영 수입, 카트 이용료 등이 부대 수입에 포함됩니다.

수도권 18홀 골프장의 연매출은 보통 100억 원 안팎이고, 재무제표를 통해 좀 더 구체적으로 들여다보면, 서울시청을 기준으로 50km 이내에 위치한 경기도의 18홀 회원제 골프장입니다.

매출액 142억 원으로 평균을 웃도는 돈을 벌었는데, 입장료가 100억 원, 식음료 매출과 카트 등의 대여료 각 17억 원, 상품 매출 4억 원 등이고, 코스관리원가 20억 원 등 매출 원가는 총 43억 원으로 매출 총이익이 99억 원입니다.

다음은 지출인데, 판매비와 관리비로 106억 원이 나갔고, 이 가운데 급여와 퇴직 급여가 50억 원, 세금이 무려 21억 원이고, 수선료 등도 포함돼 영업이익은 결국 7억 원 적자가 됐습니다.

이자 수익 등 영업외 수익도 있지만 영업외비용이 더 많아 당기순이익은 – 14억 원, 1년 동안 손해나는 장사를 했습니다.

회원제는 일단 재산세만 4%고, 더 큰 문제는 땅값이며 부지가 워낙 크기 때문에 공시지가도 엄청납니다. 매출이 100억 원에 불과해도 '땅값이 500억 원이라면 토지에 대한 재산세만 20억 원을 내야 한다.'는 계산입니다.

회원들의 그린피가 면제되기 때문에 입장 수가 많을수록 손해로 초고가 분양 골프장들의 수익은 더 나쁠 수밖에 없어서, 이를 보전하기 위해 비회원 그린피는 높여 받아야 하는데 이렇게 하다 보면 입장객 수가 줄어드는 악순환이 이어집니다.

무기명 회원권 등을 남발한 곳은 더욱 심각해 실제 한 골프장은 암묵적으로 회원 예약 수를 제한하는 반면 비회원을 많이 받기 위해 노력하는 곳도 있습니다.

한편, 2013년 한국골프소비자모임에서 발표한 '그늘집 식음료 가격 현황'에 따르면, 캔 맥주 1개가 시중 마트보다 최고 9.8배, 그늘 집 대표 먹을거리인 이온음료와 삶은 계란, 캔 커피는 최고 8.2배나 비싼 것으로 조사됐습니다.

골프장 입장은 또 다른데, "원가 대비 수익이 높다고 생각하겠지만 그늘집마다 배치해야 하는 직원 급여 등 운영비를 따지면 오히려 적자"라며 "남는 건 없고, 폭리를 취한다는 비판만 듣는다."고 억울해 합니다.

충북 청원의 실크리버 등 일부 골프장은 그래서 아예 그늘집에 자판기를 설치하는 등 변화를 모색하고 있고, 캔 맥주가 3,000원, 이온음료 1,500원, 캔 커피 1,000원 등 시중 가격과 큰 차이가 없습니다.

클럽하우스 레스토랑도 비슷한 맥락인데, 고비용 구조를 개선하기 위해 골프장들이 요즈음은 직영 대신 위탁운영을 늘리는 추이며, 식음료 매출의 15~20% 정도의 수수료를 챙길 수 있어 인건비와 부대비용 등을 감안하면 오히려 더 효율적입니다. 더케이 호텔이나 워커힐, 세종호텔 등 특급호텔에 신세계푸드 식품회사인 풀무원 등등이 가세해 유치전도 치열합니다.

프로숍 운영도 마찬가지로, 수도권 18홀 골프장의 프로숍 매출은 연간 3억~4억 원 수준, 이익은 7,000만원에 불과합니다. 알뜰 골프 족이 늘어나면서 할인 폭이 큰 제품에 그나마 눈길을 주는 정도고, 프로숍 역시 큰돈이 안 되다 보니 위탁운영업체에 통째로 맡기는 경우가 증가하고 있습니다.

한국골프는 오래 전 비즈니스를 위한 사교의 장으로 활용되면서 급성장했고, 어쩌면 코스보다 클럽하우스에서 이뤄지는 상담이 더욱 중요할 수도 있었습니다.

클럽하우스 건설비는 기본적으로 평당 650만원, 보통 150억 원 안팎이고, 예전에는 60억 원이면 충분했지만 10년이 지나면서 물가상승과 자재비 인상 등으로 이미 두 배를 훌쩍 넘기고 있고, 여기에 골프장에 따라 '+α'가 있습니다. 관련업계에서는 평지형일 경우 저렴하게 짓는 다면 지금도 60억 원이면 가능하다고 합니다.

국내에서 골프장을 만들 때 반드시 필요한 설비가 골프카트입니다. 한국은 코스가 보통 산악지형에 조성돼 홀 안에서의 이동은 물론 홀과 홀 사이도 험난해서 카트가 있어야 플레이가 빨라집니다.

느릿느릿 걸어도 되는 일부 '명품 골프장'을 제외한 대다수 골프장 입장에서는 당연히 제한된 시간에 더 많은 골퍼들을 수용해야 매출을 극대화할 수 있고, 초기 투자비가 들지만 일단 운영이 시작되면 "그린피보다 오히려 더 많이 남는 장사"라는 매력도 있습니다.

수익성을 따져보면, 캐디를 포함해 5인승짜리 전동카트를 기준으로 이용료가 평균 8만원이고 수도권의 18홀 골프장 기준 연간 8만 명이 입장했을 경우 팀 수로는 2만 팀, 카트 이용료 수입은 16억 원에 이릅니다.

1,800만 원짜리 수입 골프카트를 18홀 기준 60대를 둔다고 치면, 구입비는 10억 원이 조금 넘는데 '1년도 안돼서 투자비를 모두 회수할 수 있다'는 이야기입니다.

골프장 재무제표 분석

실제 수도권 인근 36홀 규모의 K골프장 2012년 재무제표를 살펴보니 전동카트 수입이 27억 원에 달했고, 같은 기간 식음료 수입 28억 원과 맞먹는 수준입니다.

레스토랑 운영 수입과 비슷하지만 카트는 초기투자비 이외 부대적인 비용이 거의 들지 않는다는 강점이 있고, 카트 수명은 보통 5~7년 정도, 배터리와 타이어 교체 등의 관리비용이 추가로 드는 정도로 2년 차부터는 순익이 발생한다는 이야기입니다.

18홀 회원제 골프장의 건설비 내역을 입수해 분석했더니 건축예산으로 480억 원이 산정돼 있고, 일단 토지 매입비를 제외한 오로지 건설비용입니다.

우선 토목공사에 절반이 가까운 200억 원이 투입되는데, 물론 지형에 따라 비용은 크게 차이가 나고 우선 토사와 발파 등에 들어가는 돈이 3분의1입니다.

국내 골프장은 통상 산악지형에 조성돼 코스 모양을 만드는 데 기본적으로 많은 돈이 들어갈 수밖에 없고, 이밖에 배수와 조형, 카트 도로, 티잉 그라운드(초타 구역)와 그린(종료 구역), 벙커(모래사장 장애 구역)와 페널티 구역(해저드) 등을 조성하는 데 나머지 비용이 쓰입니다.

조경공사도 만만치 않는데, 국내 골퍼들이 일본식 아기자기한 조경을 선호한다는 점도 비용을 늘리는데 한 몫 하고, 페어웨이(잔디밭 구역)에 잔디를 식재하고, 나무와 꽃을 이식하는 등 기본적으로 60억 원 이상입니다.

토목공사비 다음으로는 클럽하우스 건설비의 몫이 크고, 평당 650만원이라는 단가가 놀랍지만 인테리어 비용까지 합해 150억 원 안팎이고, 지하수개발과 진입도로, 조명 공사 등이 추가됩니다.

골프장을 완성하기 위해서는 건설비 이외 부대비용도 눈덩이 같은데, 건설 전 단계에 필요한 토지비와 조사비, 인ㆍ허가비 등은 물론 토지 매입부터 인허가과정에서 들어가는 다양한 합의금과 지역발전기금, 민원처리 등도 무시할 수 없습니다.

골프장 조성을 위해 눈에 보이지 않는 돈이 여전히 많이 들어간다는 이야기로 오죽하면 제5공화국 시절 사전에 청와대의 허락을 얻어야 하는 이른바 '내인가비 200억 원이 오히려 싸다'는 넋두리까지 나옵니다.

설계비와 감리비도 있는데, 코스와 클럽하우스, 그늘집, 인테리어까지 별도의 비용이 들고 카트와 차량, 집기류 등의 운영 설비와 최소의 인건비 등을 포함한 영업 준비금, 제세공과금 등도 있습니다.

저축은행을 통해 빌리는 10%가 넘는 이자 등의 금융비용에 분양 대행사에 지급되는 수수료도 초기 투입 자금에 포함시켜야 합니다.

2000년대 접어들어서는 너나할 것 없이 '명문 골프장'을 지향하면서 고급화 바람이 불면서 고비용 구조를 더욱 부추겼습니다.

최근에는 일반 골프장의 평균 건설비용보다 서 너 배나 더 들인 명품골프장도 탄생하고 있고, 차별화에서 시작됐지만 일부 대기업들은 자존심 세우기로 확산하는 분위기입니다.

골프장의 관계자는 "초고가 경쟁을 하는 골프장들은 예외적인 시설물에 특히 많은 돈이 들어간다."며, "그린에 통풍을 강화한 서브에어시스템과 난방시설까지 갖춘 그린, 고가의 예술품 등은 계산할 수 없는 부분"이라고 했고, '골프 대중화'가 말처럼 쉽지만은 않은 까닭입니다.

코로나19 변수 맞은 골프산업

골프 황제 타이거 우즈의 슬럼프와 맞물려 골프 산업은 2010년대 중반 성장의 정체를 겪었는데, 자연히 신규 소비자의 시장 유입이 제한적일 수밖에 없었습니다.

4시간 이상 소요되는 라운딩 시간과 오프라인에서 4명 안팎이 동선을 공유해야 하는 활동 패턴이 온라인과 개인주의를 지향하는 젊은 세대들의 취향에 맞지 않았기 때문입니다.

1894년 골프시장에 뛰어들었던 나이키는 타이거 우즈와 로리 맥길로이 등 세계적인 스타를 영입하며 활발한 마케팅에 나섰었지만, 결국 2016년 용품 시장에서 완전히 철수했습니다.

아디다스 역시 지난 2016년 골프사업부문 자회사인 테일러메이드와 아담스, 애시워스를 매각하고 의류와 신발에만 집중하게 됩니다.

하지만 코로나19가 창궐하면서 그나마 야외활동이 제한적으로 자유로웠던 골프 시장에 입문자들이 폭발적으로 증가했고, 동남아 황제골프를 잃어버린 열성 골퍼들도 국내 골프장 티오프(공을 치기 위해 공을 티에 놓는 것) 경쟁에 가세하면서 4만 원짜리 클럽 하우스 떡볶기 문제가 국회에서도 논란이 된 것입니다.

국내 골프장들의 요금 폭리에 환멸을 느낀 골퍼들은 본격적인 동남아 시장 개방을 벼르고 있는데, 다시금 국내 골프장들의 3+1, 식사와 음료 무료의 폭탄세일 문자를 받게 될 날이 머지않아 보입니다.

대한민국 골프산업 칼럼

2022. 2. 14. 골프산업신문에 기고한 안용태 GMI컨설팅 그룹 대표의 "골프장 M&A 시장과 갈피를 못 잡는 대한민국 골프산업 이대로 좋은가?"에 대해 공감하며, 간략하게 소개합니다.

요즈음 골프장의 M&A 시장이 요란하고, 새 주인이 되고자 하는 투자자들은 골프장 그룹을 표방하는 골프그룹과 펀드사들, 그리고 시행사업 등에 성공한 사업가들이 그 주인공입니다.

앞단의 두 그룹 투자가들은 투자 수익률 중심(홀 당 70억 원 수준)으로 판단하고, 후단의 투자가들은 소유 목적도 비중이 크며, 동시에 자기 기업의 비즈니스 시너지와, 자신의 건강관리와 상속 수단의 매수 목적도 있으며, 이 그룹들이 향후 우리나라 골프 산업 발전에 가장 기여할 것으로 보입니다.

① M&A에 숨겨진 가치는 따로 두 가지 있습니다.

M&A 대상 골프장은 재무제표 분석은 필수지만, 크게 두 가지의 숨겨져 있는 이익 요소가 따로 있는바, 부실 경영과 부실 설계의 요소가 많은 곳과, 추가 개발 여지가 많은 곳이 되레 보석 같은 이익 요소라는 것입니다.

하지만 이는 그 계통의 최고 전문가가 아니면 추가 개발을 위한 5부 능선, 생태등급, 수령급, 경사도 등 인허가 조건의 실체 확인과 설계 변경 등의 기술적 대책 수립이 어렵고, 오래 걸리는 것이어서 일반적으로 그 가치를 놓치기가 쉽습니다.

그 다음은 투자자의 매수 전략 부실로 매수 타임을 놓쳐, 새 주인의 기회를 잃어버리는 것이 대부분인데, 왜냐하면 주변의 지인들 모두가 골프 박사(?)라 하니 그들과 누구나 다 아는 1차원적인 방향으로 잔꾀를 부리다가 매수 타이밍을 놓치는 것이다 보니, 진짜 전문적인 프로는 만나지도 못하고 시장에서 표류만 하고 있는 M&A 시장의 생리가 오늘도 계속 되고 있습니다.

한편 이 같은 M&A 시장을 바라보는 골프계의 시선은 그린피 인상이라는 '현 골프장 영업 시장과 M&A 시장이 흡사하다'는 것이고, 수요자와 공급자 간에 벌어지고 있는 양태나 의사결정시에 헛발질 등의 형태가 똑같습니다.

② 호황도 불황도 모두 기회인데, 기회 활용의 노력은 전혀 없고, 그저 땜질만 하고 있습니다.

말도 안 되는 골프장 가격과 고공행진의 그린피를 두고 정부, 국회, 그리고 골프 전문가들 모두 한결같이 불난 집에 불 끄는 소방 호스 정도의 기능과 단순 대책 외에는 찾아볼 수가 없는데, 원인이 어디 있는지도 명확히 모르기 때문에 제대로 된 예방책을 말하는 사람은 거의 없고, 결론적으로 요약 하면 '그린피 분석을 할 것이 아니고, 그 원인을 분석해야 하는 것'입니다.

'공급이 답'이라 하는 것을 오랜 시간 그렇게도 많이 공부를 했으면서도, '공급 시장 확대를 위한 규제 철폐' 등을 언급하는 이는 한 사람도 없고, 제일 부끄러운 것은 골프 전문가들이 저지르는 무지한 오판입니다.

③ (사)한국골프경영자협회의 자충수는 방관에서 오는 부메랑에 있습니다.

그 자충수란 '대중제에 대한 과세를 비판하는 상기의 엉뚱한 집단들의 행동을 방관만 하고 있다'는 것인데, 그 방관은 지금 회원제 골프장에 부과되고 있는 엄청난 중과세를 경감시키는 목적은 자신들도 모르는 사이에 저 멀리 사라져 버리고, '대중제만 세금을 조금 올리게 되면, 닭 쫓던 개가 되고 만다.'는 것입니다.

현재의 대중제는 세금 혜택을 보는 것이 전혀 문제가 없는 것이고, '글로벌 기준에서 아주 적당한 세금을 내고 있는 것'을 몰지각한 사람들이 억지 논리로 문제로 삼는 것을 방관하는 협회가 되어서는 안 된다는 것입니다.

최근에 대중제 골프장에게 개별소비세를 부과하는 것을 검토한다고 하는데, 이것은 뒷걸음질인데, 경영자협회에서는 무엇을 하고 있는가? 묻고 싶고, 대중제의 세제혜택(?)이 잘못 되었다고 비판을 하는 것은 '무식한 소치라고 골프경영자협회가 분명한 입장을 밝혀야 한다.'는 것입니다.

이것은 회원제에서도 철폐해야 할 것을 대중제에 다시 부과하는 것을 방치할 일도 아니고, 정부는 정말 경제와 경쟁논리를 모르고 있는 지를 묻고 싶습니다.

글로벌 스탠다드 에서 벗어난 것은 모두 폐지하고, 전진을 해도 모자라는 국제경쟁시대에서 옛 조선시대 사고법 이하의 방책들만 내놓고 있는바, 정부가 골프장 그린피가 정말 문제라고 한다면 문화체육관광부 산하 뉴서울CC, 국가보훈처 산하 88CC, 연기금 등이 운영하는 골프장부터 그린피를 낮추는 일을 왜 하지 않는지 묻고 싶습니다.

허나 문예진흥기금과 보훈기금, 연금의 기금수익을 위한 것이기도 하지만, 시장기능을 손대는 것이기 때문에 반대라는 것이고, 협회는 왜 이러한 것을 지적하지 않고, 도대체 무엇을 하고 있는지 알 수가 없는바, 모든 것은 '국제 경쟁력 차원과 시장원리에 맡겨야 만사형통'이 됩니다.

④ 골프 전문가들의 자충수는 되레 거시적인 전문성의 부족입니다.

코로나가 끝나고 국내 골퍼들이 외국으로 썰물처럼 빠져나갈 때, 그린피 폭락과 더불어 과거처럼 또 다시 골프장 부도 사태가 나거나, 외화 유출이 되면 무슨 말로 괴변을 펼칠지 의문입니다.

그래서 굳이 작금의 그린피 인상에 대한 근본적인 대안을 제시하지 못한 체 그저 소방 호스 같은 일은 해서는 안 될 것이며, 농부의 농사도 풍작과 흉작이 있듯이 이 지구상 어느 나라이든 '시장경제를 무시하는 전문가란 있을 수 없다'는 것입니다.

⑤ 골프 정책 당국의 자충수는 의지부족이고, 구경꾼에 불과합니다.

마냥 구경꾼만 하고 있으면 문화체육관광부가 '급한 불'만 끄는 '골프 소방서' 역할 외에는 할 것이 없다는 것인바, 미국처럼 10년 단위의 골프 산업 진흥을 위한 진단을 단 한 번도 하지 않는 정책당국은 오늘 현재까지도 "열중쉬어" 하는 구경꾼 밖에 될 수가 없고, 빨리 원론부터 분석하는 과업에 착수해주기를 바라며, 정책가의 면모를 보여 주기 바랍니다.

⑥ 골프장 사업주의 자충수는, 이기주의입니다.

골프장 사업주는 많은 이익으로 법인세의 최대 납부자로 나라의 공신이 될 텐데 호황에 편승만 할 뿐, 서비스 수준은 낮아지고, 그린피 올리는 것에만 혈안이 되어 있습니다.

또 어느 지역의 모 골프장처럼 700~800억 원의 배임을 한다든지, 골프 카 등의 외주 방식으로 이익 빼돌리기를 하는 사업주들이 문제로, '룰과 에티켓'을 슬로건으로 내세우는 우리 골프산업계에서는 사업주의 자격을 박탈해야 하지 않나 싶습니다.

⑦ 대기업 유명 골프장의 자충수는 글로벌 의식 부족과, 공존의식 부족에 있습니다.

세계에서 가장 유명한 골프클럽 오거스타GC는 매년 "천억 이상 매출에 몇 백억 이상의 기부금"이라는 실적을 내고 있는데, 왜 벤치마킹하지 않느냐 하는 것이며, '국내용 골프장'을 만들려고 했다면, 대기업 골프장은 골프산업계에 꼭 필요한 존재 가치는 없다고 봅니다.

세계적인 골프장으로 그 위상을 올려 현재의 M&A 가격도 비웃을 정도의 명예와 가치를 만들어야 할 것이고, 그룹사의 골프장 적자를 그룹사 지원으로 연명하는 경영! 그것은 경영이라고는 할 수가 없고, 관리라고 밖에 평하지 않을 수가 없습니다.

왜 국제적인 관광명소로 만들지 못 하느냐에 대한 명확한 답이 없다면, 그것이 곧 '우리 골프산업계에서는 공존의지가 없다'는 것이며, 대기업 골프장을 두고 '그들만의 리그' 장소로 치부되어서는 안 될 것이고, 그 비판이 곧 자충수의 결과입니다.

경영의 달인들이 집합이 되어 있는 각 그룹에서는 곧바로 이 과제를 착수해, 지금까지 한국 골프 산업을 이끌어왔던 리더로서의 역할을 함에 있어서, 다시 한 번 더 박차를 가해 주기를 촉구하는 바입니다.

2 골프장 건설

골프장(GOLF場)은 골프를 치기 위해 조성된 터로, 기본적인 규격을 제외하고 일정한 규격을 가지고 있지 않아서 다양한 형태의 코스를 가지고 있는데, 호수 또는 강을 띄기도 하며 중간 중간에 나무나 언덕이 조성되어 있기도 합니다.

골프장은 밝은 풍경, 나무가 가득 찬 숲속 사이를 지나며 완만한 경사지라든가 자연 장애물(시내·못) 지형의 단절, 언덕이 있는 변화에 넘치는 지형 또는 호숫가 사구 등 아름다운 장소에 입지합니다.

보통 일직선 형태보단 구불구불한 형태로 되어 있는 경우가 많은데, 이는 그린(종료) 위치와 다음 코스의 티잉 그라운드(시작) 위치 간의 거리를 좁히는 용도 외에 경기를 좀 더 다양하게 즐길 수 있도록 하기 위함입니다.

골프장의 대략적인 규격은 아웃코스와 인코스의 각 9홀로 된 18홀로 구성되며 총 길이는 약 5,500~6,300m(6,000~7,000야드)로, 너비는 100~180m로 맞춰 놓는데, 보통 전체 넓이 90만m2(27만 평) 정도를 차지합니다.

골프장 크기는 골프의 수(홀수)와 그 길이(홀과 티그라운드의 거리)에 따라 결정되고, 정식시설은 18코스이며 50~75ha의 토지가 필요한데, 절반인 9코스를 가진 시설은 대략 20~30ha의 토지를 필요로 하며 18코스를 위해서는 그것을 2주하는 셈이 됩니다.

제 1타는 대개 클럽하우스 가까이에서부터 시작하고 거기다 다시금 18번째 최후 홀의 위치가 되는데, 마찬가지로 9번째의 홀과 10번째의 티그라운드로 클럽하우스 가까이에 설치되며 플레이어가 절반 플레이라도 쾌적하게 클럽하우스 가까이에서 마칠 수가 있게 됩니다.

페어웨이(코스)거리는 타석으로부터 홀까지 똑바로, 만일 지그재그로 가는 경우에는 상정되는 중앙 라인에 의해 산정되나, 코스는 서로 접촉하거나 같은 길이이거나 지나치게 가깝거나 교차해서는 안 됩니다.

코스는 오히려 방향을 서로 바꾸어야 하며, 언제나 태양이 정면으로 오거나 맞바람이 되거나 하지 않아야 합니다.

코스의 거리는 홀의 거리에도 따르지만 홀의 거리가 100~250m인 짧은 18코스 시설은 약 5,000m를 필요로 하고, 홀의 거리가 300~400m인 중간 정도의 코스는 약 5,500m, 홀의 거리가 400~530m의 경기용 코스는 약 6,000m를 필요로 하는데, 250~300m 정도의 홀 거리는 바람직하지 않으며 피해야 합니다.

코스의 폭은 40~80m이며 짧게 손질된 잔디, 출발점에서 내다볼 수 있는 정도의 기복을 가지도록 하며, 또한 2개의 존을 나눕니다.

골프장 설계

골프장은 크게 플레이 지역과 플레이 외 지역으로 나누고, 플레이 지역은 코스 설계자가 플레이어의 관점에서 일반적인 미스 샷까지를 포함하여 공이 날아갈 수 있는 공간을 정의해 놓은 곳인데, 티잉 그라운드, 페어웨이, 벙커, 러프, 그린과 그린 주변의 공간이 포함됩니다.

플레이 외 지역은 아웃 오브 바운드 혹은 해저드 표시(붉은 말뚝이나 그라운드에 표시된 붉은 선) 너머의 지역을 포함하는데, 플레이 외 지역을 자연 그대로의 상태로 보존하는 것은 그리 어려운 일이 아니지만, 친환경 골프장은 우리가 흔히 플레이

지역이라고 부르는 티잉 그라운드부터 그린까지의 공간을 세부적으로 어떻게 관리하느냐 입니다.

골프의 룰과 코스관리의 교본을 만들어 온 미국의 USGA에서 1년 동안 실험대상이던 골프장을 방문한 골퍼들에게 초소형 GPS 추적 장치를 호주머니에 넣고 18홀 라운드 후 제출토록 했습니다.

1년간의 데이터를 분석한 결과, 골퍼들이 가장 많이 가는 곳과 거의 가지 않는 곳이 파악되었는바, 결과적으로 기존의 플레이 지역에서 전혀 들어갈 일이 없는 벙커는 메꾸고, 쓸모없는 페어웨이는 러프나 플레이 외 지역으로 관리를 최소화하여 연간 코스 관리 비용을 20% 이상 줄일 수 있었습니다.

푹신푹신한 잔디밭이 끝없이 펼쳐진 골프장이 최고라는 생각을 버려야 하겠고, 소위 명문클럽, 명품코스라 불리는 곳의 대부분은 그린과 페어웨이가 상상을 초월할 정도로 단단하고 빠르며 플레이 지역 밖의 세상은 그 지역에 자생하는 잡초, 야생화, 관목과 나무가 사는 공간으로 취급됩니다.

코스관리를 집중적으로 받는 공간과 관리를 최소화한 공간, 그리고 비 관리 지역이 만들어내는 강렬한 대비(Contrast)가 환경적으로도 플레이적으로 최고의 품질을 제공하기 때문에 경계와 대비는 미적으로도 아름다움을 극대화시킵니다.

골프장 건설

골프장 건설은 지하수 고갈과 지반 침하, 식수원 오염, 수목 훼손과 홍수, 성지 훼손 등의 이유로 환경단체와 주민들이 반대하기도 하는데, 우리나라에서 2008년 10월에는 골프장 사업에 토지 강제 수용권을 부여한 현행법에 대한 위헌 소송이 제기되었습니다.

골프장으로 토지를 사용하는 데 대한 환경적인 우려는 지난 50년간 더욱 커졌는바, 이러한 우려에는 골프장 유지를 위한 물 사용(물 부족)과 화학 살충제, 화학

비료 등을 들 수 있으며, 골프장 조성 시의 습지대를 비롯한 환경적으로 중요한 지역의 파괴도 포함됩니다.

골프장에 사용되는 다이아지논은 독성의 화학물질로, 미 환경보호국은 새 무리의 감소로 1988년에 이 약품을 골프장과 잔디밭에 사용하는 것을 금지시켰습니다.

이러한 우려는 건강과 비용에 대한 고려와 함께 더욱 환경적으로 건전한 관리 방법과 잔디에 대한 연구를 필요로 했고, 골프장 관리자는 빈번하게 이러한 관리 방법과 잔디를 사용하도록 교육되었으며, 이는 골프장에 사용되는 화학물질과 물의 양을 일정량 줄여주었고, 잔디는 물을 잘 걸러내어 생활하수 정화에 사용되어 왔습니다.

환경적 이유와 인간의 생존을 위해 골프장에 반대하기도 하는데, 골프장은 새와 동물, 기타 야생동물들의 이주 통로를 가로막기도 하고 실제로, 골프장의 토종이 아닌 단일품종은 생물다양성을 파괴합니다.

최신 장비의 영향으로 오늘날의 선수들은 이전보다 더 멀리 골프공을 쳐낼 수 있고, 그 결과, 안전을 위해 골프장 설계는 더 길고 넓어져 그 면적이 10% 정도 늘어나게 되었으며, 동시에, 물의 사용은 위원회에 의해 제한돼 골프장에서 유지되는 잔디 풀을 줄어들게 하였습니다.

골프장은 해변가 모래사장, 버려진 농장, 노천 채굴장이나 채석장, 사막, 숲 등에 만들어질 수 있고, 여러 서방 국가들은 골프장이 건설되는 장소와 방법에 대한 환경적인 제약을 제정하였습니다.

대한민국은 19세기 말 처음 골프장이 지어진 이래 1960년대 이전에는 골프장이 손에 꼽을 정도였으나, 경제성장에 따라 골프 대중화 정책 시행으로 골프장이 늘어나기 시작했습니다.

참여정부에서 골프장 규제를 줄인 이후 2005년에서 2010년까지 해마다 신규승인 골프장이 30개를 넘어 골프장이 급증했고, 2011년부터는 10여 개로 줄어 증가세가 둔화하였습니다.

골프장 시설

골프장은 초타 구역(티잉 그라운드), 잔디밭 구역(페어웨이), 황무지 구역(러프), 모래사장 장애 구역(벙커), 깃대, 공을 쳐 넣는 구멍(홀) 등을 포함한 일련의 홀로 구성되어 있습니다.

초타 구역의 티잉 그라운드(teeing ground), 티잉 에어리어(teeing area), 티 박스(tee−box)는 티(tee)라고 줄여서 부르는 출발 지점이고, 티 박스는 주위의 지면보다 약간 높이 솟아 있으며 직사각형의 평평한 형태로 되어 있고, 잔디는 그린처럼 최대한 미세하게 깎아놓는 것이 보통입니다.

각각의 티 박스에는 두 개의 마크가 놓여 있으며 이를 연결하는 선을 가로로 하고, 마크 뒤쪽에서 두 클럽 길이의 선을 세로로 한 직사각형의 구역 안에서 골퍼가 티 펙(tee peg)이란 못 위에 공을 올려놓고 제1타를 칩니다.

티그라운드는 40~60m2의 정비되고 평탄한 토지이며 대개 여성, 남성, 경기용과 길이에 따라 서로 다른데, 티 박스는 홀에서 먼 순서대로 아래 3개로 구성되어 있습니다.

① **챔피언 티** (championship) : 홀에서 가장 멀리 떨어져 있으며 마크는 흰색이고, 대회 시합용으로 사용됩니다.

② **레귤러 티** (regular tee) : 홀에서 중간 부분에 떨어져 있으며 마크는 노란색이고, 남성용 및 숙련자용으로 사용됩니다.

③ **레이디스 티** (ledies tee) : 홀에서 가장 가까이 있으며 마크는 빨간색이고, 여성, 초보자, 아동용으로 사용됩니다.

잔디밭 구역(페어웨이, fair way)은 '정상적인 통로'라는 뜻을 가진 티에서 그린까지 구간의 중앙 부분에 있는 코스 대부분을 차지하는 곳이며, 잔디를 잘 다듬어 정상적인 타격감을 가지고 있습니다.

황무지 구역(러프, rough)은 페어웨이의 외곽 부분에 잔디를 덜 다듬어 잡초 및 수림으로 형성된 것으로 티 그라운드 주변에 있으며, 정비되지 않은 장애물을 가진 토지로 타격감이 페어웨이보다 떨어지는 곳입니다.

페널티 구역(해저드, hazard)은 부정확한 샷을 억제하기 위해 골프장 중간 중간에 설치된 장애물을 말하며, 인공적인 모래 징애물로 코스의 전술적인 방향을 정해 주는데 크게 두 가지 종류가 있습니다.

① **샌드 벙커(sand bunker)** : 골프장 중간마다 움푹 파인 곳에 모래가 깔린 지역으로 공이 모래에 파여 있어 타구가 어려운 곳이고, 위치에 따라 페어웨이 좌우에 있는 사이드 벙커(side bunker), 중앙에 있는 크로스 벙커(cross bunker), 그린 주위에 있는 가드 벙커(guard bunker)가 있습니다.

② **워터 해저드(water hazard)** : 코스 안에 있는 물로 채워진 장애물로 페널티 구역인데, 그 형태는 호수, 연못, 습지, 냇물 등 다양합니다.

퍼팅 그린(putting green)은 평균 660~990m2(200~300평) 넓이에 잔디를 매우 짧게 깎아놓아 다듬은 곳이고, 그린에는 지름 10.80cm(4.25인치)의 구멍이 있으며 홀(hole)또는 컵(cup, 일본에서만 사용)이라고 합니다.

그린은 홀 주변에 있으며 500~1,000m2 정도의 언덕형이고 특히 잘 정비된 잔디가 있고 장애물(벙커)이 있는데, 여기에서 지름 4cm의 볼이 지름 10.80cm, 깊이 20cm의 철제 컵으로 된 홀 안에 굴러들어갑니다.

홀은 멀리서도 위치를 식별할 수 있도록 홀에 핀(깃대)를 꽂아 세워놓는데, 공이 그린에 올려 진 후 퍼터(putter)를 이용해서 홀에 넣으면(홀 인, hole in) 그 홀의 경기는 끝납니다.

코스의 부분별 잔디 특성을 요약해 보자면, 티잉 그라운드 경우는 내마모성/회복력이 강할 것, 안정적인 스탠스를 제공할 것이며, 그린 경우는 짧게 깎아도 생장에 지장이 없을 것이며, 표면이 균일/평탄하여 일정한 방향/속도를 보장할 것을 추구하고, 페어웨이 경우는 디 보트 회복력/병충해에 내성이 강할 것이며, 안정적 스탠스/균일한 볼의 라이를 보장할 것입니다.

아웃 오브 바운스(out of bounds)는 OB로 줄여서 부르며, 허용되지 않은 장외 지역을 가리키는데, 장외 구역 외에 코스 안에서도 OB 구역이 있고, 말뚝과 담장 등으로 경계를 높여 구별해주고 있는바, 이곳에 공이 들어가면 벌점으로 페널티 1타가 부가되고 공은 치기 전의 장소로 되돌아가서 놓고 다시 쳐야 합니다.

클럽하우스는 남성 · 여성의 세면 · 탈의실 이외에 트레이너, 캐디, 코스 관리인을 위한 방, 그리고 1개의 클럽하우스에 대해 2~3개의 집회실, 주방 등이 필요합니다.

그린으로부터 가장 많이 떨어진 클럽하우스 가까이에는 악천후 때의 휴게건물 또는 비품창고가 설치되고 전화도 또한 비치되는데, 흔히 골프장 경영을 위해 회원의 주말 주거 토지가 골프장 주변에 정비되는 수가 있습니다.

코스부지

골프장은 자연환경을 터전으로 삼으므로 그 터전이 훌륭해야 좋은 골프장을 만들 수 있고, 골프가 시작된 영국은 마을과 가까운 해안가에 위치한 구릉지에 링크스 코스를 만들었으며, 국토가 넓은 미국이나 호주에서는 도심 주변 평지에 공원과 같은 파크랜드 코스를 만들었습니다.

이런 환경에서는 산을 깎고 바위를 부수지 않아도 훌륭한 골프장을 만들 수 있고, 자연 지형의 타고난 굴곡을 잘 활용하여 코스를 앉혔을 때 마치 그곳에 오랫동안 존재해 온 것과 같은 자연스런 형태의 명품 골프장을 만들 수 있는 것입니다.

18홀 골프장 하나를 만들려면 평지를 기준으로 약 18만 평이 필요하고, 쉽게 환산해 보면 한 홀 당 대략 1만평 정도가 소요되는데, 이 수치는 파4홀의 기준이고 파5와 파3홀에 필요한 면적을 합한 값의 절반이라 생각하면 됩니다.

18만 평은 18홀을 퍼즐 조각처럼 정방형 공간에 꽉 채워 넣고 클럽하우스 등의 부속시설을 넣었을 때의 면적이며, 실제로 인천지역의 매립지에 건설된 골프장의 경우 이 기준과 일치하는 경우를 찾아볼 수 있습니다.

산지에 골프장을 만들 경우 필요한 면적은 평지에 비해 1.5배 내지 많게는 2배 이상 증가하고, 경사가 심한 산허리를 깎아내어 플레이에 필요한 공간을 만들다 보면 계단식으로 조성된 홀과 홀 사이에 경사면을 안정화하기 위해 훨씬 넓은 공간이 필요하기 때문입니다.

대부분의 골프장들이 대도시 중심에서 1시간 이상 떨어진 산지에 위치하는데, 평평한 땅을 놓아두고 왜 굳이 산을 깎아서 골프장을 만들었는지 의아할 수도 있지만 그 배경에는 두 가지 근본적인 이유가 있습니다.

첫째는 정부가 세운 국토개발계획에 의해 완만한 구릉지를 농지와 주거지 등에 우선적으로 공급하도록 제한한 법적인 이유이고, 둘째는 수십만 평에 달하는 사업부지를 확보하려면 막대한 자금이 필요한데 산지에 골프장을 만들 경우 비용을 절감할 수 있기 때문입니다.

이렇게 산을 깎아 만든 골프장의 단점은 대규모 토목공사를 통해 계단식으로 조성된 홀들의 형태가 비슷비슷하고 지루하여 기억에 남지 않고 좌우측 모두 아웃오브바운드인 경우가 많아 플레이에 지장을 주는 것입니다.

하지만 자금력이 풍부한 대기업의 경우는 지형과 자연경관이 수려한 위치에 코스부지를 선정하고 최소 필요면적보다 넓게 부지를 확보한 경우가 많고, 이런 경우엔 코스의 배치를 여유롭고 다양하게 할 수 있고 드라이빙 레인지와 같은 부속시설을 갖추어 코스의 수준과 경쟁력을 높일 수 있습니다.

27홀 골프장의 경우 3개의 9홀 코스 모두가 동등하게 좋은 평가를 받는 곳은 극히 드물고, 코스 부지를 3개의 구역으로 나누어 9홀씩 배치하다 보면 지형과 경관의 질적인 차이로 인해 등급이 매겨지게 되며 이들 중에 가장 열등한 부지에 만들어진 9홀은 나머지 18홀에 비해 선호도가 떨어지게 됩니다.

특이한 골프장

특이한 골프장으로 사우디아라비아에서 골프장은 석유로 뒤덮인 모래에 세워졌으나, 다란과 같은 도시에서는 현대식으로 풀이 난 골프장이 세워졌습니다.

오스트레일리아의 쿠버 페디(Coober Pedy)에서는 디젤과 기름, 모래 더미를 파서 만든 9홀로 이루어진 풀이 없는 골프장이 있고, 선수들은 골프공을 올려놓는 작은 인조 잔디 조각을 가지고 다닙니다.

뉴질랜드에서는 시골의 골프장에 울타리를 두르고 양이 잔디밭에서 풀을 뜯는 풍경이 드물지 않고, 125년 된 스리랑카의 왕립 콜롬보 골프클럽에서는 켈라니 계곡 철도의 증기기관차가 6번째 홀을 가로지릅니다.

각국 지역에 따라서는, 골프장과 행락지 건설의 시도가 반대에 부딪혀 양측에서 폭력이 행사되기도 하는데, 골프는 다른 환경 윤리적인 문제와 비교하면 가벼운 편이지만, 통상적으로 부유하고 서구화된 부류와 연관되어 있고 외부에서 유래한 토지 가치체계의 식민지화와 세계화에도 연관되어 상징적으로 중요시 됩니다.

골프 관광과 골프장 확장에 대한 저항은 특히 필리핀과 인도네시아 토지 개혁운동의 목표가 되었습니다.

바하마에서 골프 개발에 대한 반대는 국가적인 문제가 되어 있어서, 그레이트 구아나 케이(Great Guana Cay)와 비미니 주민들은 골프장이 산호초와 맹그로브(홍수림)의 영양분 균형이 깨어질 것을 염려하여 그들 섬에서의 골프 개발에 대한 법적 · 정치적 반대에 관여하였습니다.

스페인에서는 골프장의 건설과 잘못된 농작물의 선택, 기후 변화로 물이 부족해지면서 남동부에 사막화가 급속히 진행되었다고 보도되었습니다.

극한 골프는 환경적으로 지속 가능한 장소에서 열려 기존의 골프장을 대체하는데, 하이킹(도보 여행)과 골프에 걸쳐진 참가자들의 진로는 폭넓은 자연 장애물과 도전적인 지형에 놓이고, 이들 극한 골프는 다듬어지지 않은 초지와 숲에서 행하여지며 결승점은 통상 초지에 놓습니다.

골프코스 설계

골프라는 스포츠는 '코스 설계가가 골퍼들에게 던지는 질문에 화답하는 과정'이라 할 수 있고, 질문의 난이도가 높고 숨겨진 함정이 많을수록 이를 감지하고 풀 수 있는 능력을 지닌 골퍼들은 재미와 희열을 느낍니다.

설계가가 던지는 질문이 단조롭고 예측 가능하다면 스코어는 잘 나올 수 있지만, 다시 방문했을 때 색다른 도전을 할 수 있는 짜릿함은 쉽게 사라지게 됩니다.

흔히 스코어 카드 하단에 적혀 있는 핸디캡이 홀 별 난이도를 판단할 수 있는 기준이고, 코스 전체의 난이도를 측정할 때는 코스 레이팅(Course rating)이나 슬로프 레이팅(Slope rating)을 사용합니다.

'샷 밸류'는 코스설계의 수준을 평가할 때 활용하는 중요한 기준이고, 각 홀마다 티잉 그라운드에서 그린에 이르기까지의 설계자가 정해 놓은 최적의 랜딩 존(Landing zone)이 있으며, 골퍼들이 이 공간으로 공을 보내는 것을 방해하기 위해 설치한 리스크 요소인 다양한 종류의 페널티 구역(해저드)이 있습니다.

골프장에서 느낄 수 있는 만족감 중 하나는 이런 리스크 요소를 잘 파악해서 도전했을 때 얻는 보상인데, 적절한 난이도의 리스크 요소를 적소에 배치했을 때 골퍼들의 도전의식을 고조시킬 수 있고, 도전의 결과에 대한 보상과 벌칙이 확실했을 때 도전해 볼만한 가치가 생기는 것입니다.

티잉 그라운드(초타 구역)부터 그린(Green : 퍼트를 하기 위한 잔디밭)까지 벙커나 워터 해저드 하나 없고, 좌우대칭의 형태에 다리미로 다려 놓은 듯 편평한 그린 한가운데 깃대가 꽂혀 있다고 가정해보면, 무조건 똑바로 칠 수만 있다면 좋은 스코어를 낼 수도 있습니다.

이런 코스는 위험요소도 없고 도전에 따른 보상도 없는 '샷 밸류'가 낮은 코스이나 동일한 홀의 페어웨이 오른쪽에 벙커(모래사장 장애 구역)를 하나 심어보면 달라집니다.

골퍼는 오른쪽 페어웨이 벙커에 빠지지 않도록 왼쪽을 겨냥하거나 벙커를 넘기려는 시도를 할 것이고, 홀 공략 시 고려해야할 리스크 요소가 생긴 것입니다.

여기에 덧붙여 편평했던 그린을 우저좌고(右低左高)의 형태로 바꾸고 그린 좌측 전방에 작은 벙커를 삽입한다면 리스크는 더욱 증가하게 되며, 즉 '샷 밸류'가 높아진 것입니다.

이런 그린에서는 홀 컵의 위치에 따라 벙커를 넘겨야 할지 말지를 고민하게 되고, 어떤 각도로 깃대를 공략해야 유리한지를 생각하게 됩니다.

샷을 하기 전에 여러 가지 옵션에 대해서 생각하고, 생각의 결과를 반영하여 만든 전략에 따라 플레이 한 샷은 그런 과정을 거치지 않고 똑바로 보내기만 한 샷에 비해 높은 '가치'를 지니게 되는데, 이런 '가치 있는 샷'을 다양하게 요구하는 홀이 바로 '샷 밸류'가 높은 홀인 것입니다.

그린 스피드 진실과 게시

USGA 그린섹션 코스관리 전문가가 말하는 '그린스피드의 진실과 게시의 문제에 대해 정리했다'는 이주현 님의 "그린스피드 진실과 공지의 문제점"(골프산업신문, 2022. 4. 1)을 소개합니다.

그린스피드는 그린의 상태를 나타내는 가장 대표적인 지표이자 가장 민감하고 오해받는 주제인데, 그린스피드를 필요이상 강조함으로써 코스품질 유일한 지표로 착각하게 만듭니다.

골퍼가 대회코스에서 유리알 같은 빠른 그린을 보거나 명문코스의 그린스피드는 얼마나 빠른지에 관한 얘기를 듣고 '빠른 그린스피드'를 신봉하는데서 시작되나, 코스관리자들은 '골퍼에게 그러한 그린스피드는 적합하지 않다'는 것을 알고 있고, '매일 그날의 그린스피드를 게시하는 것도 장점보다 단점이 많다'는 것입니다.

특정 코스에 적절한 그린스피드는 그린 윤곽, 잔디 종류, 관리예산, 골퍼 수준 등에 따라 다르고, 그린을 역량 이상으로 빠르게 만들려 하면 더 많은 비용, 잔디

손상, 핀 위치 감소, 더 느리고 덜 즐거운 경기로 이어져서, 속도 하나 때문에 그린의 다른 품질 측면을 희생하는 것은 옳지 않습니다.

그린은 계절에 따라, 심지어 날마다 변하는 살아있는 잔디로 구성되고, 온도, 습도, 강우량, 관리관행 등은 모두 일일 그린스피드에 영향을 주는데, 1년 내내 동일한 속도를 유지하는 것은 불가능하며, 목표 수치에 맞춰 관리관행을 바꾸는 것은 그린 손상과 올바르지 못한 경기조건의 지름길입니다.

그린스피드 수치에 대해 가장 알아야 할 것 중 하나는 '한 코스의 속도를 다른 코스와 비교하는데 사용해선 안 된다'는 것이며, 특정 코스의 완벽한 그린스피드는 더 가파른 그린 윤곽이 있는 다운코스나 기술 수준이 다른 골퍼에겐 너무 빠를 수 있고, 합리적인 비교를 하기엔 변수가 너무 많습니다.

골퍼는 빠른 그린을 가진 코스에 대한 많은 얘기를 듣지만, 더 낮은 예고, 정기적인 톱 드레싱, 버티컷, 수작업 관수 등은 더 빠른 그린을 위한 일부 관리관행일 뿐, 여기에 나무를 제거하거나 배수를 개선하는 등 그린 환경 개선을 위해 많은 투자를 해야 하며, 일시적인 투자로만 그치지 않습니다.

높은 온도와 습도, 기타 환경 스트레스를 받는 기간 동안 그린은 건강의 벼랑 끝에 몰리고, 날씨에 특정 그린스피드를 유지하려고 하는 것은 잔디에 지속적 손상을 유발할 수 있는 심각한 위험을 동반합니다.

그린 잔디 보호를 위해 코스관리자는 스트레스가 많은 날 예고를 높이거나 예지 및 롤링 빈도를 줄일 수 있고, 이는 일시적인 속도 저하를 의미하지만, 앞으로 더 긴 기간 동안 좋은 경기 조건을 유지하는데 도움이 됩니다.

많은 골프장이 매일 그린스피드를 측정해 클럽하우스나 스타트하우스 앞에 게시하는데, 경기에 참고가 되는 지표임은 분명하나, 그 외 변수를 게시하는 골프장은 없는데, 퍼팅에 변수 삼을 지표가 그린스피드 뿐은 아닙니다.

그린스피드는 하루 종일 변하고 한 코스의 개별 그린은 다양한 환경과 변수로 인해 다르고, 코스관리자는 이를 이해하지만 골퍼는 게시된 단 한 가지 수치로 모든 그린의 속도가 그렇다고 이해하기 쉽지만 정확하지 않고, 또 일관되지 않은 수치를 단일화해 게시하는 게 정말 이점이 있지 않습니다.

그린스피드가 285cm에서 293cm로 오르면 그린이 더 빠르거나 더 좋다고 생각하는 골퍼가 있을지 모르겠고, 현실은 대부분이 속도 변화를 눈치 채지 못하나, 매일 게시 수치가 바뀌는 것은 골퍼가 제대로 경기하거나 즐기기 위해 알 필요가 없는 사소한 차이에 대해 매일 경고하고 있는 격입니다.

코스 간 그린스피드를 비교하는 것은 모든 조건과 변수를 파악하고 있는 경우(아마 코스관리자 정도일 것)에나 가능한 것이며, 단순 숫자 비교는 누구에게도 도움되지 않는 무의미한 일입니다.

다른 변수를 제외하고 그린스피드만 게시하는 것은 그린 품질과 전반적인 코스 컨디션의 다른 측면보다 그린스피드의 중요성을 불필요하게 높이고, 벙커사 입자 크기 분석이나 낙구지점의 견고성, 그린 구역별 일조량 등은 게시되지 않으나, 이 모든 게 코스 컨디션에 중요한 요소로서 전부 알릴 수 없고 이해시킬 수 없다면 굳이 한 가지만 게시하는 것은 좋지 않을 수 있습니다.

3 골프코스 설계

이 글은 [오상준의 마이골프 레시피] "초고가 회원제 골프장의 하드웨어 심층분석"(2021. 9. 3 여성경제신문)을 중심으로 소개합니다.

최근 국내에서도 바닷가의 간척지나 폐 염전, 버려진 채석장 부지를 골프 코스로 조성하는 사례가 생겨나고 있는데, 이미 손상된 자연, 유효기간이 지나 용도 폐기된 땅을 골프코스로 바꾸는 과정은 결코 쉬운 작업이 아닙니다.

골프 코스로서의 기능만을 충족시키기 위한 표피적인 성형은 또 하나의 유효기간이 있는 상품을 만들 뿐이고, 손상된 자연을 복원하고 단절된 생태 축을 연결하며 그 안에 골프 코스를 자연스레 앉힐 수 있는 설계자의 창의력이 필요합니다.

훌륭한 설계와 시공을 통해 태어난 '명문코스'란 초보자로부터 프로까지 다양한 수준의 골퍼 모두가 즐길 수 있는 코스이나, 골퍼는 난이도 높은 페널티 구역(해저드)으로 가득한 코스를 플레이 할 때는 설계자의 의도와 홀의 특성을 간파하여 전략적으로 공략할 수 있어야 합니다.

한 가지 정답만이 존재하는 코스는 이런 즐거움을 제공하지 못하며, 단타자 에게는 돌아갈 수 있는 공간이 있고 장타자에게도 멋지게 넘겨 쳤을 때 짜릿한 쾌감을 느끼게 하는 해저드가 공존하는 코스, 매 홀 다양한 공략법을 요구하여 상상력을 자극하는 코스는 평생을 반복해 쳐도 지루하지 않습니다.

한 번 더 도전하고 싶은 욕망을 일으키는 코스가 있는데, 이런 코스는 두 번, 세 번 반복해 경험했을 때 비로소 떫은맛, 신맛, 짠맛 심지어 단맛까지 느낄 수 있는 것으로 "허심적타(虛心適打, 마음 비워야 원하는 샷 이루어진다.)"를 해야 합니다.

코스설계자의 스타일 벙커

약 600년 전 스코틀랜드에서 시작된 골프는 4세기 동안 자연 그대로의 바닷가 링크스(Links)에서 가축과 사람들이 공간을 나눠 쓰는 수준이었고, 코스 설계라는 개념 자체가 있을 턱이 없었습니다.

양떼를 비롯한 가축들이 풀을 뜯어 짧아진 페어웨이 잔디 위에서 경기를 했고, 토끼들이 비바람을 피하기 위해 파 놓은 구덩이가 벙커가 됐으며, 마을에서 바다로 이어진 개천이 워터 해저드 역할을 했습니다.

골프실력이 출중했던 고수들이 코스의 방향과 홀의 위치를 정했는데, 그들 중 골프 역사에 길이 남은 역대 최 고수 토마스 미첼 모리스(훗날 올드 톰 모리스라 불린 전설적인 인물)가 있었습니다.

올드 톰 모리스(1821~1908)는 캐디이자 골프채와 공을 만드는 장인이었고 1860년대에 디 오픈을 4번이나 우승한 프로 골퍼였는데, 그의 스승이자 동업자인

앨런 로버트슨과 함께 1842년 카누스티 골프링스를 만든 후 코스 설계를 업으로 삼았으며, 대표작으로는 세계 100대 코스에 속해 있는 프레스트윅, 뮤어필드, 로열 도넉, 로열카운티 던, 라힌치 등이 있습니다.

20세기 초에 들어서 영국 출신 설계자들이 미국과 호주, 뉴질랜드와 아시아 등지로 초청받아 종주국의 설계 노하우를 전파하게 돼 코스설계사에 있어 고전주의 시대(Classical period, 1900-1920)라 불리는 이 때 가장 각광받은 설계자는 잉글랜드의 해리 콜트와 C.H. 앨리슨, 스코틀랜드의 앨리스터 맥킨지와 도널드 로스 등이 있습니다.

진녹색 페어웨이 위에 참호처럼 파여 있는 벙커에 채워진 하얀 모래는 골퍼의 시선을 유혹하는 힘이 있는데, 벙커는 설계자의 스타일을 명확히 구분해 주는 도구이고, 시선 뿐 아니라 미스 샷을 안으로 끌어들이는 역할도 합니다.

벙커만큼 논란의 여지가 많은 페널티 구역(해저드)도 초보자에게는 빠져나오기 힘든 무덤과도 같으며 상급자와 프로들에겐 러프보다 수월하고 만만한 해저드이기도 하지만, '코스가 너무 어렵다'는 초보자들의 불평을 못 이긴 골프장은 설계자의 자문도 구하지 않은 채 벙커를 메워 버리기도 합니다.

설계자의 입장에선 벙커 하나를 코스에 심기 위해 수많은 고민을 해 코스의 어느 곳에 어떤 깊이로 배치하느냐에 따라 홀의 성격은 천차만별 달라질 수 있고, 이로 인해 벌어지게 될 상황을 다양한 각도에서 시뮬레이션 할 수 있는 설계자의 능력이 중요한데, 그렇게 탄생한 벙커를 없앴을 때, 그 홀을 플레이하는 전략은 180도 달라지게 됩니다.

멋진 디자인도 제작공정에서 디테일이 제대로 구현되지 않으면 싸구려로 전락해 버릴 수 있고, 도면에 나와 있는 코스의 형태와 굴곡은 현장의 토질과 지형 상태에 따라 필연적으로 바뀔 수밖에 없습니다.

골프코스는 건축과 달리 자연을 다루기 때문에 설계도에 전적으로 의존할 수는 없고, 코스의 섬세한 조형(造形)을 완성하기 위해서는 설계도에 나타난 개념(컨셉)

을 이해하고 현장의 변화무쌍한 상황에 유연히 대처할 수 있는 능력을 갖춘 시공사와 전문 기술자들이 필요합니다.

설계자의 디자인 역량과 디테일한 시공 수준을 평가하기 위해 앞서 설명한 ① 벙커의 기능적 · 미적 완성도 외에도, ② 좌 · 우 도그레그와 직선형 홀의 다양성과 분포도, ③ 오르막 · 내리막 · 평지 홀의 다양성과 분포도, ④ 파3, 파4, 파5 홀의 전장의 다양성, ⑤ 그린 공략 시 페이드 · 드로우 구질을 요구하는 벙커 및 해저드의 위치, ⑥ 홀의 성격에 맞는 그린의 크기와 굴곡의 방향, ⑦ 설계자가 제시한 홀별 공략법의 다양성 등 기준을 활용해야 합니다.

코스 개조작업

여주에 위치한 해슬리나인브릿지CC는 2017년에 제주 나인브릿지에서 열렸던 미 PGA 정규대회인 더CJ컵을 개최하기 위해 3년간에 걸친 대대적인 코스 개조작업을 했는데, 코스개조의 목적은 '샷 밸류'와 '난이도'를 높이는 것이었습니다.

미 PGA투어의 전문가가 내방해서 현장에 반영했던 대표적인 '샷 밸류' 개선 작업은 그린을 개조해서 다양한 난이도의 홀 컵 위치를 확보하고 이곳을 공략할 때 리스크 요소를 더하기 위해 그린 주변 공간의 난이도를 높이는 것이었고, 이처럼 노력과 투자를 통해 코스의 전반적인 '샷 밸류'와 난이도는 과거에 비해 월등하게 향상되었습니다.

기존 벙커의 위치를 그린 쪽으로 더 바짝 붙이고 위치를 변경하여 프로들에게는 작은 오차도 허용하지 않는 대회 핀 포지션을 만들었는데, 그린 공략에 실패했을 때 벙커 외에도 그린 주위 낮은 곳으로 공이 굴러 내려가 멈추게 하는 집구 지역(collection area)을 만들거나, 그린 방향으로 내리막 경사의 러프 지역을 조성한 행잉 라이(hanging lie) 등으로 파 세이브를 어렵게 했습니다.

휘슬링락CC는 개장 당시 파3, 파4의 순서였던 템플코스의 마지막 두 홀의 지형을 재해석해서 파4, 파3로 바꾸는 용단(勇斷)을 내렸고, 운영 중인 골프장의 코스 일부를 닫고 공사를 하기 위해서는 회원들과 골프장 모두가 희생을 감수(甘受)해야 했는데, 그 결과 템플코스는 매우 특색 있는 페어웨이를 갖춘 파4 홀과 난이도 높은 파3 홀로 새롭게 거듭나게 되었습니다.

코스 난이도

'샷 밸류'가 골퍼들에게 도전을 하도록 자극하는 리스크와 리워드의 다양성과 합리성으로 측정된다면, 난이도는 이런 도전에서 실패했을 때 오는 결과치, 즉 '페널티'의 정도에 의해 결정됩니다.

그러나 미스 샷에 주어지는 페널티가 너무 가혹해서 경기를 포기할 정도가 된다면 난이도는 높을 수 있어도 공정하다고 할 수는 없고, 초보자부터 상급자까지 다양한 수준의 골퍼들이 최상의 컨디션으로 플레이 했을 때 본인의 공식 핸디캡 대비 스코어의 편차를 통해 난이도 높낮이를 측정해 볼 수 있습니다.

코스 지형의 굴곡, 러프의 깊이, 벙커의 깊이, OB지역/러프/벙커/워터 해저드의 분포도, 나무가 샷의 탄도와 방향에 미치는 영향, 그린의 굴곡과 그린 주위 공간의 형태 등등, 코스 난이도를 지배하는 요소는 참으로 다양합니다.

그 중에서 특히 아마추어 골퍼들에게 가장 직접적인 영향을 주는 요소는 코스의 전장이고, 전장이 긴 코스에서 스코어를 줄이기가 어렵다는 것은 누구나 잘 아는 사실이나, 매 홀 무조건 길기만 한 코스는 장타자에게만 유리할 수 있어 공정성이 떨어지고, 섬세한 도전의 맛을 느낄 수 없어 지루하게 느껴질 수 있습니다.

오상준 필자가 평가한 바, 해슬리나인브릿지CC는 코스 전장이 평가대상 코스 중 가장 길고 해저드의 난이도가 높아 '샷 밸류'와 더불어 코스 난이도에서도 1위를 차지했고, 제이드팰리스GC는 휘슬링락CC에 비해 '샷 밸류'는 낮았으나 난이도는 높게 평가됐는데, 가장 직접적인 원인은 화이트 티와 블루 티 기준으로 제이드팰리스GC가 휘슬링락CC보다 총 500미터 이상 길고, 벙커의 크기와 깊이에서 오는 난이도가 확연히 높았기 때문이랍니다.

휘슬링락CC의 경우는 10개의 파 4홀 중 챔피언십 티 기준으로 340미터 미만인 홀이 5개, 블루 티 기준으로 7개였고, 다시 말해 프로나 상급자의 경우 파 4홀에서 굳이 드라이버를 사용할 필요가 없는 홀이 타 코스에 비해 상대적으로 많았으며, 세컨 샷을 매번 웨지로 공략해야 하는 단조로움이 아쉬움으로 남았던 코스였다고 합니다.

홀 컵의 위치

골프는 타 스포츠에 비해 시간과 비용을 더 많이 투자해야 하는 운동이어서 소비자(골퍼)의 바람은 '오늘 하루 재미있고 관리가 잘된 코스에서 즐거운 시간을 보내는 것'입니다.

이를 위해 골프장 측에서는 안정된 잔디 관리와 코스 세팅을 통해 소비자가 원하는 품질의 '골프경험'을 제공해야 하는데, 국내의 여러 골프장들을 방문해보면 이 두 가지가 잘 지켜지고 있는 곳이 있는 반면 의외로 많은 골프장들에서 기대치에 못 미치는 모습을 발견할 수가 있습니다.

그 중 가장 눈에 띄는 하나가 홀 컵의 위치인데, 상식적으로 있어서는 안 되는 곳에 홀 컵이 뚫려 있거나, 홀 컵의 위치가 천편일률적으로 그린의 한쪽에만 치우쳐 있어서 재미의 요소를 반감시키는 경우가 많습니다.

골프의 룰을 제정하는 미 USGA에 따르면 홀 컵의 위치를 다음과 같이 정하도록 4가지를 권고했습니다.

① 가급적 편평한 지면에 만들 것.(as level as possible with a uniform grade)

② 그린 경계로부터 최소 4-5 페이스(pace)의 간격을 유지할 것.(페이스: '한걸음'의 거리를 표현할 때 쓰는 단어, 대략 76.2센티미터로 환산. 4-5페이스는 대략 3-4미터)

③ 18홀의 홀 컵 위치는 한 지역에 편중됨이 없이 전, 후, 좌, 우, 중앙을 적절하게 배합할 것.

④ 홀 컵 주위에서 공의 속도가 빨라질 우려가 있는 까다로운 위치나 경사가 급격한 위치는 피할 것입니다.

이런 기준으로 코스관리자는 홀 컵 위치를 매일 바꿔가며 사용해야 하는데, 이는 골퍼들이 그린 위에서 가장 많이 머무는 홀 컵 주위의 잔디가 손상에서 회복할 시간을 주기 위함입니다.

잘 설계된 그린은 위의 4가지 기준을 충족하는 홀 컵의 위치가 그린의 전방, 중앙, 후방에 각각 6개 이상 있어서 총 18개 이상의 홀 컵을 돌아가며 쓸 수 있게 해야 합니다.

그런데 실제 필드에서는 설계나 시공의 오류로 이 숫자가 터무니없이 적은 경우가 많고, 이런 경우는 어쩔 수 없이 경사면에 홀 컵을 만들게 되어 불합리하게 홀 컵 주위의 숏 퍼트 난이도가 증가하게 되는데, 홀 컵 주위에서 퍼팅 한 공이 급격하게 휘거나 속도가 비정상적으로 가감(加減)되는 경우가 이에 해당됩니다.

설계와 시공 상의 실수를 골프장 측에서 수정하는 방법은 잘못된 부분을 뜯어고치는 방법이 유일하고, 사업주의 입장에서는 쉽지 않은 결정일 수 있지만, USGA에서 권고한 기준을 잘 이해하고 18홀 코스의 홀 컵 위치만이라도 다양하게 난이도를 조정하여 세팅한다면 수준 높은 서비스를 제공할 수 있을 것입니다.

앨리슨의 벙커

1903년 일본 최초의 골프장인 고베 골프클럽이 설립된 이후 1930년 12월 1일에 영국 출신의 세계적인 코스 설계가인 찰스 휴 앨리슨(C.H. Alison)이 일본에 초청됩니다.

지금까지도 2,000개가 훌쩍 넘는 일본의 코스 중 미 골프매거진의 세계 100대 코스 순위에 오른 곳은 단 두 곳인데, 두 곳 모두 앨리슨의 손에 의해 1930년대에 탄생한 곳입니다.

고베 근교의 히로노(39위)와 시즈오카에 위치한 카와나 호텔의 후지코스(56위)가 바로 그곳이며, 이 외에도 앨리슨의 설계가 구현된 곳은 2020 도쿄 올림픽의 골프경기장인 카즈미가세키 컨트리클럽의 동 코스입니다.

앨리슨은 개장한 지 2년도 채 안 되는 코스를 탈바꿈 시켰는데, 그의 비결은 벙커였고, '앨리슨의 벙커'라고 불린 거대하고 위협적인 벙커는 코스의 난이도와 변별력을 높였고, 이 때 그와 함께 설계에 참여했던 일본인 기술자들은 훗날 일본 코스 설계의 대가가 되었습니다.

카즈미가세키 컨트리클럽은 올림픽 개최가 결정된 후 2014년에 미국의 세계적인 설계가 톰 파지오를 초청하여 이스트 코스를 개조했는데, 2차 세계대전 후 코스관리를 쉽게 하기 위해 그린을 두개로 나누어 번갈아 사용하던 오랜 관리방식을 과감히 버리고, 앨리슨이 최초 설계했던 한 개의 그린으로 복원했습니다.

PGA투어 선수들의 기량을 테스트할 수 있도록 전장을 7,500야드로 늘렸고 페어웨이 벙커의 위치도 변경하여 난이도를 높였으며, 그린은 난지(煖地)형 잔디에서 한지(寒地)형 잔디인 벤트그래스로 변경하여 그린의 스피드를 향상시켰습니다.

브라질 리우 올림픽에서 112년 만에 정식종목으로 재개된 골프는 올림픽을 위해 신설된 코스에서 열렸고, 미국의 길 핸스(Gil Hanse)가 설계한 올림픽 골프코스(Campo Olimpico de Golfe)는 리우데자네이루 도시 외곽의 해안 자연보호구역에 세워졌으며, 올림픽 이후에는 대중제 골프장으로 활용되고 있습니다.

골프와 사상의학

조선 후기의 한의학자 이제마는 사상의학 이론을 통해 사람을 크게 네 가지 체질로 나누고, 각자의 특성에 따라 효과적으로 병을 치료하는 방법을 정립했는데, 체질에 따라 장기의 기능, 타고난 성향과 재주, 몸의 형태와 얼굴의 모양 등이 다르기 때문에, '그 차이를 이해하면 건강한 삶을 살기 위한 최선의 환경을 만들 수 있다'는 것입니다.

코스에도 체질이 있는데, 사상의학과 마찬가지로 골격과 생김새에 따른 코스공략법이 있어 이를 잘 이해하고, 그에 맞는 준비와 실천을 할수록 실수를 줄이고 성공 확률을 높일 수 있으며, 평소 골프가 잘 되지 않아 마음의 병을 얻은 사람들에게는 특효 처방이 될 수도 있을 것입니다.

사람의 체형과 얼굴 생김새를 잘 관찰하면 그의 성격과 행동을 예상해 대처할 수 있듯이, 골프장도 홀의 생김새와 성격에 따라 공략 방법이 달라져야 합니다.

골프에는 다섯 가지 특이 체질과 두 가지 일반 체질이 있는데, 벌칙, 영웅, 우회, 레이업과 오픈이며, 골프가 시작된 영국과 미국의 코스 설계가들이 수 세기에 걸쳐 정립해 온 이론입니다.

① 벌칙형(Penal)

그린까지 전진하기 위해서는 페널티 구역(해저드)을 넘기는 방법 외에는 다른 선택권이 없는 홀로 초보자들에게는 다소 가혹한 홀일 수도 있으나, 완벽하게 맞은 샷이 해저드를 넘어 그린에 안착했을 때의 희열을 느낄 수 있는 특별한 홀이기도 합니다.

골퍼라면 한 번쯤 꼭 도전하고 싶은 미국 플로리다 주의 TPC 소우그래스 17번 홀이 벌칙형 홀의 대표적 사례이고, 아일랜드 그린이라 불리는 이곳은 한번 보면 잊혀 지지 않는 시그니처 홀이기도 합니다.

② 영웅형(Heroic)

플레이 방향에 사선으로 놓여 있는 해저드를 넘겨, 더 멀리 건너 칠수록 그린까지의 거리가 짧아지는 홀로 여기서는 티 샷의 거리뿐 아니라 방향도 중요합니다.

거리가 짧거나 방향이 틀어져 해저드에 빠져 벌 타를 먹게 되는 경우도 있지만, 반대로 너무 안전하게 공략하다가 잘 맞은 티샷이 페어웨이 너머 러프나 벙커 또는 아웃오브바운드 지역에 빠질 수도 있는 까다로운 성향을 갖고 있고, 남해 사우스케이프 오너스 클럽의 15번 홀이 국내에서 찾아볼 수 있는 대표적인 영웅(히어로)익 홀입니다.

③ 우회형(Detour)

우회형 홀은 플레이 지역 중앙에 벙커와 같은 해저드가 있고, 바로 이 해저드가 그린까지 짧은 직선 방향의 공략루트와 긴 우회로를 명확히 구분합니다.

장타자라면 짧은 루트를 택해서 그린공략 시 유리한 고지를 점령할 수 있는 반면, 안전하게 돌아가는 루트를 선택하면 그린까지 남은 거리가 길어지게 되는데, 스코틀랜드에 위치한 세계 100대 코스인 킹스반스 골프링스 6번 홀이 좋은 사례입니다.

④ 레이업(Lay-up)

해저드가 가로막고 있는 그린이나 페어웨이를 직접 공략하는 대신 그 앞의 넓은 공간에 다음 샷을 치기 편한 위치로 공을 짧게 보내야 하는 홀인데, 주로 설계자들이 짧은 파4나 파5 홀에서 그린 공략을 어렵게 하는 방법입니다.

레이업 홀은 벌칙형 홀과 비슷한 골격이지만 한 가지 크게 다른 점이 있다면, 둘 다 그린까지 가는 길에 넘겨야 하는 해저드가 있으나 레이업 홀의 경우 해저드 직전의 페어웨이로 공을 보내 리스크를 줄일 수 있는 옵션이 있습니다.

반면에 벌칙형 홀은 모 아니면 도, 무조건 해저드를 넘겨 그린을 공략해야 하고, 국내에도 레이업 홀의 대표적 사례가 제주도에 있으며, 파5 홀에서 세컨 샷을 레이업 하여 안전하게 그린을 공략할 수 있는 클럽 나인브릿지의 18번 홀이 그곳입니다

⑤ 오픈형(Open)

티잉 그라운드에서 그린까지 아웃 오브 바운드를 제외한 특별한 해저드가 없는 홀로, 정확히 똑바로 치기만 하면 그린 공략에 어려움이 없는 홀이라서 상급자들에게는 지루하게 느껴질 수도 있습니다.

과거에는 이런 유형을 '프리웨이 스타일'이라고 부르기도 했는데, 국내에는 1960, 1970년대에 건설된 코스들에서 이런 유형을 심심찮게 발견할 수 있으나 오픈형 홀도 충분히 재미있고 도전할 가치가 있다는 걸 보여주는 곳이 있습니다.

바로 600여 년 전 골프가 시작된 세인트 앤드류스 올드코스의 18번 홀로, 챔피언십 티에서 357야드 밖에 되지 않는 이 홀은 그린 앞에 도사리고 있는 죄악의 골짜기(Valley of sin)라 불리는 페어웨이 굴곡이 있어 절대로 만만히 볼 수 없습니다.

2015년 디 오픈에서 우승한 타이거 우즈는 밸리 오브 신을 피하기 위해 의도적으로 18번 홀 그린 왼쪽에 있는 1번 홀 티잉 그라운드 방향을 3번 우드로 공략하는 전략을 택하기도 했습니다.

위 다섯 가지 특이 체질 외에 나머지 일반 체질은 첫 번째, 좌측이나 우측으로 휘어진 도그레그(Dog Leg)홀과 두 번째, 티잉 그라운드부터 그린까지 일직선으로 전개되는 홀 중 특이 체질과는 다른 홀들이 있습니다.

이런 일반 체질들은 따로 분류하여 정의하기보다 실전에서 임상 실험을 통한 다양한 대처법이 필요하고, 이를 바탕으로 나만의 임상일지를 축적해야 합니다.

새로운 골프장에 가는 것은 새로운 사람을 만나는 경험과 같고, 18홀을 도는 것은 한 사람을 18번 다른 장소에서 마주치는 것으로 비유될 수 있습니다.

잘 가꿔지고 안정된 첫 인상이 마지막까지 일관되게 유지되면서도 가끔씩 기억에 남는 재미와 특색이 있어 다시 만나고 싶은 코스가 있는가 하면, 만날 때마다 시종일관 같은 모습에 하품이 나올 정도로 지루한 곳도 있습니다.

처음부터 끝까지 롤러코스터를 타는 듯, 오르막 내리막의 기복이 심하고 난이도가 높아 긴장해야 하지만, 짜릿한 쾌감을 느끼게 하는 팔색조와 같은 매력이 있는 곳이 있는 반면, 중구난방으로 남과의 차별화만을 추구하다 개성 없이 난잡하기만 한 곳도 있습니다.

골프의 황제 아놀드 파머는 '신이 창조한 자연 환경이 90퍼센트를 차지하고, 그 위에 인간의 손으로 10퍼센트를 더해서 탄생하는 것이 골프장이다'라고 했습니다.

코스를 선택하고 플레이함에 있어 자연 환경과 설계자의 의도가 만들어 내는 다섯 가지 특이 체질을 잘 이해하고 대처할 수 있다면, 실수를 줄이고 성공 확률을 높이는 현명한 골퍼가 될 수 있을 것입니다.

골프코스 리노베이션

잔디교체는 퍼포먼스와 미관 향상뿐만 아니라 환경적 이점도 있고, 묘포장은 코스와 그린(홀 주변 퍼트를 하기 위한 잔디밭)이 손상되면 바로 보수하기 위해 골프장 자체적으로 잔디를 키우는 필수시설입니다.

골프코스 리노베이션(환경개선)은 종종 미묘해 누가 봐도 문제가 있어 보여 시작되기도 하지만, 전혀 문제가 없어 보이는 코스가 갑자기 리노베이션에 돌입하기도 합니다.

리노베이션 시기는 코스관리자나 코스설계가와 같은 전문가의 눈에만 정확하게 보이는데, 골프장 오너조차 코스 리노베이션을 언제 하게 되는지 약간의 경험을 제외하면 일반 골퍼의 시각과 다르지 않을 것입니다.

전문가가 말하는 리노베이션의 적정 시기와 우선순위에 대해 링스매거진이 각지의 저명한 코스설계가들의 견해와 사례를 모았다는데, 리스 존스도 주로 '관개 및 배수 설비가 리노베이션의 시발점이 된다.'는데 동의합니다.

2019년 미국 플로리다주 팜비치가든에 있는 밸런아이슬스 사우스코스를 리노베이션 할 때를 회고하면서 "변화를 이끄는 것은 농경학이다. 관개 및 배수가 이런 프로젝트의 대부분을 주도 한다"고 말했습니다.

관개 · 배수설비에 손을 대는 시점부터 존스는 리모델링 작업을 조정해 호수를 그린 전면에서 측면으로 이동하고 특정 벙커를 재배치하면서 벙커 전체에 라이너를 설치했고, 또 새로운 그라운드 게임 옵션 제공을 위해 그린을 낮췄습니다.

골퍼가 볼 수 있는 코스 구성요소 중 새 단장으로 가장 눈에 띄는 것은 보통 벙커, 잔디, 나무, 그린이고, 톰 파지오는 이러한 리노베이션이 '경기성과 퍼포먼스 뿐만 아니라 단순히 경쟁에 뒤처지지 않기 위해 필요하다'는 것을 인정합니다.

플로리다에 있는 파지오의 홈 코스인 주피터힐스의 그린은 이제 막 50살이 됐으며, 4번째 잔디 재식재가 진행 중인데, 파지오는 잔디에 자연적인 수명주기가 있을 뿐만 아니라, 다른 종류의 잔디가 이전 잔디를 대체하는 것이든 원래 잔디의 더 나은 버전을 사용하는 것이든 리노베이션을 따라야 한다는 점을 인정합니다.

노스캐롤라이나주 파인허스트에 있는 포레스트크릭 노스코스에서 그는 벤트그래스 그린을 챔피언 버뮤다그래스로 전환해 연중 컨디션을 개선했습니다.

파지오는 "많은 사람들이 이 클럽을 주거지로 사용하고 있어 상대적으로 여름 이용율이 높다"며, "챔피언 버뮤다그래스는 더 높은 온도에서 벤트그래스 보다 훨씬 더 잘 견딘다."고 설명했습니다.

잔디 교체는 퍼포먼스와 미관이 향상될 뿐만 아니라 경우에 따라 환경적 이점도 있고, 특히 미국 서부는 물 소비가 중요 관심사이므로 잔디를 바꾸는 것이 엄청나게 긍정적 영향을 미칠 수 있습니다.

2016년 캘리포니아주 카멜에 위치한 프리저브GC에서 파지오는 페어웨이 잔디를 벤트그래스에서 산타애너 하이브리드 버뮤다그래스로 교체했으며, 새 페어웨이는 더 단단하고 빠르며 일관성 있는 경기성을 보여 줬고, 관수 요구도 크게 낮아져 골프장이 연 1억 3,250만 리터의 물을 절약할 수 있었는바, 파지오에 따르면 이는 잔디 관수량을 절반정도 줄인 것입니다.

보비 위드는 리노베이션 우선순위에 대한 일반적 견해와 일치하지만, 현대적 관심사인 '책임 문제'에 대해서도 고개를 끄덕이며, "관개와 배수가 모든 것 위에 있고 잔디, 그린, 벙커, 나무가 그 뒤를 잇는다."며, "책임 문제는 문제의 홀을 수정해야 하는 것으로, 점점 더 커지고 있는 사안"이라고 말했습니다.

그가 플로리다 폰테베드라인앤클럽 오션코스를 전면 리노베이션 한 지 22년만인 2020년에 다시 리노베이션을 맡았을 때, 위드는 '워밍업 구역'에 불과했던 연습장을 넓히고 여기에 인접해 있던 10번 홀을 없앴습니다.

그 홀은 연습장에서 빗나간 볼이 페어웨이에 흩어져 있는 골칫거리였으며, 당연히 골퍼를 위험에 빠뜨리고 있었고, 위드는 기존 13번 홀과 14번 홀 사이에 새로운 파3홀 자리를 찾아 홀수를 맞췄으며, 코스는 파72에서 71로 변경되고 문제는 해결됐습니다.

유타주 세인트조지 엔트라다앳스노우캐니언CC에서 회원들은 판도라 상자를 열게 됐고, 데이비드 맥레이 키드는 "티핑 포인트였다는 것은 무언가 실패하고 있다는 것이었다."고 말했습니다.

키드에 따르면 보통 관개시스템 문제에서 출발하듯, 이 코스도 이에 해당하는 케이스였고, 코스를 잘 살펴본 결과 그 어떤 이유로 실현되지 못했던 거대한 잠재력을 볼 수 있었습니다.

그는 "멤버십을 중단시키고 싶진 않았으나, 우리가 회원들을 만났을 때 그들이 클럽을 사랑하면서도 코스를 충분히 즐기지 못하고 있다는 것을 알게 됐다"고 말했습니다.

엔트라다 오리지널 설계는 토착 러프와 용암 바위로 묶인 좁은 페어웨이를 갖고 있어 까다로운 샷을 너무 많이 요구했는데, 키드에 따르면 코스는 너무 어려웠고, 회원들은 라운드 당 평균 6개의 볼을 잃었으며, 대부분의 그린이 솟아올라 있었고, 그린 주변에 배수구멍이 둘러싸고 있는데다 러프의 라이 그래스는 5cm나 자라 있었습니다.

키드와 그의 팀은 더 넓은 페어웨이 회랑을 만들고, 일부 벙커를 제거하며, 잔디를 식재하고, 그린 고도를 주변 환경 수준으로 낮췄으며, 지난해 11월 코스가 재 오픈 했을 때 어프로치를 실수한 사람은 플롭, 칩, 퍼트, 범프앤런 중 하나의 샷을 선택할 수 있게 됐습니다.

키드는 "엔트라다는 완전히 새로운 코스가 됐다"며 "큰 대가를 치르고 1년간 코스가 문을 닫았지만 큰 상을 들고 다시 등장했다"고 말했습니다.

이상 글은 "골프코스 리노베이션"(골프산업신문 2022. 4. 6)을 참조하였습니다.

코스개발 관리

2020. 8. 20. 골프산업신문 보도에 따르면, 종합부동산기업인 골든게이트에셋은 세계적인 코스를 개발하고 관리하기 위해 '제이엠골프어드바이저(JM Golf Advisor, 이하 JMGA)'를 출범, 8월부터 본격 서비스를 시작한다고 합니다.

JMGA는 신규 코스 조성 프로젝트 및 기존 코스 리노베이션 등 골프장 개발과 관련된 종합적인 맞춤 서비스를 제공하는 업체입니다.

JMGA는 앞으로 유명 코스설계가 7명과 함께 한국 지형의 아름다움을 그대로 살리면서 프로선수와 아마추어가 모두 만족하는 명품 코스를 만들 계획이며, 코스 인허가, 타당성 조사, 코스설계, 시공, 잔디관리 등 새 골프장을 만들기 위한 과정에 필요한 일체 서비스를 합니다.

명문 코스의 기준으로 많이 언급되는 세계 100대 코스 선정기준을 보면 ▲ 14개 클럽을 모두 사용해 다채로운 샷을 요구하는 샷 밸류, ▲ 다양한 코스 난이도, ▲ 주변 지형과 조화를 이루는 디자인 밸런스, ▲ 시간이 흘러도 기억에 남는 코스 기억성, ▲ 코스관리를 포함하는 심미성, ▲ 전통성, ▲ 걷기를 중요시하는 도보 골프코스 등입니다.

아직 국내에선 이러한 기준을 충족하는 세계 100대 코스 급 골프장이 많지 않으나, JMGA는 이번에 협약을 맺은 7명의 코스설계가들과 함께 전 세계에 알려질 대한민국의 명문 코스를 개발하는 것을 목표로 하고 있습니다.

특히 코스 개발에서 가장 중요한 설계를 위해 세계적인 코스를 설계한 유명 코스 설계가 7명과 업무협약을 맺었는데, Jim Engh, Caspar Bay Grauballe, Jeff Lawrence, Paul Albanese & Chris Lutzke, Schmidt-Curley, Tim Lobb, Todd Eckenrode 등으로 유럽과 미국에서 맹활약하며 코스설계의 '라이징 스타'로 불립니다.

짐 앵은 2003년 골프다이제스트 올해의 코스설계가와 골프매거진 선정 2000년대 가장 주목해야 할 설계가 중 한명으로 레드랜드메사, 블랙록CC 등 미국 100대 코스에 선정된 코스를 설계했고, 국내에선 장수골프리조트와 사우스링스영암 짐앵 코스를 설계한 것입니다.

슈미트-컬리는 발리하이, 미션힐스블랙스톤코스, 스톤포레스트인터내셔널, 아마타스프링, 시암CC 등 25개 국가 125개 이상 코스의 계획, 설계, 건설에 참여했습니다.

캐스파는 스코틀랜드 새로운 링스코스에서 저예산 업그레이드까지 다양한 프로젝트 경험이 있으며 트럼프 인터내셔널, 로열애버딘 등 세계적인 코스를 설계했습니다.

제프 로렌스는 30년 이상 잭 니클라우스, 톰 파지오, 개리 플레이어 등 우리 시대 가장 위대한 골프 코스 건축가들과 협력해 일해 본 특별한 행운의 기회를 가진 설계자로 그의 프로젝트는 많은 찬사를 받아왔습니다.

폴 알바니스는 코넬대학에서 환경과 농업공학을 전공했고 하버드에서는 조경건축학으로 석사학위를 받았으며, 미국의 촉망받는 코스 설계자이면서 스코틀랜드 에든버러 예술대학 교수로도 활동하고 있습니다.

팀롭은 영국 런던과 캐나다 휘슬러에 본사를 두고 거의 모든 지형과 환경에 대한 연구를 해 왔고, 25년 이상 새로운 골프장을 설계하고 전 세계 다수의 코스 리노베이션에 참여했습니다.

토드는 모든 기술 수준에서 코스를 디자인하는데 있어 어떤 것이 필요한지에 대한 독특하고 경이로운 관점을 갖고 있습니다.

JMGA 박노헌 대표는 "세계적 명성의 코스설계가들과 골프장 운영 및 잔디 관리에 유명한 슈퍼 인텐던트, 골프장의 아름다운 조경을 설계하는 세계 최고의 조경설계가, 골프장의 전략적 가치를 더 빛나게 하는 일급 조형 기술자인 골프코스 쉐이퍼까지 모두 협약을 맺고 세계적 명품 코스를 만들 준비를 완벽하게 하고 있다"고 합니다.

박 대표는 오크밸리를 시작으로 롯데 스카이힐, 아덴힐제주, 레이크힐스 순천, 마에스트로, 금강센테리움 등 국내 15개 이상의 골프코스 조성공사에 참여한바 있습니다.

골프를 할 때 '이번 홀은 조금 전에 플레이했던 홀과 비슷하다' 또는 '다른 골프코스와 별반 다를 게 없다'고 느낄 때가 종종 있으며, JMGA는 누가 와서 보더라도 그 골프장만의 특색이 명확하게 느껴지고, 다시 한 번 찾고 싶은 명품 골프장을 만드는데 앞장서겠다고 합니다.

또 JMGA는 골프장 설계, 시공, 잔디관리에 그치지 않고 전 세계 37개국 300개 이상의 골프장을 운영하는 세계 최고의 골프장 매니지먼트사인 트룬(TROON)과도 업무제휴를 맺고, 다양한 매니지먼트 서비스를 선보일 계획입니다.

한편 2월부터 본격화된 코로나19 사태로 해외 골프여행이 어려워지자 국내 골프 수요가 폭증하면서 국내 골프장 시장은 예상치 못한 호황이 이어지고 있으나, JMGA는 앞으로 코로나19가 진정되고 해외 출국이 시작되면 제대로 관리되지 못하는 골프장은 그 사이 눈높이가 올라간 골퍼들에게 외면당하게 될 것으로 분석하고 있습니다.

따라서 새로운 국면을 맞이한 국내 골프장 환경에서 경쟁력을 갖추기 위해 리모델링이나 리노베이션이 필요한 시기로 보고 있습니다.

4 골프장 잔디

드넓은 필드에 펼쳐진 잔디야말로 전형적인 골프장의 풍경이며, 잔디의 품질과 상태는 골프장을 평가하는 중요한 기준이고, 또한, 잔디 상태를 살피고 그에 따라 라운드를 하는 건 뛰어난 골퍼가 되기 위한 통과 의례 중 하나로 꼽힙니다.

골프에서 절대 빼놓을 수 없는 존재로, 잔디는 티 박스(초타 구역), 페어웨이(잔디밭 구역), 러프(황무지 구역), 그린(종료 구역)에 주로 사용되는 잔디가 서로 다른

데, 우리나라 각처의 양지바른 산과 들에 나는 여러해살이풀로 높이 10~20cm이며, 땅 위를 기는줄기는 단단하고, 마디가 많으며 잎은 편평합니다.

잔디는 발생 기원지와 생육 특성에 따라 한지형 잔디(일명 양잔디)와 난지형 잔디로 나눌 수 있는데, 난지형 잔디는 지상부 생장 적정온도가 27~35℃이며, 한지형 잔디는 상대적으로 낮은 15~24℃에서 왕성한 지상부 생장이 이루어집니다.

꽃은 7~8월에 피며 8월에 열매를 맺고, 정원, 골프장용, 산지, 제방 등에 쓰입니다.

잔디는 화본과에 속하는 다년생 초종(草種)이며 우리나라에서 주로 재배되는 잔디들은 난지형 잔디로 대부분 답압(踏壓)에 강하고 병충해가 없으며 공해에도 잘 견디는데, 꽃은 5월쯤 여러 송이가 줄기 끝에 모여 길이 3"5cm 이상을 이루며 꽃밥은 1.5mm 정도입니다.

서양에서 주로 재배되는 한지형 잔디들은 유전적인 환경적 특성 때문에 우리나라에서 질 좋은 잔디밭을 유지하려면 집약적인 시비(施肥), 관수(灌水), 시약(施藥) 등의 관리가 필요합니다.

현재 대한민국 골프장에서 쓰이는 잔디는 크게 '조선 잔디(한국 잔디 혹은 난지형 잔디)'와 '양잔디(한지형 잔디)'로 구분할 수 있고, 보통 골퍼들은 조선 잔디와 양잔디 정도로만 구분하는 경우가 많습니다.

조선 잔디와 양잔디를 구분하는 가장 쉬운 방법은 모양을 살펴보는 것인데, 조선 잔디는 다소 길게 깎는 경향이 있어 양잔디보다 키가 크고, 특유의 거친 모양이 있는 반면에 양잔디는 조선 잔디보다 짧으면서 좀 더 정돈된 모양으로 자랍니다.

조선 잔디와 양잔디는 모양이 다를 뿐만 아니라 다른 장단점을 지녔는데, 조선 잔디는 '조선 잔디'나 '난지형'이라는 이름처럼 한국 기후에 잘 적응하며 특히 덥고 습한 여름 기후에 강하고 뿌리가 억세며 깊어 생명력 또한 더 강하여 밟아도 잘 죽지 않으며, 물도 덜 먹고 병충해도 강하여 유지비도 양잔디 보다 저렴합니다.

다만 기온이 낮아지면 파릇파릇함을 잃고 노랗게 변하여 가을만 되어도 보기 좋지 않게 되며, 겨울이 되면 노랗게 말라붙게 되는데, 특유의 뻣뻣하고 거친 생김 때문에 파릇파릇한 계절에도 양잔디보다 미적으로 떨어진다는 평가도 많습니다.

양잔디는 먼저 보기 좋다는 게 큰 강점이고, 조경으로 따지면 크고 뻣뻣하고 거친 조선 잔디보다 짧고 정돈된 양잔디 쪽의 평이 좋습니다.

'한지형(寒地型)'이라는 이름처럼 추위에 강해 겨울에도 파릇파릇함을 간직한다는 것 또한 큰 강점이고 덕분에 연중 생육이 활발한 편이며 다소 피해를 보아도 피해 복구 기간이 짧다는 것 역시 장점이라서, 이런 장점들 덕분에 고급 골프장을 중심으로 양잔디를 택하는 곳이 늘어나는 추세이지만 단점도 적지 않습니다.

무엇보다 겨울에는 강하지만, 여름에는 약하고, 기온이 지나치게 높아지면 까맣게 타들어 가며, 뿌리가 얕아 폭우가 내리면 잘 쓸려 내려갑니다.

'폭우 후 더위'를 만나기라도 하면 뿌리에 머금은 수분이 고열에 반응해 타 죽는 이중고를 겪는데, 가뜩이나 여름이 덥고 습한 한반도 기후에 지구온난화로 폭염과 폭우가 점점 잦아지는 대한민국 기후를 고려하면 '여름에 약하다'라는 건 상당히 큰 단점일 수밖에 없고, 또한, 병충해에도 약하고 물을 많이 소비하며, 관리비용도 조선 잔디에 비해 비쌉니다.

잔디 종류

[네이버 지식백과] (두산백과 두피디아, 두산백과) 자료에 의하면 잔디로 사용되는 초종(草種)은 관습적으로 크게 2군(群)으로 구분하는데, 옛날부터 한국 · 중국 · 일본 등 동북아시아에서 잔디로 사용되어오던 한국잔디(조선잔디, Zoysia속)와, 최근 한국에서도 사용하기 시작한 서양잔디(양잔디)로 구분합니다.

품종과 종의 구분이 불분명하며 세계적으로 가장 많이 쓰이고 있는 품종 및 종으로는 한국, 중국과 일본에서 야생형 그대로 쓰이고 있는 들잔디 일반형(Common Zoysiagrass), 미국에서 육종되어 매우 우수한 잔디로 인식되어 있는 마이어

(Meyer) 조이시아그래스와 우리나라의 남부지방, 일본, 미국의 남부 지방의 금잔디(Zoysia matrella) 등을 들 수 있습니다.

그러나 국내에서는 최근 들잔디와 갯잔디의 중간적인 성질을 가진 중엽잔디류가 많은 관심의 대상이 되고 있으며, 최근 미국에서 육종된 종자형 중엽 한국잔디류의 이용이 확대되고 있는 경향입니다.

한국잔디는 시공 후에는 수시로 관수(灌水)하여 뿌리의 활착을 도와야 하나, 안정되면 가물 때 주1회 정. 관수하며 대부분 자연 강우에 의존합니다.

늦가을에 시공한 잔디는 겨울철에 얼고 녹음을 반복하여 토양에서 분리된 상태로 봄을 맞이하므로, 이른 봄 관수를 필히 실시하여 봄바람에 말라 고사하지 않도록 주의하여야 합니다.

한국 잔디류의 시비(施肥)로는 시비 적기와 시비량은 잔디의 생육 상태, 토질, 잡초의 양에 따라 결정되며, 엽토 등의 지효성 비료와 속효성 복합비료를 1m2당 15g~30g을 년 3~4회 살포합니다.

살포시 너무 더운 날은 피하여야 비해(萉觧)를 막을 수 있고, 비료살포 후 관수를 잘하여 잎에 묻은 비료를 씻어내 주어야 하며, 비료살포를 적게 하면 생육이 왕성하지 못하지만, 과도한 비료살포는 나약한 잔디밭이 되기 쉽고 초를 자주하여야 하며, 잔디와 함께 잡초의 생육도 좋아져 잡초 관리에 어려움이 있는 등 부작용에 주의하여야 합니다.

서양 잔디(한지형(寒地型) 잔디)

한지형 잔디에는 벤트그래스(Bentgrass), 페스큐(Fescue), 블루글래스(Bluegrass), 라이그래스(Ryegrass)가 있으며, 우리나라는 그린에 100% 벤트그래스를 이용한다고 하며, 질감이 섬세하고 낮은 깎기가 가능한 품종이 그린의 빠른 스피드를 낼 수 있고, 잔디를 짧게 깎는 것은 모든 잔디에게 스트레스를 유발합니다.

크리핑 벤트그래스는 유전적 깎기 한계 높이가 낮아 좋은 퍼팅 퀄리티와 그린 스피드를 낼 수 있어 그린에 사용하기 적합한 잔디입니다.

지역별로 한지형 잔디 조성된 현황을 살펴보면 제주지역의 골프장은 100% 한지형으로 조성되어 있었는데. 1980년도 당시에 유행한 병해에 저항성인 한지형 잔디로 교체하게 된 것이 첫 번째 이유이고, 다음으로 연중 녹색의 코스를 유지하여 겨울 골퍼를 유치하기 위한 방안으로 택한 것으로 보입니다.

① 켄터키 블루그래스(Kentucky Bluegrass), 왕포아풀(Poa pratensis)

세계에서 가장 광범위한 용도로 쓰이는 잔디 중 하나입니다. 고온 건조에 아주 약한 편이나 우리나라 장마기 같은 다습 조건에서는 좋은 상태를 유지할 수 있다고 하는데, 서늘한 기후에서는 최상의 잔디 질을 유지할 수 있는 잔디입니다. 축구 경기장에도 이용되고, 주로 티 박스와 페어웨이에서 볼 수 있습니다.

켄터키블루그래스가 페어웨이에서 사용될 때, 디 봇이 발생하긴 하지만 부스러지거나 크기가 작게 생깁니다. 줄기가 땅속에 있어 잔디 윗부분 줄기만 떨어져 나가기 때문인데, 디 봇 자국이 크게 발생했다면 다른 잔디가 심어져 있다는 것입니다.

서양 각국의 정원이나 공원의 잔디밭을 이루는 대표적인 품종이며, 한국에서는 농가의 담 밑이나 개울가의 습지에서 자생하고, 한지형(寒地型) 잔디로 더울 때는 잘 자라지 못하고 병이 많이 발생하며, 서늘할 때 잘 자랍니다. 불완전포복형으로 잎의 나비는 3~4mm이고, 높이는 30~50cm로 자라는데, 출수 개화하면 80cm에 달하고 건조 · 보리밟기 · 병충해에 약합니다.

② 퍼레니얼 라이그래스(Perennial ryegrass)

내마모성이 우수하여 빈번히 사용되는 종입니다. 켄터키블루그라스와 혼합되어 보완적인 역할을 하는 경우가 많고 난지형 잔디의 휴면기 중 덧 파종용으로도 많이 사용된다고 하나, 우리나라의 고온 다습한 기후 조건에서는 매우 약하여 국내에서는 매우 위험한 초종이라고 합니다.

한지형 잔디로 서늘할 때 잘 자라고 기는 줄기가 없이 위로 자라고, 건조한 토양에서 비교적 잘 자라며 그늘에서도 비교적 잘 견디는 편입니다.

③ 크리핑 벤트그래스(Creeping Bentgrass)

크리핑 벤트그래스는 모든 잔디의 종류 중에서 관리가 가장 까다로운 잔디 중의 하나로 가장 낮게 깎을 수 있고 밀도가 높은 잔디입니다. 잎 폭이 좁고 생육 속도도 매우 빠른 편이어서 회복력도 높으나 고온 다습한 환경에서는 잘 자라지 못하고 병에 걸릴 위험성이 매우 높다고 하며, 주로 그린에서 볼 수 있습니다.

잔디 중에서 가장 품질이 좋은 잔디로 골프장에 이용되는 품종이며, 한지형으로 서늘할 때에 생육이 왕성하여 한국에서는 3~12월의 10개월 간 푸른 상태를 유지합니다. 불완전포복형으로 잎은 나비 2~3mm이나, 잎의 길이가 20~30cm이며 출수 개화하면 높이가 50~60cm로 자라고, 보리밟기에 약하지만 재생력이 강해서 보리밟기에 의한 피해는 크지 않고 병충해에 가장 약합니다.

④ 톨 페스큐(Tall Fescue)

거친 잎을 가진 잔디로 척박한 환경에서 견디는 능력이 높은 종입니다. 뿌리가 깊게 분포하고 비교적 낮은 관리의 조건에서 재배가 가능하여 국내의 고온기를 제외하고는 비교적 양호한 상태를 유지한다고 하며, 주로 러프에서 사용합니다.

⑤ 파인 페스큐(Fine Fescue)

비교적 건조하고 척박한 토양과 그늘이 많은 지역에서 주로 쓰이는 종입니다. 홀로 쓰이는 것보다 다른 잔디와 혼용해서 많이 사용되는데, 난지형 잔디의 휴면기 중에 덧 파종용으로 사용되어 잔디의 밀도를 유지하기 쉽게 만드는 잔디입니다.

러프에 머리카락처럼 보이는 잔디가 파인 페스큐라고 할 수 있습니다. 이 잔디는 줄기로 번식하는 대신 포기로 번식하여 뿌리를 깊게 내리기 때문에 강한 잔디 포기에 채가 걸려 빠지기가 쉽지 않습니다. 이런 경우 풀스윙을 하는 것 보다는 짧게 찍어서 탈출하는 것이 요령이라고 합니다.

김의털 · 들묵새 등의 명칭으로 한국에 많이 자생하고 있으나 잔디로는 사용하지 않았고, 내한성은 강하나 여름에 하고현상(夏枯現象)이 심하고 병이 많습니다.

한국 잔디(난지형(暖地型) 잔디)

난지형 잔디로 한국 잔디류(Zoysia Grass)인데, 버뮤다그래스(Bermuda Grass), 버팔로그래스(Buffalo Grass), 바하아그래스(Baha Grass), 센티피트그래스(Centipede Grass), 세인트오거스틴그래스(St. Augustin Grass)가 난지형 잔디입니다.

① 한국잔디류(Zoysiagrass)

장기적인 기후 안전성 및 자생력을 포함하여 판단했을 때 우리나라의 기후에 가장 적절한 잔디입니다. 내마모성이 모든 잔디 중 가장 우수하다는 큰 장점을 가지고 있으나, 조성속도와 생육 속도가 늦다는 단점을 갖고 있다고 하며, 그리고 15℃ 이하로 떨어지면 휴면에 들어간다고 합니다.

늦가을이나 초봄이 되면 한국 잔디는 휴면기에 들어가 누렇게 변합니다. 휴면은 잔디의 입장에서는 생존을 위한 중요한 일입니다. 잔디는 생육에 한계가 되는 온도 조건과 습도 조건에 처하면 불필요한 영양분의 손실을 막기 위해 지상부 잎의 생육을 포기해 죽게 만들고, 중요한 줄기와 뿌리 일부만 생존한 채로 겨울을 납니다.

② 버뮤다그래스(Bermuda Grass)

원산지가 아프리카지역인 이 잔디는 더위와 건조에 매우 강하며 생장 속도도 매우 빠르고, 내마모성도 우수하다고 합니다. 그늘을 제외한 다른 열악한 환경에서의 적응성이 매우 높아 열대와 아열대 지방에서 빈번하게 사용되는데, 주로 러프지역에서 볼 수 있다고 합니다.

줄기가 땅 표면을 따라 뻗어가는 생육 습성을 가진 이 잔디는 높이를 높여 키우면 채가 감겨 잘 빠지지 않는다고 합니다. 억센 러프 지역에서도 사용됩니다.

동해안을 따라 강원 낙산사까지 자생하며, 최근 주목을 받고 있습니다. 온지형 잔디로 5~9월의 약 5개월 간 푸르고 불완전 기는줄기로 잔디 중 기는줄기의 생장이 가장 빠르나 내한성이 약하며, 높이는 15~50cm로 자라므로 자주 깎아 주어야 하고 재생력이 강하고 병충해가 적습니다.

온지성(溫地性) 잔디로 여름에는 잘 자라나 추운 지방에서는 잘 자라지 못하고, 5~9월에 푸른 기간을 유지하며 10~4월의 휴면기간에도 잔디로 사용할 수 있습니다. 완전포복형으로 땅속줄기가 왕성하게 뻗어 옆으로 기는 성질이 강하므로 깎아 주지 않아도 15cm 이하가 유지되며, 보리밟기에 강하고 병충해가 거의 없으며, 환경오염에 강합니다.

잔디는 종류마다 성질도 매우 다르고, 온도와 습도 등에 예민하게 반응하는 아주 섬세한 식물이었습니다.

③ **들잔디**(Zoysia japonica) : 생활력이 강하고, 한국에서 사용하는 잔디의 대부분을 차지하며, 잎의 나비는 4~7mm이고, 높이는 10~20cm로 자랍니다.

④ **금잔디**(Z. tenuifolia) : 잎의 나비는 1mm 이하이고, 높이는 3cm 이하인 매우 고운 잔디로 남해안에서 자생하는데, 추위에 약하므로 경기 지역에서는 월동할 수 없습니다.

⑤ **넓은잎금잔디**(Z. mattrella) : 대전 이남에서 자생하고, 잎의 나비는 1.5~3mm이고, 높이는 4~12cm인 매우 고운 잔디입니다.

⑥ **갯잔디**(Z. sinica) : 경기 서해안에서 자생하고, 고운 잔디이나 줄기가 위로 곧게 서는 성질이 있어 잔디용으로는 부적합합니다.

⑦ **에메랄드잔디**(Z. japonica×tenuifolia) : 들잔디와 금잔디를 교잡해서 만든 제1대 잡종 품종으로 금잔디와 같은 성질과 모양을 가지나 내한성이 강하여 경기 지역에서 월동이 가능합니다.

⑧ **녹세계(綠世界)** : 서울대학 농과대학에서 개발한 품종으로 에메랄드잔디보다 품질이 우수하고 생활력 · 재생력 · 내한성이 훨씬 강합니다.

▶ 잔디 종류와 경기력

조선 잔디와 양잔디는 골프장 입장에서 장단점이 있을 뿐만 아니라 골퍼 입장에서도 장단점이 있는데, 실제로 '잔디의 종류가 무엇이냐'에 따라 경기력에 큰 변수가 될 수 있습니다.

'조선 잔디에 익숙한 골퍼가 양잔디에서 점수가 잘 나오지 않는다.'고 불평하거나 '양잔디에 익숙한 골퍼가 조선 잔디의 거친 느낌이 싫다'고 불평하는 예가 많은 이유입니다.

조선 잔디는 키가 크고 뻣뻣한 만큼 공이 잔디 위에 다소 떠 있는 경우가 많고, 덕분에 쓸어 치는 스윙을 구사하기 편하며, 반대로 양잔디는 키가 작고 부드러워 스핀이 잘 걸리기 때문에 조선 잔디에서는 소위 '백스핀'을 기대하기 어렵고, 양잔디에서는 '뒤땅'이 자주 나오는 등 차이가 큽니다.

과거 대한민국 골프장은 대부분 조선 잔디를 깔았고, 그렇기에 대한민국 골프장에서는 PGA나 LPGA에 자주 나오는 '백스핀'은 기대조차 하지 말라는 말이 나오기도 했지만, 양잔디 골프장이 점점 늘어나면서 이젠 조선 잔디와 양잔디의 미묘한 차이에 대해 신경 쓸 수밖에 없게 되었습니다.

특히 고급 골프장을 중심으로 양잔디의 비중이 점점 높아지는 추세라 '명품 골프장'에서 라운드를 할 생각이라면 양잔디에 대해 알아두는 게 좋을 것입니다.

▶ 양잔디 공략법

양잔디는 '서양 잔디' 또는 '한지형 잔디'라고 불리고 있습니다. 대표적인 특징으로는 잎이 가늘며 부드럽고 밀도가 높습니다.

또한 짧은 잎으로 인해 공이 지면과 거의 맞닿아 있기 때문에 정확한 임팩트가 필요해 초보자에게 굉장히 어려운 잔디인데, 이러한 특성을 고려할 때 양잔디 골프장에서 좋은 샷을 구사하려면 공을 내려치는 스윙, 우리가 흔히 말하는 다운 블로가 돼야 합니다.

그렇지 않고서는 공의 머리통만 때리는 탑핑, 그리고 공 뒤를 때리는 뒤땅이 자주 발생하고 거리도 크게 줄어듭니다.

다운블로를 안 하고 싶어서 안 하는 분들은 없을 텐데 초심자들에게는 너무 무책임한 발언이라고 생각이 되나, 그래도 공을 내려치는 이미지를 계속 가져가려고 노력하다 보면 양잔디 골프장에서 좋은 스코어를 낼 수 있을 거라 생각됩니다.

또 다른 양잔디의 특징으로는 공과 클럽 헤드 사이에 잔디가 잘 끼지 않아 스핀량이 많이 발생해서 조선잔디 대비 비거리 손실이 있기도 하지만, 반대로 얘기하면 '숏 게임 영역에 들어갔을 때 런이 적어 홀에 붙일 확률이 높아진다.'고 생각할 수도 있겠습니다.

조선잔디 공략법

조선잔디는 '한국 잔디' 또는 '난지형 잔디'라고 불리고 있습니다. 대표적인 특징으로는 잎이 빳빳해 양잔디보다는 공이 잔디 위에 떠 있기 때문에 '조금 쓸어 치는 느낌으로 샷을 하는 것이 유리한 스윙전략이라'고 할 수 있습니다.

또한, '미스 샷 혹은 뒤땅을 치더라도 비거리 손실이 적다'는 장점도 있는 이유로 조선잔디가 초심자분들이 스코어를 내기에는 더 적합합니다.

조선잔디는 비거리를 내는 데에는 유리하지만 반대로 숏 게임에서는 초심자분들에게 더 어려울 수가 있는데, 스핀을 덜먹고 거리가 더 나가기 때문에 정확한 코스 공략을 위해서는 자신의 클럽별 비거리를 잘 인지하고 있어야 합니다.

조선잔디에서 평소보다 거리가 더 나오고 있다면, 한 클럽을 더 작게 잡아보는 것도 괜찮은 전략일 수 있습니다.

잔디의 특성을 잘 인지하고 있어도 막상 공을 치려니 머릿속이 하얗게 되고 몸이 따라주지 않는 경우가 많을 거라 생각됩니다.

프로 분들이 양잔디에서 눌러 치면서 디 봇을 깔끔히 만드는 모습을 보면 저도 저렇게 치고 싶다는 간절한 마음이 들고는 하는데, '골프는 정말 연습만이 답'인 것 같습니다.

실패하더라도 모르고 연습하는 것과 알고 연습하는 것에는 분명한 차이가 있는 만큼, 쓸어 치는 샷, 찍어 치는 샷을 골고루 마스터 하셔서 양잔디, 조선잔디에서 모두 좋은 스코어를 내는 골퍼가 되셨으면 좋겠습니다.

5 골프 코스관리

골프 코스관리는 골프장에 잔디와 수목을 식재하고 코스를 유지 · 관리하는 수준을 넘어, 골프장 전체의 조경, 원예, 동물 서식지 관리 업무까지 포괄하는바, 잔디관리자는 잔디를 죽이지 않고 관리해야만 합니다.

지난겨울 코로나19 호황에 힘입어 골프장은 집중 영업을 이어갔으나, 봄 시즌이 오면서 본격적인 골프시즌인 봄이 오자 그린잔디가 깨어나는 그린 업(green-up)이 제대로 이뤄지지 않는 골프장이 전국적으로 다수 발생해, 상당수 골프장의 그린잔디 상태가 좋지 않아 골프장 경영진은 경영진대로, 그린키퍼들은 그린키퍼들대로, 그리고 골퍼들은 골퍼들대로 불만이 쌓여가고 있는 골프장도 있습니다.

이 같은 상황은 크게 2가지 원인에서 비롯된 것으로 먼저, 지난겨울 전국적으로 강수량이 평년보다 적어 건조피해가 발생했는데, 기상청이 발표한 '2021년 겨울철 기후 분석 결과'에 따르면 지난겨울(2021년 12월~2022년 2월) 전국 강수량은 13.3㎜로 1973년 기상 관측 이래 가장 적었습니다.

이는 평년(1991~2020년 30년 평균) 강수량 89.0㎜에 비해 14.7%에 불과했으며, 강수일수도 11.7일로 평년(19.5일)보다 7.8일 적어 역대 최소를 기록했습니다.

기본적으로 모래 기반으로 조성되는 그린은 겨울철 바람 등으로 건조해지기 쉽고, 강수량이 적으면 건조피해가 발생하기 쉬운데, 역대 급으로 낮은 강수량으로 그린이 건조피해를 입으면서 봄철 그린 업(green-up)이 불량해졌다는 해석입니다.

또 다른 원인은 겨울에도 많은 입장객으로 예년보다 잔디에 부담이 더했고, '코스관리에 필요한 시간과 자원도 부족해 적절한 관리가 이뤄지기 힘들었다.'는 분석입니다.

겨울 집중 영업이 가능했던 것은 여전히 해외골프가 차단된 상황에서 겨울 기온이 평년과 비슷했고, 강수일수는 역대 급으로 적었기 때문인데, 일부 골프장은 지난해 겨울에도 3부(야간라운드)까지 운영해 많은 입장객을 받았습니다.

이러한 상황에서 보통의 겨울보다 코스잔디에 많은 부담이 있었고, 최저 강수량 속에서 코스관리팀은 평소보다 관리를 할 시간도 턱없이 부족했습니다.

더 큰 문제는 당장의 잔디 상태를 회복시키고 올해 관리를 정상화하는 것도 쉽지 않다는 점인데, 잔디 보식은 현재 뗏장 품귀로 확보가 어려운 상황이며, 파종을 통한 재조성도 지난해 가을부터 이어진 잔디종자 수급난으로 공급에 차질을 빚고 있습니다.

여기에 전 세계적인 원자재 가격 상승으로 비료를 비롯해 각종 코스관리 자재 가격이 상승하고 있으며, 코스장비 역시 물류 난과 제조사 생산 문제 등으로 적기 공급에 어려움을 겪고 있습니다.

따라서 올 코스관리는 자재 확보, 비용 상승, 입장객 증가 등 그 어느 해보다도 어려운 조건 속에서 수행돼야 하는 상황이고, 여기에 날씨까지 좋지 않다면 예년 수준 코스 품질을 제공하기는 더욱 어렵게 됩니다.

사태의 심각성을 현장 그린키퍼나 코스관리 아웃소싱 관계자들은 잘 파악하고 있으나, 골프장 경영진이 제대로 인지하지 못하고 있다는 지적도 있습니다.

대학에서도 골프장 관리에 관해 연구하고, 코스 관리자 양성 차원에서 잔디연구소 그린키퍼 학교에서 위탁 교육을 시행하고 있습니다.

잔디 관리의 핵심을 종합하면 비용, 인력, 시간이며, 약 20만㎡ 골프장 기준 18홀 양잔디 관리 비용은 인건비 포함 연간 약 20억 원 선입니다.

코스 관리가 제대로 안 되어 플레이에 지장을 줄 정도로 티잉 구역에 인조 매트는 다반사이며, 페어웨이의 잔디 상태도 열악한 경우가 많습니다. 내장객이 많고 골퍼의 정성이 부족하여 벙커 내 발자국이 어지럽게 갈무리 안 되어 있는 경우도 많고, 그린 또한 잔디 상태나 관리가 좋지 못한 경우도 많습니다.

이상 글은 이주현의 "전국적 그린업(green-up) 불량 올 코스관리 비상" (2022. 4. 2. 골프산업신문)을 참조하였습니다.

잔디는 생명체

잔디는 생명체이어서 건강하게 자라는데 충분한 휴식과 영양분이 필요하고, 통풍과 배수가 잘 되는 쾌적한 환경이 필요합니다.

흔히 푹신푹신한 페어웨이와 그린을 걸으며 코스상태가 좋다고 하는 골퍼들이 있는데, 잔디가 과도하게 푹신한 이유는 죽은 잔디 뿌리와 유기물이 오랜 기간 토양에 쌓여 배수와 통기를 차단하기 때문에 생긴 스펀지와 같은 층 때문입니다.

마치 기름진 음식을 과다섭취하고 유산소 운동이 부족한 사람의 혈관이 노폐물로 막혀가고 있는 것과 같은 상황인 것이어서, 적어도 봄과 가을에 1회 이상 잔디뿌리에 산소를 공급해주고 엉켜 있는 유기물 퇴적층을 솎아 내는 작업을 해줘야 하며, 코스관리 전문분야를 서양에서는 경종학(Agronomy)이라고 부릅니다.

이는 단순히 골프장의 잔디를 관리하는 수준을 넘어 잔디의 생육환경인 토양관리를 포함하는 학문의 영역이고, 골퍼들의 쾌적하고 즐거운 라운딩을 위해서 수많은 관리 인력들이 동트기 전부터 일몰 이후까지 코스 생태계를 관리하고 있음을 알아야 합니다.

골프장에서도, 골퍼에게도 중요한 잔디는 업계에서 언제나 큰 관심거리이며, 품종 개량 등 개선을 위해 적극적으로 움직이고 있고, 특히 대한민국에서는 '골프장 잔디 국산화'를 위해 노력하는 추세입니다.

과거에는 수입 잔디가 강세였지만, 최근 '안양중지', '건희', '세녹', '밀록', '그린에버' 등의 품종이 개발되어 국내 골프장에 도입되는 건 물론 수출 길을 열기 위한 노력도 이어지고 있고, 냉정히 말해 아직 국내 잔디가 '월드 클래스'라고 하기는 어렵지만, 점점 기술과 품종이 발전하는 추세이기에 '미래를 기대해 볼 만 하다'는 평가입니다.

잔디 없는 골프장은 상상할 수 없고, 골프에서 잔디가 미치는 영향력은 큽니다. 골퍼는 경기력 향상을 위해 잔디를 연구하고, 골프장에서 어떤 잔디를 어떻게 깔아야 할지 고민하며, 전문가들이 더욱 나은 잔디 품종을 만들기 위해 연구할 만큼 잔디 사랑은 식을 줄 모릅니다. 미래에는 조선 잔디와 양잔디의 장점을 고루 섞은 '슈퍼 잔디'가 나오기를 기대해 봅니다.

그린 키퍼(골프장 코스관리자)

[네이버 지식백과] 골프장코스관리자(한국직업사전, 2016.)를 참고하면 골프장 코스의 잔디를 관리하며 코스관리원의 활동을 조정 및 감독합니다.

교육수준은 14년 초과 ~ 16년 이하(대졸 정도), 숙련기간은 4년 초과 ~ 10년 이하로 작업강도는 가벼운 작업인데, 작업 장소는 실내 · 외로, 직무기능(자료)은 조정 그리고 직무기능(사람)은 협의, 직무기능(사물)에 관련 없습니다.

조사연도는 2012년으로 유사명칭은 그린키퍼, 골프장잔디관리자로 부르며, 고용 직업분류는 [0141] 스포츠 관리자, 표준 직업분류는 [1521] 스포츠 관련 관리자, 표준 산업분류는 [R911] 스포츠 서비스업입니다.

수행직무는 잔디의 종류에 따른 토양 및 기후에 맞추어 잔디 관리계획을 세우고, 코스를 순찰하며 병충해 및 문제가 있는 코스에 대한 대책안을 구상합니다.

잔디의 상태를 관찰하고 월별 · 일별 작업계획서를 작성하고, 잔디의 특성에 적합한 비료 · 영양제, 약품을 선택하며 잔디관리원에게 제초, 시비, 시약, 이설, 수질관리, 배토 등의 작업을 지시하고 감독합니다.

골프장잔디관리원

[네이버 지식백과] 골프장잔디관리원(한국직업사전, 2016.)을 참고하면 골프장 코스의 관리계획을 세우고, 관련 종사원의 활동을 조정 및 감독합니다.

교육수준은 9년 초과 ~ 12년 이하(고졸 정도)이고, 숙련기간은 2년 초과 ~ 4년 이하로 작업강도는 힘든 작업이며, 작업장소도 실외이고 직무기능(자료) 조정과

직무기능(사람) 감독 그리고 직무기능(사물)은 수동조작하며 유사명칭은 코스관리원으로 부릅니다.

조사연도는 2017년으로 고용 직업분류는 [9015] 조경원, 표준 직업분류는 [6122] 조경원이며 표준 산업분류 [N743] 조경 관리 및 유지 서비스업입니다.

수행직무는 골프 경기가 진행될 수 있도록 잔디 깎는 기계를 이용하여 그린(Green : 퍼트를 하기 위한 잔디밭), 러프(Rough : 고르지 않은 지역) 및 페어웨이(Fairway : 제1타를 칠 때 공을 올려놓는 대(Tee)와 그린 사이에 있는 잘 깎인 잔디지역)의 잔디를 예초하고 일정한 크기로 유지합니다.

잔디의 생육을 원활히 하기 위해 비료 및 영양제를 분무기를 이용해 살포하고, 골프장 잔디의 생육상태나 병충해 발생 여부를 육안으로 확인하며, 정해진 농약을 선택하고 농약살포기계를 이용하여 살포합니다.

적절한 장비를 이용하여 손상된 잔디를 떠서 이설하고, 모래를 뿌려 배토하며, 장애물로 설계된 벙커의 모래와 연못의 수질을 관리하고, 잔디보호를 위해 홀컵을 이동하며 컴퓨터를 조작하여 스프링클러를 작동시켜 물을 뿌리고 잡초를 제거하고, 관련 장비를 유지 · 보수 · 관리합니다.

잔디밭관리원

[네이버 지식백과] 잔디밭관리원(한국직업사전, 2016.)을 참고하면 골프장, 축구장, 야구장, 공원, 유적지 및 기타 시설의 잔디밭을 관리합니다.

교육수준은 6년 초과 ~ 9년 이하(중졸 정도), 숙련기간은 3개월 초과 ~ 6개월 이하로 작업강도는 보통 작업이며, 작업 장소는 실외로 육체활동은 웅크림이고 직무기능(자료)은 비교, 직무기능(사람)은 말하기 – 신호며, 직무기능(사물)은 수동조작입니다.

조사연도는 2017년으로 고용 직업분류는 [9015] 조경원, 표준 직업분류는 [6122] 조경원, 표준 산업분류는 [N743] 조경 관리 및 유지 서비스업입니다.

수행직무는 삽, 떼삽(Sod Cutter) 등을 사용하여 잔디를 심고, 잔디밭의 잡초를 뽑으며, 흙을 뿌리고 잔디의 생육을 위해 잔디 배토기를 사용하여 배토작업도 합니다.

잔디의 병충해 방지를 위해 약을 뿌리고, 비료살포기를 사용하거나 인력으로 비료를 뿌리며, 잔디 깎는 기계를 사용하여 잔디를 일정한 높이로 깎고, 스프링클러를 켜서 잔디밭에 물을 뿌립니다.

골프장 조명시장

골프장 조명시장에서는 현재 LED 트렌드와 교체 수요 증가 등으로 설계, 시공, 사후관리 전 분야에 있어 검토하여야 하며, 특히 시공과 사후관리는 국내 도입된 여러 조명 브랜드에 대한 경험도 살펴보고, 골프장 조명에 대한 이해도가 깊어야 합니다.

조명은 납품업체의 사후관리를 받는 게 일반적이지만, 해당 업체가 문을 닫았거나 골프장 사업을 중단한 경우 기존 조명의 유지보수와 운영을 위해 신경 써야 합니다.

손실 없이 목표지점까지 빛을 보낼 수 있어야 하며, 동시에 탁월한 빛 공해 방지로 인접코스나 주변 지역에 간섭을 최소화해야 하고, 또 멀티 모듈로 제작돼 각 모듈을 개별 틸팅할 수 있어 리스크를 줄이면서 높은 균제도를 확보해야 합니다.

LED 칩은 소비효율이 낮아 총 전력 6.6W 중 2.5W만 사용, 38%의 소비효율로 광 효율이 높고 긴 수명을 보장해 긴 수명이 장점인 LED인 만큼 등기구도 높은 내구성을 자랑하는데, 전면부 3.2t 강화유리는 타구로 인한 충격에 강하고 파손 시 비산방지로 안전성도 높이고 있고, 고어 벤트(Gore vent)는 조명 내부로 수분 유입을 막으면서 공기를 순환시키고, 내 외부 압력을 평행 유지함으로써 등 기구 변형을 방지하고 수명을 연장해야 합니다.

품질 보장을 위해 내부와 외부 온도차가 15도 이내로 유지되도록 회로 및 방열 구조 설계를 적용하며, 80도 챔버에서 2개월(1440시간)간의 가속시험을 통해 신뢰성이 보증된 제품이어야 하고, 폴 상부 하중을 완화하고 햇빛에 의한 과열을 방지하며, 유지보수도 편리하고 내부에 SPD(서지보호기) 설치로 과전압으로부터 보호해야 합니다.

6 잔디 바꾼 골프장

이 글도 [오상준의 마이골프 레시피] "골프장 한지형잔디"(여성경제신문, 2021. 11. 10)등을 공감하며, 소개합니다.

골프경험에 있어서 수준 높은 코스 디자인이나 친절한 서비스도 중요하지만, 대다수 골퍼들이 가장 민감하게 평가하는 부분은 코스관리 상태입니다.

공정하고 객관적인 코스평가를 위해서는 스코어가 잘 나왔던 골프장의 기억이나, 지극히 개인적인 취향이 만들어낸 피상적인 선호도가 아닌 전문성을 바탕으로 한, 세밀한 분석이 필요합니다.

골퍼들에게는 플레이에 최상의 컨디션을 제공하는 잔디이고, 코스 관리자에게는 관리에 용이한 잔디일 것이며, 푸른 잔디를 밟으며 즐거운 라운딩의 기대로 가득한 골퍼들을 만족시킬 수 있을 것입니다.

시각적으로는 사계절 푸르름을 유지하는 잔디에 대한 선호도도 높아졌으나, 이런 다양한 요구사항을 모두 만족시키는 잔디는 극히 드문데, 3부제 돌리는 대중 골프장 경우는 심각한 상태입니다.

잔디의 선택

잔디는 크게 더운 지방에서 자라는 난지(暖地)형 잔디와 추운 지방에서 자라는 한지(寒地)형 잔디로 나뉘는데, 한국의 기후대는 사계절이 뚜렷한 온대성 기후, 즉 열대와 냉대 기후 사이의 점이 지역(Transitional zone)에 위치하기 때문에, 어느 한 종류의 잔디가 우세할 수 없습니다.

그래서 추위에 약한 난지형 잔디(중지)로 조성된 페어웨이는 늦가을부터 초봄까지 동면상태에 들기 때문에, 마른 지푸라기 같은 갈색으로 변했다가 여름에 가장 건강한 녹색을 띄게 됩니다.

반대로 추운 지방에서 자라는 한지형 잔디(양잔디)는 여름철 고온 다습한 환경을 견디고, 한겨울 동해(凍害)피해를 예방할 수 있도록 관리만 잘 해주면 사시사철 푸르름을 유지할 수 있습니다.

또 다른 특징은 난지형 잔디(중지)는 잎이 두껍고 뿌리가 사방으로 뻗어 자라며 15mm 이하로 짧게 깎게 되면 생장에 지장을 주게 되는 반면, 한지형 잔디(벤트, 켄터키블루, 라이)는 잎이 가늘고 10mm 이하로 깎더라도 생장에 큰 지장이 없습니다.

짧고 조밀한 잔디가 필요한 그린의 경우는 5mm 이하로도 예초(刈草)가 가능한 한지형 벤트그래스를 널리 사용하고, 과거에는 15mm 이상으로 높은 중지 페어웨이에 공이 살포시 올라 있는 것이 쉽게 공을 칠 수 있다하여 선호한 반면, 최근에는 페어웨이도 양잔디로 짧게 관리해 공과 클럽페이스의 정밀한 컨택트(contact)를 원하는 골퍼가 증가하는 추세입니다.

그런데, 코로나19 팬데믹에 의해 해외여행길이 닫혔던 지난 18개월간 골프는 단군이래(?) 최고의 호황을 누리고 있어서 일부 대중제 골프장에서는 '물 들어왔을 때 배 띄우라'는 격언에 화답이라도 하듯, 자정 넘어서까지 3부제로 쉴 새 없이 골프장을 돌리고 있었습니다.

코스잔디는 쉴 틈이 없고 관리 인력은 코스를 돌볼 틈이 없는 현실이고, 디 봇으로 가득한 페어웨이는 예사(例事)가 되었으며, 심각하게 훼손된 그린은 모래만 남은 골프장도 여러 곳입니다.

세계에서 가장 많은 내장객을 받는 한국 골프장은 잔디 관리에 더욱 열악한 환경인데, 국내 기후는 점점 한지형 잔디 관리에 불리한 방향으로 변하며, 날이 갈수록 빠르게 변화하는 기후에 코스 관리 환경도 바뀌고 있습니다.

코스관리자는 변화하는 환경에 발맞춰 작업 방법이나 장비, 자재 등에 많은 변화와 노력을 기울이지만, 그린키퍼의 능력만으로 높은 품질의 잔디를 지속해서 유지하는 것은 한계가 있습니다.

그린키퍼의 노력에도 불구하고 한지형 잔디를 유지하고 관리하는 것이 어렵다고 판단되면, 골프장 경영인은 가장 근본적인 변화를 생각하게 돼 바로 '잔디 초종'을 바꾸는 것입니다.

한국잔디연구소 장덕환 수석 연구원은 "국내 골프장 잔디 초종 변경은 제주 및 남부 지방을 중심으로 시작됐다. 제주 지역 코스는 대부분 한지형 잔디로 조성돼 하절기 관리에 어려움을 겪는다. 예전보다 가뭄, 고온 등 기후 변화가 커지면서 그린을 제외한 코스 지역의 초종 변경이 활발하게 이뤄지고 있다"고 말합니다.

어거스타 신드롬

최고의 코스관리 사례로 만인의 부러움을 받는 코스는 어느 곳인지 질문에, 대다수의 골퍼들은 세계 4대 메이저 대회 중 하나인 마스터즈의 개최지인 미국의 어거스타 내셔널을 손꼽을 것입니다.

미국 골프업계에는 '어거스타 신드롬'이라는 용어가 있는데, 마스터즈가 열리는 4월 첫째 주, TV 화면 속에 등장하는 어거스타 내셔널 골프코스는 완벽한 페어웨이와 그린을 자랑하며 최고의 찬사를 받습니다.

회원들과 방문객들이 '왜 우리는 어거스타처럼 완벽할 수 없는 거지?'라는 불평을 해대기 때문에, 미국의 회원제 골프클럽과 고급 리조트의 코스관리자들은 끊임없이 쏟아지는 불평에 밤잠을 설친다고 합니다.

이런 사회현상을 미국에선 '어거스타 신드롬'이라 부르게 될 정도였으니 그 심각성이 대단한 모양이나, TV 속 어거스타의 모습을 만들기 위해 매년 치러야 하는 희생과 비용은 널리 알려져 있지 않습니다.

어거스타는 마스터즈 대회 직후 휴장을 시작해 10월 초까지 문을 닫는데, 이곳에서 골프를 칠 수 있는 기간은 단 6개월이고, 남부 조지아의 날씨가 가장 서늘한 가을부터 봄 까지만 코스를 여는 것인데, 코스의 페어웨이를 덮고 있는 잔디는 추운 지방에서 자라는 라이그래스입니다.

마스터즈 대회가 끝난 후 날씨가 더워지기 시작해 고온 다습한 여름으로 들어서면 라이그래스는 자취를 감추고, 이 지역의 우세종인 난지형 잔디 버뮤다그래스가 코스를 차지하게 되는데, 이런 잔디관리 방식을 전문 용어로 오버시딩(overseeding) 혹은 '덧 파종'이라 부릅니다.

여름 동안 페어웨이와 티잉 그라운드를 지키던 버뮤다그래스가 누렇게 변하기 시작할 10월 초엔, 코스 관리자들은 버뮤다그래스가 겨우 살아남을 수 있을 정도로 짧게 잘라버리고 그 위에 라이그래스 씨앗을 뿌리는데, 라이그래스는 그 특성상 발아가 빨리 되고 밀도가 높아 6개월간 최적의 코스 컨디션을 제공합니다.

특히 마스터즈 대회를 앞두고 어마어마한 장비와 인력이 투입되어 메이저 대회 개최를 위한 최상의 상태로 선보이는 것인데, 마스터즈를 통해 그 임무를 다한 라이그래스는 여름의 폭염 속으로 자취를 감춥니다.

일반 골프장이나 소수 회원제 코스에서 어거스타와 같이 6개월을 휴장하고 엄청난 비용을 들여 대회 개최를 위한 관리를 할 수 없고, '최고의 품질에는 그에 상응하는 비용이 따라오기 마련'이며, 결국 각 코스에 맞는 최선의 초종과 합리적인 관리법을 도입해야 하는 것입니다.

국내 골프장의 초종 변경사례

국내 골프장의 초종 변경 사례를 살펴보면, 먼저 제주도에 위치한 캐슬렉스와 라온은 각각 페어웨이 잔디를 켄터키블루그래스에서 장성중지와 시쇼어 패스페일럼(Seashore paspalum)으로 변경했습니다.

경주CC는 티잉 에어리어 전체를 신품종 조이시아인 세녹으로 변경했고, 남서울CC도 티잉 에어리어에 세녹, 일부 홀의 페어웨이를 밀록으로 교체했으며, 아난티 남해와 클럽디 금강도 켄터키블루그래스에서 조이시아로 교체한 골프장입니다.

이 밖에 군산CC, 여주 캐슬파인, 포천의 필로스도 페어웨이 잔디를 한지형 잔디에서 조이시아로 교체한 것으로 알려졌고, 이 밖에 많은 골프장이 티잉 에어리어나 페어웨이에 사용되는 켄터키블루그래스를 조이시아나 버뮤다그래스 등 난지형 잔디로 교체하는 것을 검토하는 추세입니다.

중부 지방은 그동안 초종 변경에 대해 미온적이었으나, 최근 급격한 기후 변화가 나타나 초종 변경을 실행하거나 고려하는 골프장이 나타나고 있고, 내륙 남부 및 중부 지방은 대부분 한지형 잔디를 난지형 잔디인 조이시아로 변경하고 있습니다.

티잉 에어리어의 경우 전면 교체 외에도 켄터키블루그래스에 침투한 조이시아를 수년간 자연스럽게 우점시키는 방식으로 변경한 사례도 있고, 일부 골프장은 영업에 지장 없이 난지형으로 교체하는 방안으로 버뮤다그래스나 시쇼어 패스페일럼을 오버시딩(덧 파종)하는 것을 검토 중입니다.

한국의 기후는 난지형 잔디와 한지형 잔디 모두에 최적의 환경이 아니어서 만능 잔디는 없고, 난지형 잔디를 사용할 경우 5개월 정도만 파릇파릇한 녹색 잔디를 볼 수 있습니다.

특히 여름 한 철은 가장 좋은 품질을 보여주지만, 초가을부터 휴면 준비 상태로 들어가고 늦가을이 되면 비생육기(휴면 상태)로 전환하기 때문에 색상이 노랗게 바뀌고 양호한 품질을 유지할 수 없습니다.

또 비생육기에 골퍼가 과도하게 잔디를 사용하게 될 경우 회복력이 없어, 사용하는 만큼 망가지고 결국 봄이 오면 잔디를 보식해야 하는 단점이 있습니다.

국내에서 가장 많이 사용되는 한지형 잔디인 켄터키블루그래스는 한국 잔디보다 두 배 가까이 긴 시간 동안 녹색 기간(생육 기간)이 유지되지만, 기온이 급격히 오르는 여름철은 관리가 매우 어렵고 좋은 잔디 품질을 유지하기 위한 노력과 추가 비용이 들어갑니다.

계절에 따라서 좋은 컨디션을 보여주는 잔디 초종이 다르다 보니 초종을 섞어서 사용하는 골프장도 있고, 특히 관리가 어려운 티잉 에어리어의 경우 한지형 잔디와 난지형 잔디(라이그래스 등)를 오버 시딩 방식으로 섞어서 사용하는 골프장도 늘고 있습니다.

또 몇몇 골프장은 티잉 에어리어에 하절기용 티와 동절기용 티를 만들어 사용하는 곳도 있고, 주로 많이 사용하는 레귤러 티를 한국 잔디와 켄터키블루그래스 티 두 개를 만들어 하절기에는 한국 잔디를 심은 티잉 에어리어를 주로 사용하고, 동절기에는 켄터키블루그래스를 심은 티잉 에어리어를 사용하는 방식입니다.

골퍼들은 녹색 기간이 길고 밀도가 높은 한지형 잔디를 더 고급 잔디라고 생각하는 경향이 있고, 물론 잘 관리된 한국 잔디를 선호하는 골퍼도 있으나 잔디 초종의 우열을 가리기 힘들지만, 골퍼들의 선호도가 높은 잔디는 한지형 잔디입니다.

중지를 사용한 페어웨이는 볼이 잔디 위에 떠 쉽게 공을 칠 수 있기 때문이지만, 난지형 잔디를 좋아하는 골퍼를 위해서 한지형 잔디에서 난지형 잔디로 초종 변경을 고려하는 골프장은 거의 없고, 난지형 잔디로 변경하는 대부분의 골프장은 관리 비용 절감을 노리고 영업이익을 극대화하겠다는 전략입니다.

벤트그래스와 시쇼어 패스페일럼으로 변경

거의 모든 국내 골프장이 그린 잔디로 사용하는 벤트그래스는 잔디 관리 비용이 많이 드는 단점이 있지만, 이종 잔디에 잘 견디고 밀도가 높아 최고급 품질을 자랑합니다.

많은 골프장이 관리 비용 절감을 위해 노력하지만, 오히려 관리 비용이 추가로 발생되는 초종으로 변경한 골프장도 있는데, 제주도의 핀크스골프클럽과 인천 영종도에 위치한 스카이72골프앤리조트 오션 코스는 기존 켄터키블루그래스에서 벤트그래스로 변경을 시도한 흔치 않은 케이스입니다.

제주 핀크스골프클럽은 2015년 하반기에 이스트 코스 9홀, 2016년 하반기에 웨스트 코스 9홀 페어웨이를 전면 교체하는 리모델링 공사를 완료했고, 대중제인 노스 코스 9홀 리모델링 작업도 벤트그래스로 전면 교체하는 등 대대적인 변화를 시도했으며, 스카이72 오션 코스는 지난해부터 벤트그래스로 초종 변경 작업을 시작해 현재 거의 완성 단계에 진입했습니다.

제주도에 위치한 라온골프클럽은 기존의 켄터키블루그래스에서 시쇼어 패스페일럼(Seashore paspalum) 잔디로 초종을 변경해 조성하고 있는데, 국내 골프장에서 시쇼어 패스페일럼으로 조성한 골프장은 라온골프클럽이 처음이고, 이 잔디는 특히 그린과 페어웨이 관리를 위한 농약과 물 사용량을 획기적으로 줄일 수 있는 친환경 잔디라는 점 때문에 업계의 주목을 받고 있습니다.

국내에 잘 알려지지 않은 초종인 시쇼어 패스페일럼은 아메리카 대륙의 열대 및 아열대 지역이 원산지인 포복성 다년생 잔디로, 다양한 환경적 스트레스에 내성이 강한 잔디로 알려져 있고, 미국 조지아대학에서 1990년대 말부터 육종을 시도하면서 보급되기 시작했습니다.

모든 토양에서 잘 자라고, 질소비료를 거의 사용하지 않으며, 또 일조량이 충분하지 않은 조건에서도 양질의 잔디를 조성할 수 있습니다. 스카이72와 핀크스, 라온골프클럽의 초종 변경 사례는 기후 변화에도 과학적인 잔디 관리 노하우와 전문 인력 보충 그리고 관리 장비에 대한 투자가 '고품질 초종으로 성공적으로 전환할 수 있다'는 것을 보여준 사례입니다.

스카이72 박선영 홍보 · 마케팅 팀장은 "그동안 하늘 코스의 벤트그래스 관리 노하우를 체계적이고 과학적으로 쌓아놓은 덕분에 오션 코스에서도 성공적으로 초종 변경이 가능했다. 초종 변경을 위해 관리 인력도 더 많이 투입하고 고가의 장비도 해외에서 많이 들여와 큰 비용을 투자했다"며 초종 변경 이유를 설명했습니다.

또 초종 변경을 결정한 것은 "잔디 관리에 대한 자신감이 있었고, 골퍼들이 더 좋은 잔디에서 골프를 즐길 수 있도록 최선을 다하는 것이 회사 방침이기 때문이다." 라고 말하며, "실제로 벤트그래스로 변경 후 이용객의 만족도가 더욱더 높다"고 밝혔는데, 실제로 찾아가본 스카이72 오션 코스의 벤트그래스 페어웨이 상태는 그린과 견주어도 될 정도로 좋은 질감과 색상을 보여주었습니다.

라온골프클럽 서울사무소 원정영 소장도 "현재 그린을 제외한 페어웨이와 러프 등 80% 정도의 잔디를 시쇼어 패스페일럼으로 변경했다. 라온 골프클럽 내 잔디 시험포에서 시쇼어 패스페일럼을 시범 재배해온 결과, 해발 200m 이하 해안 지역 골프장에 맞는 친환경 잔디 육종에 성공했다. 제주도의 여름 날씨는 켄터키블루그래스가 견디기 힘들다. 시쇼어 패스페일럼은 여름철 무더운 날씨에도 매우 잘 견딘다."고 밝혔습니다.

골퍼와 코스관리자 입장차이

골퍼들은 플레이에 지장이 없고 균일한 상태로 관리되어 최상의 컨디션을 제공하는 잔디를 선호하지만, 코스 관리자가 선호하는 잔디는 관리가 용이한 잔디일 것이라서, 골퍼가 선호하는 잔디와 코스 관리자가 선호하는 잔디는 서로 다른데, 코스 상태가 더욱 나빠지면 초종을 바꿔버리면 그만이라는 미온적인 태도에 골퍼들은 크게 실망합니다.

골퍼들은 비싼 그린피를 지불하는 만큼 잔디 상태를 민감하게 평가하지만, 페어웨이에서 잔디를 찾아볼 수 없을 정도로 엉망으로 관리된 코스 컨디션을 보여주는 골프장도 있습니다.

최근 비용 절감을 이유로 페어웨이에 비료 사용을 줄이는 골프장도 있는데, 관리비용을 줄이다가 결국에는 잔디 초종을 변경하는 작업이 불가피하게 된 골프장도 있고, 모든 골프장이 잔디 관리에 예산을 모두 쏟아 붓는 것은 현실적으로 불가능합니다.

또 우리나라의 아 열대화 현상은 피할 수 없지만, 그린피가 연일 최고가를 경신하는 상황에서 골퍼들이 코스에 대해 높은 기대감도 갖는 것도 현실이고, 결국 관리

비용 절감을 위해 초종 변경을 시도하고 ,코스 관리의 편의성만 찾아가는 행위가 골퍼들로부터 비판을 받는 것입니다.

잔디의 품질은 결국 상품의 품질이고, 골프장에 지불한 그린피가 아깝지 않게 느껴질 만큼 잔디 관리에 더욱 신경을 쓰는 모습을 보여줘야 합니다.

또 불가피하게 초종을 변경해야 하는 상황이 온다면, 골프장의 운영 및 관리 여건 등을 면밀히 분석한 후 골프장에 맞는 잔디 초종을 선택하고, 관리 방식 등을 계속 개선해야 하며, 골프장이 관리 편의주의에서 벗어나 최고의 잔디를 제공하기 위해 노력하는 모습을 보여줘야 할 때입니다.

서울월드컵경기장 하이브리드 잔디

야구보다 한 해 늦은 1983년 개막한 한국 프로축구는 올해 40번째 시즌을 치르고 있는데, 월드컵 10회 연속 출전의 밑바탕이 된 프로축구 K리그입니다.

K리그와 유럽 빅 리그의 가장 큰 차이가 바로 잔디의 수준이라는데, 겨울이나 여름, 구장들의 잔디는 누렇게 죽어 맨땅이 드러나고, 선수들이 발 딛는 곳마다 너덜너덜 떼가 떨어져 나가 엉망진창이 된 잔디는 아직도 제대로 해결하지 못한 숙제입니다.

통풍, 채광을 고려하지 않은 오래된 경기장의 구조적 문제에다, '잔디가 우리나라의 혹서, 혹한을 견뎌내기 힘들다'는 것으로 구단들은 '잔디 관리가 쉽지 않다'고 하소연합니다.

최근 서울월드컵경기장은 하이브리드 잔디를 도입해 인조 잔디 5%와 천연 잔디 95%를 섞어 내구성을 높인 하이브리드 잔디로 교체했고, 지난달 치러진 월드컵 최종예선 이란전이 그 하이브리드 잔디 위에서 치러졌습니다.

모처럼 뛰어도 파이지 않는 잔디 위에서 경기가 진행됐고, 큰돈을 들여 '논두렁 잔디'라는 뼈아픈 지적을 벗어나려고 합니다.

7 초고가 회원제 골프장

이 글도 [오상준의 마이골프 레시피] "초고가 회원제 골프장의 하드웨어 심층 분석"(2021. 8. 6. 여성경제신문)을 중심으로 소개합니다.

내장객을 연 10만 명 이상 받는 18홀 골프장은 전 세계에 대한민국밖에 없고, 소비자에게 판매하는 '골프경험'이라는 상품에서 가장 중요한 코스관리 상태는 예년에 비해 심각하게 열악한 수준입니다.

반면에 이런 하자 있는 상품도 마다 않는 골퍼들로 차고 넘치니 가격은 최고가를 경신하고 있고, 위드 코로나가 됐건 코로나의 종식이 됐건 소비자들에게 대안이 생기는 그 날이 오면 시장에 어떤 변화가 올 지 궁금해집니다.

모든 골프장이 명문이 될 수는 없고, 될 필요도 없이 대중제 골프장은 소비자가 원하는 수준과 기대치에 맞춰 적정한 가격에 차별화된 제품, 즉 골프경험을 제공하면 되는 것이고, 회원제 골프장의 경우는 회원들과 맺은 계약과 골프장의 정책에 따라 안정적이고 질 높은 서비스를 제공하면 되는 것입니다.

하지만 골프장이 '명문'이라는 단어를 활용해 자사의 가치를 높이려고 시도하는 순간, 그들이 쓰고 있는 단어에 내재된 무게감을 이해하고 그 책임을 져야 하는데, 값비싼 회원권 분양을 통해 이익을 극대화하기 위한 수단으로 '우리 골프장은 명문이다'라고 스스로를 칭하는 것은 천박한 장삿속이기 때문입니다.

엄격한 코스심사

대한민국에서 제일 값비싼 회원제 골프장의 코스 수준에서 첫째 최근 10년 내 국내외 골프매체에 대한민국 10대 골프장으로 선정된 이력이 있을 것과, 둘째 개인 회원권을 기준으로 2020년 입회금이 10억 원 이상일 것을 들먹입니다.

이 정도 수준의 골프장이면 회원 수 300명 내외의 소수정예주의 클럽으로서 차별화된 골프 경험을 기대 할 수 있는 곳이고, 비회원 골퍼들의 버킷 리스트에 언제나 빠지지 않고 들어있으며, 행여 주변지인이 이곳의 회원인 경우 '지인찬스 얻기'를 오매불망 기다리는 곳이기도 합니다.

대단한 골프장들이 존재하는 이유는 결국 골프를 치기 위해서인데, 위에 언급한 두 가지 선정기준으로 200여 곳의 회원제 골프장들을 필터링한 결과 총 5곳을 후보로 오상준님이 선정하였다고 합니다.

이들은 수도권과 가까운 여주/이천과 춘천권역에 분포하고 있고, 대부분이 대기업에서 소유하고 운영하고 있는 것으로, 우선 여주/이천 권역에는 CJ 해슬리나인브릿지CC, 신세계 트리니티클럽과 효성 웰링턴CC가, 춘천 권역에는 한화 제이드팰리스GC와 태광 휘슬링락CC가 선정되었답니다.

총 9가지로 세분화된 평가 기준은 크게 봤을 때 두 가지 분류로, 코스의 환경적인 측면과 플레이적인 측면을 다뤘답니다.

환경적 측면(Environment)은 총 3가지 기준으로 나뉘며, 이는 ① 코스부지(Walkability), ② 지속가능성(Sustainability), ③ 심미성(Aesthetics)이고, 플레이적 측면은 총 4가지 기준으로 나눠, ① 샷 밸류(Shot Values), ② 난이도(Resistance to scoring), ③ 디자인 다양성(Design variety), ④ 잔디관리 상태(Conditioning)입니다.

추가로 두 가지 기준은 분위기(Ambience)와 기억성(Memorability)이고, 환경적 측면과 플레이적 측면 모두를 아우르는 기준으로 볼 수 있습니다.

오상준님이 코스를 평가하는데 있어 절대적인 기준은 없어서, 9가지 기준은 골프매거진의 코스평가 기준이 아니며, 골퍼들에게 향후 참고할 수 있는 일종의 가이드라인을 제시하는 것이랍니다.

코스부지의 장단점

개별 코스 부지의 장단점을 파악할 수 있고, 어렵잖게 순위를 매길 수 있어서 순위를 정할 때 사용한 평가의 기준 중 중요한 아래 6가지로 요약했답니다.

① 홀이 진행되는 방향이 다양하여 마치 코스가 들어앉은 자연환경을 탐험하는 듯한 즐거움을 주어야 합니다.

② 홀과 홀 사이의 간섭이 일어나지 않고 플레이 공간을 넉넉히 활용할 수 있어, 다양한 전략의 수립이 가능한 부지는 높은 점수를 받을 수 있습니다.

③ 클럽하우스에서 시작하여 9홀을 돌아오는 동안 지형의 높낮이가 극심하지 않아서, 카트를 타지 않아도 큰 무리 없이 걸을 수 있는 코스는 달리 해석하면 '토목공사에 의한 지형 훼손이 심하지 않다'는 증거입니다.

④ 페어웨이(Fairway : 제1타를 칠 때 공을 올려놓는 대(Tee)와 그린 사이에 있는 잘 깎인 잔디지역) 좌우로 고속도로변에서나 볼 수 있는 가파른 경사면과 옹벽이 설치된 코스는 '극심한 자연 훼손을 통해 코스를 만들었을 가능성이 커' 감점 요인이 됩니다.

⑤ 코스 부지 내에 존치(存置)할 가치가 있는 암반이나 지형, 식생이 훌륭하여, 굳이 인공폭포나 인공암벽과 같은 비자연적 요소를 도입하지 않아도 기억에 남는 지역적 특색을 갖춘 부지는 높게 평가될 수 있습니다.

⑥ 일조량이 충분하고 통풍이 잘 되어 잔디 생육에 지장을 주지 않는 부지는 높은 점수를 받을 수 있습니다.

골프장 명품코스

평소 삭막한 아파트와 사무실 사이에서 반복되는 일상을 벗어나 녹음이 우거진 공간을 마음껏 걸으며 지인들과 게임을 즐길 수 있는 기회가 골프를 통해 가능하기 때문에, 골프에 빠지게 되는 다양한 이유 중 하나가 "자연과의 조우(遭遇)가 주는 즐거움"입니다.

훌륭한 자연환경을 토대로 만들어진 코스는 걷기에 편하고, 주변 수목과 조화를 이룬 플레이 공간을 갖추고 있으며, 골프장 안팎의 풍광이 아름다워 기억 속에 자리 잡을 수 있다면 즐거움은 배가됩니다.

골프장은 자연 속에 인간의 필요에 의해 만들어진 기능적인 공간이고, 골프코스를 설계할 때 경관을 활용하는 기법은 동서양의 조경설계 이론과 일맥상통하는 부분이 있습니다.

한국 정원의 특징이라면 '인공적 요소를 최대한 배제하고 자연을 내부로 끌어들이는 방식'을 택한 것이고, 중국은 '거대한 정원 내부에 자연의 모습을 재창조'하고자 했으며, 일본의 경우는 '섬세하고 절제된 방식으로 그들의 정신세계를 폐쇄된 공간 속에 구현'했습니다.

서양의 경우에도, 이탈리아의 정원이 프랑스와 영국의 정원 양식과 차이를 보이는 것은 나라와 지역마다 존재하는 독특한 자연지형과 문화의 차이에서 오는데, "정원 밖 외부 공간의 경관을 내부로 끌어들이는 차경(借景)의 기법이 한국의 정원에서 많이 활용"되었고, 이것이 코스 설계가들이 골프 홀을 배치할 때 '드라마틱한 효과를 얻기 위해 쓰는 기법'이라는 것입니다.

골프장 외부의 수려한 경관을 티잉 그라운드(초타 구역)나 그린(Green : 퍼트를 하기 위한 잔디밭) 위에서 조망(眺望)할 수 있다면, 이는 설계자가 아름다운 풍경을 액자에 담아내려는 의도가 성공한 경우라고 할 수 있습니다.

반대로 코스 부지를 선정함에 있어 주변 환경이 아름답지 못하거나, 심지어 경관을 해치는 철탑이나 공장 굴뚝과 같은 인공물이 많다면, 외부의 경치를 내부로 끌어들일 수 있는 기회는 제한적일 수밖에 없습니다.

국내 골프장 명품코스

이천의 사우스스프링스를 설계한 짐 파지오의 아들이자 세계적인 설계가인 톰 파지오의 조카인 톰 파지오는 '코스 안팎의 자연경관을 플레이 공간에서 감상할 수 있도록' 드라마틱하게 연출하는 기술의 탁월함으로 유명한데, 이런 특징을 그의 조카가 설계한 트리니티클럽에서도 찾아볼 수 있습니다.

타 골프장에서는 나무를 심어 가리기에 급급한 외부의 마을풍경을 티잉 그라운드에서 파노라마로 감상할 수 있도록 연출했고, 코스 내에서도 홀과 홀 사이를 완벽하게 차단하는 대신 숨통을 틔워 경관을 끌어들이는 차경(借景)의 기법을 극대화했습니다.

해슬리나인브릿지CC의 조경은 트리니티클럽과는 극명하게 반대되는 경우로서 외부로부터 유입되는 경관을 철저히 차단하고, '코스 내부에 새로운 풍경을 창조'하고자 했습니다.

홀과 홀 사이에 다양한 수종의 수목을 켜켜이 식재해서 이웃 홀이 보이지 않도록 한 것도 일관된 방식이라 할 수 있고, 클럽하우스 3층 테라스에서 내려다보는 인공호수, 인공폭포, 인공암벽이 만들어내는 작은 세상은 다행히도 이들을 감싸 안고 있는 연화산의 부드러운 산세 덕에 자연스러움을 조금 더하게 되었습니다.

외부와 철저하게 담을 쌓고 내부에 새로운 소우주(小宇宙)를 창조하고자 한 '축경(縮景)의 기법이 어렴풋이 보인다'고 할 수 있습니다.

웰링턴CC의 경우는 외부의 풍광을 적극적으로 빌려오거나 내부의 경관을 공유하는 조경기법의 섬세함은 찾아볼 수 없으나, 코스 부지를 잘 선택한 덕을 톡톡히 본 경우인데, 코스를 도는 내내 여주/이천 지역에서는 쉽게 찾아볼 수 없는, 자연 속에 파묻힌 것과 같은 공간감을 느낄 수 있어서 즐거운 산책이 가능한 코스라고 할 수 있습니다.

골프장의 탁월한 경관으로 말하자면, 강원지역 가평과 춘천에 위치한 제이드팰리스GC와 휘슬링락CC에서 발견할 수 있는 수려한 산세를 꼽을 수 있습니다.

인간이 아무리 재주를 부려본 들 조물주의 손길로 탄생한 자연의 아름다움을 능가할 수는 없고, 제이드팰리스GC에서 경험할 수 있는 경관의 백미는 끝없이 중첩되는 산줄기의 풍광을 배경으로 한 그린과 벙커의 하모니인데, 골프장의 경계가 자연의 풍광 속에 지워져 둘이 하나가 되는 아름다움을 보여주는 듯합니다.

휘슬링락CC는 기억속의 풍경으로 저장하고픈 공간으로 가득한데, 물, 돌, 나무의 3가지 이질적 요소가 만들어내는 근경(近景)과 이를 배경으로 자리 잡은 페어웨이와 그린, 벙커의 조화는 이 모든 공간 구성 요소들을 아우르는 방대한 스케일의 원경(元景)과 더불어 짜릿한 감동을 줍니다.

골프코스의 경관성

골프코스의 경관성은 코스가 자리 잡은 자연의 아름다움이 9할을 채운다 해도 과언이 아니고, 마치 오래전부터 그곳에 존재해온 것 같은 느낌을 주는 코스가 되기 위해서는, 지형과 경관 모두 주변 환경과 하나가 되어야 합니다.

대규모 리조트 사업은 자칫 대규모의 자연훼손을 초래할 수 있어서 사업을 추진하는 주체는 경제성 논리에 앞서 환경을 고려해야 하며, 미래를 내다볼 수 있는 섬세한 계획을 통해 친환경적인 공간으로 만들었을 때 해외에서도 찾아오는 데스티네이션 리조트를 만들 수 있습니다.

1994년 미국 중부 네브라스카 주의 인구 500명이 사는 '뮬렌'이란 마을 근처 황무지에 골프장이 들어섰는데, 자연지형을 그대로를 물려받은 골프장은 그 당시 미국에서 유행하던 완벽하게 관리된 토너먼트형 코스와는 다른 모습이었습니다.

거친 벌판에 자연지형을 거의 손대지 않고 만든 샌드힐스 골프클럽은 전직 프로선수 밴 크랜쇼와 코스설계가 빌 쿠어의 작품으로 탄생했으며, 회원제 골프장인 이곳의 200명 남짓 되는 회원들은 타 주에서 모여든 골프 마니아들이었습니다.

가장 가까운 대도시가 차로 5시간, 비행기로 1시간 걸리는 콜로라도 주 덴버이니 샌드힐스의 멤버들에게는 일 년에 단 4개월(6월부터 9월까지) 개장하는데 접근성이 주요 이슈가 아니었고, 회원이 되기 위해서는 많게는 1억 원에 육박하는 연회비를 부담해야 하는데도 대기자 명단이 있을 정도입니다.

다양한 골프매체를 통해 환경적으로나 플레이적으로도 유일무이한 최고 수준의 코스로 평가된 '희소성'에 기인합니다.

국내 골프장, 특히 산을 깎아 만든 골프장의 경우 한 홀을 만드는데 드는 비용은 대략 15억 원 전후이고, 18홀을 만들기 위해선 코스에 들어가는 비용만으로도 300억 원 이상이 필요한 반면에, 세계 100대 코스 순위 상위권에 확고부동하게 자리매김한 샌드힐스 골프클럽의 전체 조성비는 백 이십만 달러였고, 우리나라에 골프장 한 홀 만들 비용으로 18홀을 만들고서 세계적 골프명소가 된 것입니다.

비결은 일반인들의 눈에는 황무지로 보인 땅의 가치를 알아본 사업가의 혜안(慧眼)과 자연훼손을 최소화하고 땅이 갖고 있는 특성을 최대한 살려, 말 그대로 코스를 지형에서 찾아낸 설계가의 탁월한 능력이었습니다.

월드 클래스 부지를 선정하고 명품 골프장을 만드는 것에 탁월한 안목이 필요하듯, 이렇게 만든 코스를 제대로 관리하는 것에도 전문적인 지식과 경험이 필요한데, 코스를 어떻게 관리하느냐에 따라 환경적 측면과 플레이적 측면의 수준을 높일 수 있고, 동시에 관리에 필요한 비용도 절감할 수 있습니다.

1994년 샌드힐스 골프클럽의 개장을 계기로 그 가치가 널리 알려진 '친환경 미니멀리즘 설계방식과 자연주의 관리법'은 21세기에 들어서 세계적인 트렌드로 자리잡았습니다.

이런 트렌드에 근거하여 7가지 친환경 코스관리 기준을 정리해 보자면 아래 7가지입니다.

① 워터 해저드, 계곡과 홀 간 경사면과 같은 플레이 외 지역의 형태 및 관리법.

② 페어웨이 벙커의 경계면이 러프나 관리하지 않는 지역을 만나는 공간의 친환경 관리법.

③ 부지 밖에서 들여온 외래 수종의 종류와 개체 수 대비 기존 수목의 분포도와 조화.

④ 관리 지역과 관리하지 않는 지역 면적의 분배에 따른 농약과 비료 사용량 추정치.

⑤ 다양한 야생동물의 생태계 조성 및 분포도.

⑥ 기후변화에 대처할 수 있는 효율적인 관수량 조절.

⑦ 폐기물 최소화, 재활용 장려, 카트 관리 시 충전과 세차에 필요한 리소스 최소화 등입니다.

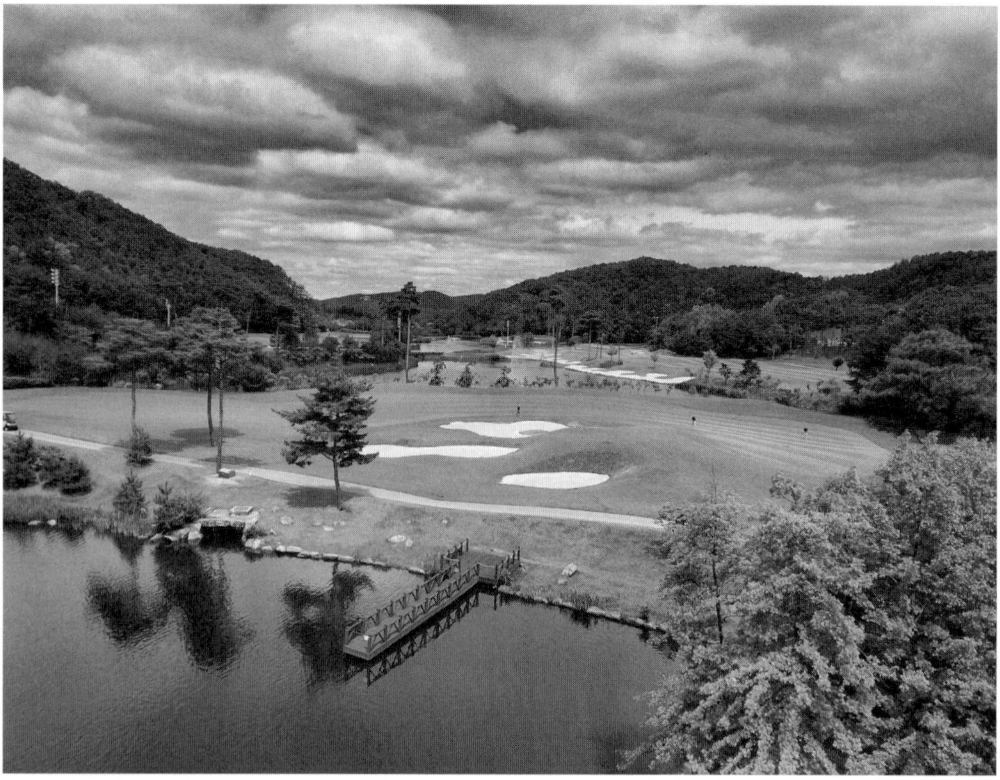

03

골프 산업

3장 | 골프 산업

1 골프 산업

골프시장은 크게 '본원시장'과 '파생시장'으로 구분되는데, 본원시장은 골프 경기 관람, 골프장 이용, 스크린 골프 등이 포함되며, 파생시장은 골프용품, 골프장 운영, 관광 등을 포함하는데, 2020년 기준 전체 시장 중 본원시장은 40.1%, 파생시장은 59.9%를 차지하며, 파생시장이 본원시장 보다 더 큰 양상입니다.

대한민국의 대표 브랜드 중 하나인 '골프는 이젠 대중화를 넘어, 이미 골프 종주국 수준에 이르렀다'는 다소 성급하고 근거가 미흡한 단정적인 견해가 있는 것도 현실이지만, 그럴만한 근거는 여러 군데서 발견할 수 있고, 대한민국 골프계의 전체를 살펴보면 대강의 의미를 알 수 있습니다.

먼저 골프 인구를 보면, 대한민국 성인의 15%가 골프에 입문하고 있어서 2021년 6월 기준 약 636만 명으로 추산하고 있고, 최근 골린이(골프+어린이 · 골프 초심자)들이 몰려들고 있어 더욱더 늘어날 전망이고, 스크린골프를 처음 시작한 것도, 애용하는 것도 우리나라입니다. 특히 전 홀 라이트 시설로 세계 유일 야간 골프를 활성화한 것도 바로 대한민국이고, 한국 여자골프 선수들의 실력은 세계 최강입니다.

여성 골퍼 비율이 이렇게 높은 나라도 없는데, 전체 여성의 40% 정도로 약 10% 정도인 이웃나라 일본과 비교해도 특이한 사항이며 이를 증명하듯, 최근엔 MZ세대, 여성 골퍼들이 골프 붐을 주도하고 있습니다.

골프장 코스 관리 운영 능력도 세계 최고로 18홀 당 내장객 수를 살펴보면 한국은 7만 명, 일본은 3.5만 명, 미국은 2.5만 명 정도로 한국의 그린키퍼 능력은 실로 대단합니다.

골프 수요가 넘치다 보니 골프코스 진행을 위해 거의 대부분 캐디 시스템을 도입해 코스 내 진행 관리가 철저하고, 캐디 능력도 가히 세계 최강이며, 우리나라 캐디만큼 1명의 캐디가 4인 플레이어를 능수능란하고도 완벽하게 관리하는 캐디는 세계 그 어디에도 없습니다.

K-Golf 한류

'K-골프' 산업 부분도 큰 성장을 해나가고 있는데, 골프로 인한 관련 산업 규모는 2020년 기준 14조 2,342억 원에 달한바, "K-Golf 한류" 속에 골프 흥행 지속 마케팅이 펼쳐지고 있으며, 세계 3대 골프 브랜드 중 2곳인 타이틀리스트와 테일러메이드도 한국 소유이고, 우리나라 교민 소유의 해외 골프장 수도 무려 200개 이상으로 추산되고 있습니다.

그런데 골프용품은 수출보다 수입이 압도적으로 많은 특징이 있고, 2021년 골프용품 수입액은 7억 2,000만 달러로 전년 대비 33.2% 증가했으며, 수입액 비중이 가장 큰 용품은 '골프채'로 나타났습니다.

골프 IT용품의 성장세도 기대되는데, 골프업계에도 디지털 전환의 바람이 불고 있으며, 골프존과 카카오VX는 스마트골프를 천명하며 관련 IT 기술을 접목하고 있습니다.

디지털 친화적인 MZ세대에게 경쟁력을 가지기 위해서라도 IT 하드웨어 설치 등 디지털 전환은 필수적이고, 골프 거리측정기의 경우는 2025년 쯤 침투율 50%를 달성할 것으로 전망됩니다.

골프웨어는 리 오프닝 수혜까지 누리며 올해도 고성장이 예상되는데, 2022년 한국 전체 패션산업 전망은 규모가 46조원으로 전년 대비 6.2% 성장이 기대되며, 이 중 골프웨어 경우 올해 전년 대비 11.4% 증가한 6조 3,000억 원으로 전망되고, 골프웨어 산업은 전체 패션 시장이 둔화된 2017년부터 압도적으로 성장하고 있습니다.

해외여행 재개로 골프 수요 둔화 우려는 존재하나, 반대로 해외여행 재개 시 해외 골프 수요도 폭증할 것으로 전망됩니다.

골프웨어 시장은 대중제 골프장, 스크린골프장을 통한 골프 유입 인원 잠금 효과와 MZ세대의 높은 골프웨어 소비 지출 성향, 해외 골프여행 보복 소비로 높은 성장률을 이어갈 전망입니다.

브랜드별로는 PXG, 타이틀리스트, 파리게이츠, 지포어 등 고가 브랜드 강세가 예상됩니다.

신종 코로나바이러스 감염증(코로나19) 여파에 20~30대를 포함한 골프 인구 급증으로 각종 골프 산업이 호황을 누리고, 골프·아웃도어 등 '엔데믹 특수', 백화점 매출 20~30%씩 늘었습니다.

골프 관련 업종은 골프에 새롭게 진입한 '골린이' 증가와, 해외 출국자 감소에 따른 국내 골프인구 증가 덕에 역대급 호황을 누렸습니다.

지난 4월 18일 사회적 거리두기가 해제되면서 골프, 아웃도어, 색조화장품 등을 필두로 한 유통업계가 전년 동기 대비 20~30%의 매출 증가율을 기록하면서 '엔데믹' 기대감에 불을 지피고 모처럼 호황을 누리고 있습니다.

올해 5월 3일 업계에 따르면, 롯데백화점은 거리두기가 해제된 지난달 18일 이후 31일까지 2주 동안 매출이 지난해 같은 기간보다 20% 늘었는데, 여성패션과 남성패션이 각각 25% 증가했고, 키즈도 20% 늘었습니다.

같은 기간 신세계백화점은 전체 매출이 30.4% 신장했는데 따뜻한 날씨로 골프웨어가 57.6%로 가장 많이 늘었고, 이어 아웃도어(48.7%), 여성패션(37.2%), 남성패션(32.1%) 순으로 매출 증가세가 컸습니다.

현대백화점은 전체 매출 증가율이 23.4%에 달했는데 골프(61.3%)의 매출 증가세가 제일 가팔랐고, 이 밖에 아웃도어(43.6%), 색조화장품(31.5%), 여성패션(29.4%) 등이 매출 성장을 견인했습니다.

한편, 안전빵과 오잘공(오늘 제일 잘 친 공)은 신세계푸드가 선보인 골프장 이색 간식인데, 인기를 끌고 있습니다.

6월 2일 신세계푸드에 따르면 '안전빵'의 지난 3~4월 판매량을 분석한 결과 전년 동기 대비 56% 늘며 2,800개가 판매된 것으로 나타났고 지난 3월 선보인 신메뉴 '오잘공'의 4월 판매량은 전월 대비 2배 이상 늘며 500개를 돌파했습니다.

이 같은 판매량 증가는 본격적인 골프 시즌이 시작되면서 '안전빵', '오잘공'의 독특한 빵 모양, 재미있는 제품명, 이색적인 맛 등이 젊은 골퍼들 사이에 호응을 얻고 있기 때문으로 신세계푸드 측은 분석했고, 또한 골프장에서 먹거리를 즐기는 방식이 클럽하우스에서의 식사 보다 게임 중 테이크아웃 형태로 가볍게 즐기는 분위기로 바뀌고 있는 것도 원인 중 하나로 꼽았습니다.

골프 게임을 즐기며 OB, 벙커, 페널티 구역(해저드) 등 장애물을 피하면서 안전한 게임을 기원하는 의미를 담은 간식 '안전빵'과 골프 속어인 '오잘공'을 오징어가 잘게 씹히는 공이라는 재료 속성으로 적용해 선보인 '오잘공'입니다.

이와 함께 신세계푸드는 '안전빵'과 '오잘공' 판매확대를 위해 클럽하우스 내 팝업 스토어 운영, 골프용품 전문 브랜드 콜라보레이션 등 다양한 프로모션을 실시한다는 방침이고, 이를 통해 자유CC, 페럼CC, 버드우드CC, 천안상록CC 등 신세계푸드가 위탁 운영 중인 골프장 클럽하우스 10여 곳 외에 다른 골프장으로도 판매처를 확대한다는 계획입니다.

골프장 영업이익 또 역대최고

2022. 5. 16. 이데일리 주영로 기자의 보도에 따르면, 코로나 19 확산 속에서도 호황을 누려온 국내 골프장 영업 이익률이 역대 최고치를 경신했다고 합니다.

한국레저산업연구소(소장 서천범)가 5월 16일 발간하는 '레저백서 2022'에 따르면, 국내 266개 회원제와 대중제 골프장의 지난해 매출액 영업이익률(제주도 제외)

은 39.7%로 2020년보다 7.9%포인트, 코로나 19 직전인 2019년보다는 17.2%포인트 상승하며 사상 최고치를 기록한 것으로 나타났습니다.

'지난해 유가증권시장의 12월 결산법인 595개사의 영업이익률은 8.06%, 삼성전자의 영업이익률은 18.5%였다'는 점을 감안하면, 국내 골프장들이 코로나 19 대유행에서 얼마나 호황을 누렸는지 알 수 있는데, 참고로 일본 79개사의 같은 기간 골프장 영업이익률은 지난해 −2.2%로 2020년보다 4.0%포인트 상승하는데 그쳤습니다.

매출액 증가 이유는 그린피와 카트피 인상, 늘어난 골프장 이용객 수 등이 요인으로 작용했다는 게 레저산업연구소 측의 분석이며, 2020년 5월 이후 올해 5월까지 2년간 대중골프장의 그린피 인상률은 주중 29.3%, 토요일 22.0%에 달했고, 회원제 골프장의 비회원 그린피도 주중 15.1%, 토요일 12.5% 올랐으며, 골프 인구는 2021년 기준 564만 1,000명으로 2019년 469만 6,000명보다 20.1%(94만 5,000명)로 증가했습니다.

조사 대상 266개 골프장의 영업이익률을 비교하면 대중제 골프장의 증가율이 훨씬 컸는데, 175개 대중제 골프장의 지난해 영업이익률은 48.6%로 2020년보다 8.0% 포인트, 2019년보다는 15.3% 포인트 상승했고, 2년 연속 역대 최고치를 갈아치웠는데, 연도별 이익률은 2018년 28.2%에서 2019년 33.3%, 2020년 40.6%로 상승세를 지속해왔습니다.

감가상각 전 영업이익인 EBITDA[=(영업이익+감가상각비)÷매출액]률은 지난해 56.5%로 2020년보다 6.3% 포인트, 2019년보다는 11.5% 포인트 상승했고, EBITDA률은 기업이 영업활동을 통해 벌어들인 현금창출 능력을 나타내는 수익성 지표입니다.

91개 회원제 골프장의 영업이익률도 24.2%로 2020년보다 6.0% 포인트, 2년 전인 2019년보다는 17.0% 포인트 상승하면서 최고실적을 경신했는데, 연도별로는 2014년 −4.7%로 최저치를 기록한 후 2017년에는 흑자 전환했고, 그 뒤 점차 상승세를 보여왔다. EBITDA률은 지난해 32.8%로 2020년보다 5.2% 포인트 상승했습니다.

최근 3년 간 매출액은 대중제가 27.5%, 회원제는 17.8%씩 증가했는데, 이번 발표는 금융감독원에 제출한 각 골프장의 감사보고서를 기초로 분석했습니다.

정부는 지난해(2021년) 5월 국무회의를 통해 2022년 4월 의결된 '체육시설의 설치 및 이용에 관한 법률' 일부개정법률을 공포했는데, 기존 회원제와 대중제 골프장 분류 체계를 회원제와 비회원제, 대중제로 개편한다는 내용이며, 이 법은 공포 후 6개월이 경과한 오는 11월 4일부터 시행됩니다.

2년 연속 역대 최고치를 기록한 골프장의 매출액은 올해 상승세가 둔화할 것이라는 예상이고, 골프장 예약률이 지난해와 비교해 조금 떨어지는 현상이 나오고 있습니다.

경기도에 있는 A골프장 관계자는 "2020년과 2021년 5월 골프장 예약률과 비교하면 약 3~5% 정도 줄어들었다"며 "지난 2년 동안엔 평일에도 예약시간이 남는 게 없었는데 올해는 시간대에 따라 빈자리가 나오는 경우도 있다"고 말했습니다.

코로나19 사태가 호재로 작용해 초호황을 누린 대표적인 업종으로는 명품 외에도 국내 골프 · 여행을 꼽을 수 있는데, 엔데믹(감염병의 풍토병화) 등 명품과 비슷한 요인으로 성장세에 브레이크가 걸릴 가능성을 배제할 수 없기 때문에 멈칫거립니다.

국내 골프 · 여행 두 분야 모두 업황 둔화 움직임은 아직 나타나지 않고 있는데, 골프장 예약은 여전히 '바늘구멍 통과하기'처럼 어렵고, 전국 주요 호텔의 방값도 고공행진 중입니다.

하지만 골프 회원권이 중저가(3억 5000만 원 이하)를 중심으로 조정받는 게 대표적인 사례고, 이 영향으로 국내 최대 회원권 거래소인 에이스회원권의 회원권 종합지수 에이스피(ACEPI) 4월 평균 지수는 한 달 전(1321포인트)보다 5포인트 떨어졌는데, ACEPI가 하락한 건 2020년 4월 이후 처음입니다.

골프업계에선 '지금은 문제가 없지만, 엔데믹으로 하늘길이 활짝 열리면 국내 골프장에 집중됐던 수요가 해외로 빠져나갈 것'이란 인식이 팽배하여, 한 골프장 관계자는 "가정의 달인 5월엔 일시적으로 그린피가 떨어지는 현상이 나타나는데, 올해는 거리 두기 해제 영향인지 몇몇 골프장은 지난해보다 그 폭이 컸다"며 "해외여행이 본격 재개되면 지방 골프장부터 타격을 받을 것"이라고 말했습니다.

다만 고가 및 초고가(8억 원 이상) 회원권은 여전히 인기가 높고, 남촌CC의 경우 이달 들어 지난달보다 21.2% 오른 20억 2,300만 원에 거래돼 처음으로 20억 원 벽을 깼습니다.

국내 여행시장에서는 엔데믹 영향이 본격적으로 나타나지 않고 있는데, 해외여행을 가고 싶어 하는 사람은 많지만, 국제선 항공편 수가 코로나19 이전인 2019년의 10%도 안 되는 주 420회 가량으로 쪼그라들었기 때문입니다.

호텔 · 여행업계에서는 연말부터 엔데믹 영향이 본격화할 수 있을 것으로 관측하며, 국토교통부는 이달 5월부터 국제선 정기편을 꾸준히 늘려 연말엔 코로나19 이전의 50% 수준인 주 2,420회로 확대하겠다는 내용을 담은 '국제선 단계적 일상 회복 방안'을 발표했습니다.

이 방안이 실행되면 한껏 비싸진 국내 호텔 객실 이용료가 자연스럽게 하향 조정될 것이란 전망이 나오는데, 호텔업계 관계자는 "해외로 떠나려는 여행객이 늘어나면 국내 호텔 가격은 곧바로 조정 받을 것"이라며 "2020~2021년에 호캉스(호텔+바캉스)가 하나의 여행 테마로 자리 잡은 만큼 관련 패키지 등을 재정비해 여행객을 잡으려는 노력이 필요하다"고 말했습니다.

골프 호황

2022. 5. 22. 자 서울경제 "300만 원 안 아까워요"…골프 슈퍼호황 이끈 '2030· 여성 골린이' 공감하며 소개합니다.

IT업계에 종사하는 김지아(37 · 가명)씨는 지난해부터 골프를 배우기 시작했는데, 예전에도 배울 기회는 있었지만 골프가 워낙 돈이 많이 드는 운동인 만큼 평소 씀씀이가 크지 않은 김 씨로서는 쉽게 시작하지 못했지만, 골프를 시작한 뒤 부쩍 재미를 느낀 김 씨는 골프에 관해서만은 흔쾌히 지갑을 열었습니다.

아이언 세트와 드라이버, 유틸리티 우드, 캐디백, 보스턴백, 각종 골프의류와 액세서리까지 하나 둘 씩 사다 보니 골프용품 구입에 쓴 돈만 300만 원이 훌쩍 넘었고, 김 씨는 "골프에 재미를 붙이다 보니 사실 이 정도로 돈을 많이 쓰고 있다고 의식하지 못했다"고 말했습니다.

코로나19로 인해 타격을 입은 곳이 많았지만, 골프 관련 업종은 오히려 성장한 것으로 나타났고, 특히 스크린골프장 인기도 높아졌고, MZ세대와 여성들이 골프에 높은 관심을 보이면서 코로나 시대 '골프 붐'을 이끌었습니다.

5월 20일 BC카드 AI빅데이터본부의 분석에 따르면, 골프 관련 매출은 매년 꾸준히 증가 추세로 2019년 5월부터 올해 4월까지 골프 업종 매출은 연 평균 17.6% 증가했고, 골프 관련 업종은 골프경기장, 골프연습장, 스크린골프, 골프용품 등을 포함했습니다.

특히 골프경기장 대비 상대적으로 저렴한 스크린골프 이용 및 고객수가 눈에 띄게 늘었는데, 2020년 5월부터 2021년 4월 대비 2021년 5월부터 2022년 4월까지 골프경기장 매출액이 14.0% 오른 반면, 같은 기간 스크린골프장 매출액은 48.0% 올랐습니다.

같은 기간 스크린골프장 회원수도 37.4% 증가했고, 일부 기간 내 스크린골프장의 전월 대비 매출은 160.6% 증가하는 등 골프경기장 및 골프연습장 매출액 증감율 대비 큰 폭으로 높아졌습니다.

주요 골프경기장 인근 5km 내 위치하고 있는 음식점의 경우 비교적 매출이 양호했던 것으로 나타났습니다.

주요 야외 골프장(CC) 중 수원, 레이크사이드, 코리아, 남촌, 렉스필드, 레이크우드, 엘리시안 강촌, 나인브릿지, 블랙스톤(이천, 제주)을 분석 대상으로 설정해 살펴봤는데, 2019년 5월에서 2020년 4월 대비 2020년 5월에서 2021년 4월 대비 골프장 인근 음식점 매출은 1.7% 감소했지만, 2020년 5월부터 2021년 4월 대비 2021년 5월부터 2022년 4월까지 매출은 16.1% 증가했습니다.

젊은 세대도 골프에 대한 관심이 높아지면서 전체 매출액 비중도 변화하고 있고, 여전히 골프 관련 전체 매출 중 40대 이상의 비중이 90% 이상이지만, 2030 세대의 매출 비중이 빠르게 증가하고 있습니다.

2019년 5월부터 2020년 4월까지 2030 세대 골프 관련 매출 비중은 5.6%였지만 2021년 5월부터 2022년 4월까지의 비중은 9.0%를 기록, 2배 가까이 상승했고, 특히 20대 고객의 스크린골프 및 골프용품 관련 매출 비중이 높아진 모습이며, 여성들의 골프에 대한 관심도 높아진 모습으로, 여성의 매출 증가율은 골프경기장 · 골프연습장 · 스크린골프 · 골프용품 등 모든 부분에서 남성 대비 높았습니다.

대한민국 골프의 현주소

전문가들은 골프 산업의 주요 성장 요인으로 ① 경제 성장, ② 인프라 확대, ③ 콘텐츠 증가 등을 꼽는데, 골프가 대중화되는 데 선진국에서는 1인당 국내총생산(GDP)이 3만 달러를 넘어서면서부터 가시화됐습니다.

'한국골프산업백서 2020'에 따르면 한국골프시장 규모는 13조 원에 육박한 가운데 최근 2년간 6,000억 원 이상 성장했고, 특히 세계 3대 골프업체 중 두 곳이 한국 업체 소유입니다.

토종사모펀드(PEF) 운용사인 센트로이드인베스트먼트 파트너스(센트로이드)는 지난해 테일러메이드를 사상 최대인 17억 달러(1조 9,000억 원)에 인수했고, 미국, 한국뿐 아니라 유럽, 캐나다, 호주 등 글로벌 골프 시장에서 골프 볼 및 골프 백 등 신제품 출시로 실적이 빠르게 개선되자 회사는 인수 6개월 만에 리파이낸싱(차환)에 성공했습니다.

투자은행(IB)업계에 따르면 테일러메이드의 현재 EV는 센트로이드가 지난해 8월 인수할 당시 기업가치(17억 1,000만 달러)보다 약 2배 늘어난 33억 달러(한화 약 3조 9,600억 원)로 추산되는 것으로 알려졌습니다.

또 지난 2011년 미래에셋그룹과 휠라코리아 컨소시엄이 타이틀리스트를 자회사로 둔 세계 1위 아쿠쉬네트를 10억 달러로 인수했는데, 휠라홀딩스에 따르면 아쿠쉬네트의 지난해 3분기까지 매출은 1조 9,532억 원으로 전년 동기보다 37% 증가했습니다.

골프 매출이 휠라 전체 매출에서 차지하는 비중은 63%로 절반 이상이고 아쿠쉬네트는 골프 브랜드 타이틀리스트 · 풋조이 등을 운영하며 MZ세대를 겨냥한 마케팅을 펼치며 상승세를 이어가고 있는데, 한국 골프 산업이 폭발적으로 성장하고 있다는 것을 증명하는 대목입니다.

코로나 영향에 골프 연관 사업들도 호황을 누리는 분위기로 특히 패션업계에선 국내 골프 시장의 반사이익을 제대로 누리면서 일제히 골프의류 시장 공략에 분주하며 주요 패션기업들은 신규 브랜드를 잇달아 론칭하며 다양한 프로모션 등을 내놓고 있습니다.

골프의류 및 용품 렌털 사업 부문도 활발하고 또 국내 골프장은 해외에서 보기 드물게 이미 다양한 세대들의 패션 경연장이 되고 있습니다.

골프 문화도 다양하고 활발하며, 지상파 방송에서 골프 예능 프로그램이 넘쳐나고 있고, 골프 케이블 채널도 다양한바, 참고로 미국, 일본의 골프 전문 케이블은 각 1개씩 정도밖에 없습니다.

그에 비해 우리나라의 경우 골프 유튜브 콘텐츠도 차고 넘치고 골프 선수는 물론이고 여러 스타들도 유튜브 채널을 운영 중으로 이젠 우리나라 골프는 승부와 재미를 모두 갖춘 스포츠로 진화 중이며, 어느 나라도 우리처럼 재미있게 골프를 즐기는 국민은 없을 것으로 봅니다.

우리 국민의 높은 사회성과 경쟁심, 승부욕이 작용해 골프라는 스포츠를 좋아하는 것으로 분석되고 있습니다.

코로나19 장기화로 실외스포츠에 대한 선호도가 높아지면서 골프장 이용자 수가 증가하고 있어서 골프가 스포츠를 넘어 미래 먹거리 산업으로 급부상할 수 있다는 전망이 나옵니다.

지난해 상반기 골프 예약 서비스업체의 골프장 예약 건수는 2020년과 비교해 약 13.2% 늘었고 특히 코로나19 영향이 본격화된 3월 이후 예약 건수는 2020년 같은 기간과 비교해 약 8.1% 증가했습니다.

골프장 예약 건수가 늘면서 골프장, 스크린골프장 방문객 역시 2020년 대비 크게 늘었고 카카오 모빌리티가 분석한 전국 이동데이터에 따르면 골프장, 스크린골프장 방문객 수는 같은 기간과 비교해 각각 20%, 46% 증가했습니다.

골프 산업에 대한 스포츠 활동 및 산업적 관심이 지속되고 이유로는 한국 프로골퍼들은 지난 40여 년간 국제대회에서 세계 최정상에 오르며 국내 골프 산업 성장 제고에 긍정적인 역할을 하고 있고, 한국 프로골퍼들이 국제대회에서 이 같은 성과를 낼 수 있었던 배경에는 세계 상위권 수준인 한국 골프장 인프라가 있었습니다.

영국왕립골프협회(R&A)의 세계 골프장 현황에 따르면 2020년 기준 한국의 골프장 인프라는 코스 수 기준 209개국 중 9위 수준으로 평가되고, 여가 활동으로 골프 선택 인구 급증해 주 52시간 근무 확산 등으로 여가 시간이 증가하면서 생활체육 및 스포츠 활동으로서 골프 수요가 확대되고 있습니다.

국내 연평균 총 근로시간은 2015년 2,082시간에서 2019년 1,829시간으로 해마다 감소 추세를 보였고, 총 근로시간이 감소하면서 상대적으로 여가는 2016년 1,310시간에서 2019년 1,456시간으로 매년 증가하는 추세를 보였습니다.

여가가 늘어나면서 생활체육으로 골프 활동에 대한 수요가 확대됐고 문화체육관광부 조사에 따르면 여가시간에 체육동호회에 가입해 활동하는 인구 중 골프 동호회에서 활동하는 인구는 약 7.7%로 축구(15.9%), 수영(10.6%), 보디빌딩(9.9%), 등산(8.2%) 다음으로 인기를 얻고 있습니다.

그리고 골프장 이용객 역시 매년 증가 추세로 골프장 운영업 매출액 기준 시장 규모가 2019년 4.5조 원으로 이런 성장세가 2023년까지 지속된다면, 골프장 및 골프연습장 운영 기준 골프 산업의 시장 규모는 2019년 6.7조 원에서 2023년 9.2조 원까지 성장할 것이라는 전망을 내놨습니다.

현대경제연구소는 이로 인한 내수 진작 경제적 효과는 최소 2.2조 원에서 최대 3.1조 원에 달할 것이란 분석을 내놨습니다.

스크린골프 시장이 커지고 있다는 점 역시 골프가 미래 먹거리 산업으로 부상할 수 있을 것이란 전망의 긍정적인 신호탄으로 작용하고 있는데, 스크린골프 시장 성장 배경에는 젊은 연령층이 있기 때문입니다.

서울대 스포츠산업 연구센터, 유원골프재단 골프산업 백서에 따르면 스크린골프 연습장 시장 규모는 약 1조 3,000억 원에 달하며 특히 20~40대 젊은 연령층을 중심으로 스크린골프연습장 이용률이 높아지며, 스크린골프 시장의 성장을 뒷받침 하고 있습니다.

대한골프협회가 발표한 자료를 보면 40대 스크린골프연습장 이용은 전 연령대 중 가장 높은 27.3%로 평가됐으며, 20~30대 역시 다른 연습장 대비 가장 선호하는 장소로 분석됐습니다.

골프산업도 초호황

'코로나19 특수'로 골프용품 업체들이 지난해 잔치를 벌였는데, 골프장을 찾는 사람이 늘어나면서 옷은 물론 채, 공, 액세서리 판매량이 수직 상승했습니다.

이 덕분에 '타이틀리스트'와 '풋조이'를 거느린 아쿠쉬네트코리아는 골프용품만으로 연 매출 2,000억 원을 넘긴 1호 기업이란 '타이틀'을 갖게 됐고, 캘러웨이, 던롭, 테일러메이드, 핑, 마제스티 등도 '매출 1,000억 클럽'에 새로 가입했습니다.

하지만 코로나19 위세가 꺾이면서 해외여행 길이 다시 열린 데다 우크라이나 전쟁 등의 여파로 골프용품이 제때 공급되지 않는 만큼 이런 고성장세가 올해도 계속될지는 미지수라는 게 업계 시각입니다.

5월 8일 금융감독원 전자공시시스템에 따르면 지난해 아쿠쉬네트코리아 매출은 3,688억 원으로 2020년(2,913억 원)보다 27% 증가했고 이 중 의류 매출을 뺀 2,000여억 원을 골프공, 클럽, 액세서리 등에서 거둔 것으로 알려졌는데, 같은 기간 영업이익도 499억 원에서 613억 원으로 22.8% 늘었습니다.

2020년까지만 해도 아쿠쉬네트 한 개였던 '매출 1,000억 클럽' 회원 수는 지난해 6개로 불었고, 캘러웨이코리아(864억 원→1,338억 원)와 젝시오 · 스릭슨을 보유한 던롭스포츠(913억 원→1,131억 원), 테일러메이드코리아(711억 원→1,019억 원)가 새 멤버가 됐습니다.

업계에선 핑 브랜드를 수입 · 판매하는 삼양인터내셔날의 지난해 매출 2,573억 원 가운데 1,100억 원가량이 핑 용품에서 나온 것으로 추정하고 있고, 드라이버 하나 장만하려면 수백만~수천만 원을 줘야 하는 초고가 브랜드 마제스티골프코리아도 지난 회계연도에 1,000억 원 벽을 뚫었으며 직전 회계연도 773억 원에서 1,001억 원으로 30%가량 늘었습니다.

성장률로 따지면 '넘버원'은 야마하였고, 공식 수입원인 오리엔트골프의 작년 매출은 615억 원으로 1년 전(363억 원) 대비 69.4% 늘었으며, PXG(용품 수입업체 카네 · 516억 원)와 브리지스톤(석교상사 · 630억 원)도 각각 40% 넘는 증가율을 기록했는데, PXG 옷을 판매하는 로저나인의 매출은 같은 기간 710억 원에서 1,080억 원으로 불었습니다.

수익성은 회사 전략에 따라 갈렸는데, 마케팅 비용을 많이 쓴 테일러메이드의 영업이익은 36억 원으로 1년 전과 비슷했지만, 던롭(80억 원→168억 원)과 PXG(68억 원→155억 원), 캘러웨이(7억 원→47억 원) 등은 두 배 넘게 늘었습니다.

업계에선 지난해 '유례없는 호황'의 일등 공신으로 골프 시장에 새로 뛰어든 2030세대를 꼽는바, 지난해 새로 입문한 골프 초보자(46만 명) 3명 중 2명이 2030세대(30만 명)였습니다.

한국미즈노 관계자는 "골프장을 찾는 사람이 늘어나는데 클럽 교체 수요가 제자리 걸음 할 수는 없는 일"이라며, "기존 골퍼에 비해 골프클럽을 훨씬 자주 바꾸는 2030 골퍼가 증가한 것도 용품 시장을 확 키운 요인"이라고 말했습니다.

골프용품 시장의 호황이 계속될지에 대해선 의견이 갈린데, 업계에선 당분간 '상승장'이 이어질 것으로 보고 있고, 상당수 골프용품 업체가 올 상반기 목표액을 이미 지난달 달성한 것으로 알려졌습니다.

"6개월 동안 팔아야 할 물량을 4개월 만에 해치웠다"는 얘기이며, 올 1월 골프용품 수입액은 6,636만 달러를 기록했고 이런 추세가 이어지면 올해 연간 수입액이 사상 최고치인 작년 기록(6억 9,380만 달러)을 깰 것으로 업계에선 내다보고 있습니다.

변수는 사회적 거리두기가 해제된 건 수요 측면에서 악재로 해외여행이 재개되면 골프로 눈을 돌렸던 2030세대 중 상당수가 여행비를 마련하느라 골프채를 창고에 넣을 가능성이 있어서이고, 골프클럽 제조업체들도 이런 점을 감안해 공급 부족에도 불구하고 설비를 늘리지 않고 있습니다.

골프채 공급이 제때 이뤄지지 않는 것도 성장세를 짓누르는 요인이 될 수 있다는 분석인데, A업체 관계자는 "카본 샤프트는 수급에 큰 문제가 없지만 우크라이나 전쟁에 따른 원자재 값 폭등 여파로 스틸 샤프트 수급에 문제가 생겼다"고 전했습니다.

B업체 관계자는 "미국과 일본 수요가 늘어난 탓에 한국 발주 물량이 늦게 들어오고 있다"며 "국내 업체입장에선 사겠다는 사람은 줄을 섰는데 팔 물건이 없어 손가락만 빨아야 하는 상황"이라고 말했습니다.

C업체 관계자는 "국내 골프용품 시장 호황이 이어질지 여부를 놓고 업계에서도 전망이 엇갈리고 있다."며 "당분간 호황이 지속되다가 조정이 올 것이란 예상이 많다."고 했습니다.

확 늘어난 골프웨어 '쇼핑'

골프웨어 시장 규모가 명품과 중고를 가리지 않고 구매액이 확 늘었습니다. 코로나19 확산 이후 인기가 높아지면서 지속적인 성장세를 보이고 있는 것이며 MZ(밀레니얼+Z세대)세대를 중심으로 골프 입문자가 증가한 것도 영향을 미쳤습니다.

온라인 명품 커머스 머스트잇은 올 1분기 골프 카테고리 거래액이 전년 동기 대비 약 17배 증가했다고 밝혔는데, 2030세대 사이에서 골프가 새로운 인기 스포츠로 떠오르고 골프 인구수가 급격히 증가한 데 따른 것입니다.

머스트잇 골프 카테고리를 가장 활발하게 이용한 연령층은 40대인 것으로 조사됐고, 40대는 전체 골프 카테고리 구매 고객의 52%를 차지했으며, 이어 50대(21%), 30대(19%) 순으로 나타났습니다.

골프 카테고리 구매 건수 데이터 분석 결과 인기브랜드 1위는 '제이린드버그'로 나타났고, 20대부터 장년층까지 모든 연령층에게 사랑받았는데, 2위 브랜드 '지포어'는 30대와 40~50대 중장년층이 주로 선호했으며, 3위 'PXG'는 20대에게 인기가 높았습니다.

중고거래 플랫폼 번개장터에서도 지난해 골프 의류 관련 거래액이 전년 대비 189% 증가했고 여성이 전체 거래액의 약 68%를 차지했는데, 사회 초년생에 속하는 25~34세 남성의 거래액 증가율이 260%로 가장 큰 성장을 보인 점이 눈에 띕니다.

번개장터에서 올해 1분기 동안 가장 많이 검색된 골프 의류 브랜드는 여성, 남성 이용자 모두 '파리게이츠'였고 '마크앤로나'도 검색어 상위권에 이름을 올렸으며, '와이드앵글'과 '제이린드버그' 역시 MZ세대 골퍼들 사이에서 인기를 얻고 있는 것으로 나타났습니다.

한편, 등산복의 자리를 요즘에는 골프복이 넘보고 있다고 하는바 골프와 등산 의류의 결제 금액을 또 한 번 살펴보았는데, 등산과 골프가 2021년도에는 전년 대비해서 성장률이 등산이 조금 더 높아서 18.2%였으나, 2022년도 같은 경우에는 전년 동기간 대비 39.6%나 성장했던 만큼 골프복에 대한 소비가 더 늘어났습니다.

‘골프는 모르겠고 그냥 옷이 예뻐서 산다.’며, 골프 경험이 없는 분들도 이런 옷을 구매하는 그런 경우도 있습니다.

골프복 같은 경우에는 ‘스크린골프 치려고 해서 골프장을 간다’고 고려했을 때, 골프장 경험유무에 따라 골프복 금액 구매율을 살펴보았는바, 2021년도 같은 경우에는 골프 경험이 없는 사람, 파란색 줄이 −0.7%로 늘지 않았습니다.

2022년도 같은 경우에는 57.9%나 성장했는데, 골프 경험이 있는 사람보다 더 높은 수치로 골프장에 가지 않음에도 불구하고 골프복을 구매하는 사람들이 늘어났습니다.

예전에는 골프복 하면 아무래도 티가 날 만큼 딱 붙고 치마도 짧고 이런 거 떠오르는데, ‘요즘에 골프복 시장 같은 경우에는 신규 진입한 브랜드들의 공통점이 일상복 같다’는 점이고, 최근에 이런 트렌드를 반영해서 한 온라인 패션 쇼핑몰에서는 골프 카테고리를 만들었는데 오픈 1년 만에 거래액으로 30배나 성장했답니다.

골프복 같지 않은 골프복. 아무래도 골프를 즐기는 연령대가 코로나 이후에 조금 낮아진 거 그것도 이런 시장에 영향을 미쳤는바, 과거에는 골프가 경제적 여유가 있는 특정 층이 누리는 그런 고급 스포츠로 분류가 되었지만, 최근에는 여가 시간이 많이 늘어나기도 했고 스크린골프도 많이 확산이 되었으며 골프라는 거 자체가 사회적인 운동, 교류의 장 이렇게도 인식이 되다 보니까 저 연령층까지 퍼지고 있고, 이런 점 때문에 골프웨어 시장도 젊은 세대들의 입맛에 맞추어서 변모하고 있습니다.

골프 의류시장

아래 글은 조춘한님의 "골프 의류 시장은 '호우시절' 그러나 '춘래불사춘'(한국섬유신문, 2022. 5. 6)글도 소개합니다.

한국의 골프 열풍은 코로나19 팬더믹과 함께 해외여행 감소로, 기존 해외 골프족들이 국내로 유턴하는 현상과 스타일과 자기계발을 중요시하는 MZ세대의 열풍으로 골프인구가 급성장했습니다.

기존 스포츠 채널은 물론 예능프로그램까지 골프 관련 TV 방송, 유튜브 까지 전 국민 대상 골프 신드롬에 증폭제 역할을 했고, 골프 광풍은 골프용품과 관련 의류 시장의 확대를 가져왔습니다.

골프 열풍은 아울렛과 로드 샵 뿐 아니라 모든 쇼핑몰의 앵커로 자리매김하고 있는데 신세계여주프리미엄아울렛은 최근 골프 브랜드를 통해 동선을 극대화하고 있습니다.

여주프리미엄 아울렛은 East와 West로 구분되어 있는데 프라다, 구찌, 버버리, 나이키, 폴로 등의 배치로 East 존에서의 동선을 극대화하고 West존 생로랑과 VIP 라운지, 아디다스를 배치해 내부 동선도 관리하면서 East와 West를 연결하는 역할을 하고 있습니다.

이와 더불어 골프 의류를 통한 동선 확대 전략을 뚜렷하게 보여주고 있는데, 전통적인 골프 브랜드인 캘러웨이, 데상트, 타이틀리스트 등은 West존의 터줏대감 역할을 하고 있으며, 이를 필두로 MZ 세대를 겨냥한 어메이징크리, 마크 앤 로나, 제이린드버그, PXG, PING 등은 East 존에 배치해 아울렛 전체를 이용할 수 있는 동선을 만들어주고 있습니다.

명품과 골프의류를 통해서 기성세대 뿐 아니라 MZ세대가 아울렛 전체를 이용할 수 있도록 유인하는 전략입니다.

신규 골프 브랜드의 확산은 골프 열풍을 타고 아울렛 매장 매출과 동선 전략의 중요한 밑거름이 되고 있는데, 현대프리미엄아울렛 김포점의 경우에는 동선 전략이 아닌 증축 건물의 앵커로 골프 브랜드를 활용하고 있습니다.

김포점의 경우 증축을 통해 오픈한 라이프스타일관은 2층에 골프 브랜드 뿐 아니라 골프존까지 넣어서 골프 전문층으로 활용하고 있고, 또한 골프 전문층을 중심으로 1층에 유아와 아동을 타깃으로 하는 쁘띠플랫닛, 3층에 아웃도어, 레저, 골프, 4층에 리빙과 레스토랑 등 기존의 본관과 떨어져 있음에도 불구하고 2층을 통해 매출을 극대화하고 있습니다.

수도권에 위치한 경기도 의왕시 롯데프리미엄아울렛 타임빌라스의 경우 넓은 공간을 활용해서 PXG, 아이다스골프, 어메이징크리, 더필드 등 다양한 골프 브랜드를 3차원으로 꾸미면서 명품이 없는 아쉬움을 달래고 있습니다.

최근 아울렛 점포 수 증가로 인해 명품 유치가 어려운 상황에서 골프 브랜드를 어떻게 활용하는가에 따라 아울렛의 성패가 좌우된다고 할 수 있고, 또한 로드 샵도 아울렛과 동일하게 기존의 아웃도어 시장을 골프 브랜드가 이어 받는 추세입니다.

골프 브랜드 성장은 다양한 신규 브랜드의 탄생으로 연결되고 있으나, 신규 브랜드가 로드 샵과 아울렛에 동시에 입점 시, 가격 우위와 집객효과가 있는 아울렛으로 쏠림 현상이 발생하고 있어 신규 브랜드와 신상품을 통해 경쟁우위를 점하려는 로드 샵 전략이 통하지 않고 있는 것도 사실입니다.

신규 골프브랜드의 경우 동일한 조건 시, 로드 샵 보다는 백화점 또는 아울렛과 같은 쇼핑센터에 입점을 선호하거나 동시에 협상력이 높은 점포에 출점하는 현상이 뚜렷하게 나타나고 있습니다.

기존 골프 및 아웃도어를 갖고 있는 로드 샵에서는 신규 브랜드를 통해서 새로운 돌파구를 찾으려고 노력하고 있으나 이마저도 어려운 상황이 될 수 있습니다.

특히 서울, 경기, 부산과 같이 광역 상권의 경우에는 아울렛과 로드 샵의 공존이 가능하지만 지방의 중소도시에 있는 아울렛과 제주도와 같이 포켓 상권의 경우에는 아울렛과 로드 샵 경쟁이 매우 치열하게 전개될 것입니다.

물론 경쟁을 통한 생존도 중요하겠지만 지역과 공생 전략을 통해 아울렛 매출액도 증가하고 이를 통해 지역 로드 샵 매출액 증대에도 기여할 수 있는 방안과 소비자들에게 혜택을 주는 모델을 개발하는 것이 필요할 것입니다.

키즈 골프 유행

코로나19 사태 이후 골프가 대중 스포츠로 인기를 독차지하면서 아이들을 대상으로 하는 '키즈 골프'가 유행하고, 골프 동호인이 많아지면서 아이들 또한 자연스럽게 어렸을 때부터 골프를 접하는 선순환 덕에 저변이 확대되고 있습니다.

'몸이 굳기 전에 골프를 배워야 한다.'는 인식이 확산되면서 유치원들이 교과과정에 골프 교습을 채택하고 있고 그만큼 골프에 입문하는 연령대가 유치원생까지 낮아지는 추세로, 유치원들은 잇달아 미니 골프장을 만들고 놀이수업의 일환으로 '스내그골프'(골프 교육 프로그램)를 진행하고 있습니다.

아이들 중에서도 엄마 · 아빠를 따라 골프를 배우는 등 자연스럽게 노출되는 경우가 많으며 인근 학부모들도 골프 수업 소식에 새로움을 느끼고 유치원을 등록한 분도 있다고 합니다.

롯데백화점은 지난해 9월 잠실점 골프관을 전면 리뉴얼하고 전문 코치에게 골프 레슨을 받을 수 있는 전문 교육과정을 신설했고, 학생 연령대에 맞춰 퍼팅, 스윙 등 8가지 주제에 따른 레슨 프로그램을 제공하는데, 성인을 포함한 전체 수강생 중 30% 이상이 10대 이하 어린이로, 이 중에서도 7~13세 유아를 위한 'TPI 주니어 골프 아카데미'가 가장 인기가 높습니다.

2 캐디학개론

"명문 골프장의 조건이 뭔지 아느냐" 고들 자주 묻는데, 요즘 명문 골프장이 되려면 '잔디'와 '캐디'를 말하는 '2D(투 디)'를 갖춰야 한답니다. 즉, 골프장의 '하드웨어'와 '소프트웨어'가 잘 조화를 이뤄야 한다는 뜻입니다.

우선 잔디 상태가 좋아야 하겠는데, 아무리 클럽하우스가 으리으리하더라도 잔디 상태가 나쁘다면 골퍼들이 공을 칠 맛이 나지 않아서 잔디가 명문 골프장의 첫째 덕목입니다.

캐디(경기도우미)란 그 골프장의 얼굴이나 마찬가지로 아무리 잔디가 좋아도 캐디가 훌륭하지 않으면 이미지가 나빠질 수밖에 없고, 상냥하면서도 서비스 정신이 투철한 캐디가 있어야만 골퍼들이 원활한 플레이를 할 수 있을 것이어서, 명문 골프장이 되려면 '잔디'와 '캐디', 즉 '2D'를 반드시 갖춰야 합니다.

그런데 대부분의 우리나라 골프장은 클럽하우스가 마치 궁전처럼 화려한 곳이 대부분이고, 요즘은 골프장마다 멀쩡한 클럽하우스를 허물고 비싼 돈을 들여 최신식으로 새로 짓는 게 유행이며, 새로 만드는 골프장들도 마찬가지입니다.

너도나도 앞 다퉈 클럽하우스를 크고 화려하게 꾸미는 데 열중하여 클럽하우스 로비는 특급 호텔을 연상시키며, 목욕탕은 로마 시대의 그것을 떠올리게 하며 심지어 미국과 이탈리아 등에서 수십억 원어치의 돌과 건축자재 등을 몽땅 수입해 클럽하우스 외벽을 장식한 골프장도 봤습니다.

명문 골프장의 덕목에 한 가지 추가하고 싶은 게 바로 닳아서 반들반들해진 오거스타 골프장의 문턱이고, '2D'에 '전통'이라는 이름의 세월의 더께가 쌓일 때 비로소 명문 골프장은 완성되는 것입니다.

아래 글은 강태성님의 "캐디피 인상 속사정"(골프저널 2022. 4. 8)등을 참조해 소개드립니다.

'골프장에서 가장 중요한 건 2D다'라는 말이 있는데, 2D는 잔'디'와 캐'디'입니다. 업계에서 자주 회자되는 이 명언이 뜻하는 바는 분명한데, 잔디가 나쁜 골프장이 좋은 평가를 받을 수 없듯, 캐디가 나쁜 골프장도 제대로 돌아갈 리 없다는 뜻인 만큼 캐디는 중요한 존재입니다.

물론 코로나 사태 이후 비대면 시대가 열리고 노캐디 골프장이 약진하며 인간 캐디의 비중이 점점 줄어들 것이라는 예측도 있고, 머잖아 첨단 IT 기술로 만들어진 '로봇과 카트가 인간 캐디를 대신하리라'는 의견도 있지만, 가까운 미래에 인간 캐디가 사라질 것이라 예상하는 사람은 거의 없습니다.

만에 하나 인간 캐디라는 존재가 사라진다 해도 그것은 아주 먼 미래의 일일 것이고, 또 아무리 먼 미래에 노캐디 골프장이나 캐디 로봇, 카트 등이 주류가 되더라도 인간 캐디 역시 계속 살아남을 것이라는 추측도 많으며, 미래를 예측하는 건 쉽지 않지만, 인간 캐디의 시대는 오랫동안 이어질 것으로 추측할 수 있는 이유입니다.

이처럼 캐디의 역할은 중요하며, 그만큼 많은 것을 배우고 수행해야 할 전문직으로, 경기 진행 보조, 플레이 타임 조절, 필요하다면 안전 요원 역할까지 소화해야 한만큼 캐디가 되려면 많은 것을 배워야 합니다.

'주마가편(走馬加鞭), 달리는 말에 채찍질을 가한다.'는 말로, 한층 더 분발하거나 좋은 상황에서 힘을 더해야 한다는 말이나, 속도가 올라가다 보면 말에서 떨어질 위험성도 커지기 때문에 완급 조절도 필요합니다.

골프가 호황을 누리자 많은 골프장은 그린피를 인상하고 카트비와 캐디피까지 올리고 있는데, 사실 캐디피는 라운드를 끝낸 골퍼들이 직접 캐디에게 전달하고 있기 때문에 골프장과는 무관하다고도 볼 수 있습니다.

지난 10년 동안 캐디피는 약 35%가량 상승했으며, 수도권 인근의 골프장에서 캐디피를 인상함으로써 지방 골프장까지 그 영향을 받은 것으로 조사됐습니다.

어느 업종이라도 한정된 공급에 비해 수요가 많아지면 가격을 올리게 되고, 캐디피는 코로나 이전만 해도 12만 원 정도가 평균이었지만, 최근 들어 14만원으로 인상한 골프장이 많아지고 심지어는 15만원까지 인상한 곳도 있어서, 떨어질 줄 모르는 캐디피로 인해 골퍼들의 원성은 높아지고 있습니다.

캐디가 부족하다

골프장에서는 자체적으로 캐디를 양성하기보다는 주변 골프장에서 성실하거나 책임감 있는 캐디를 영입 또는 스카우트하는 경우도 있어 골프장 측의 영업이익과는 관계가 없는 캐디피임에도 불구하고 오를 수밖에 없습니다.

가장 먼저 14만원으로 올린 한 골프장은 리노베이션을 한 후 재개장을 하다 보니 캐디 구하기가 쉽지 않아 캐디피를 14만원으로 올린다고 하여 타 골프장의 캐디를 영입했고, 새로 생긴 골프장도 캐디피 14만원을 조건으로 옆 골프장에서 캐디를 영입했습니다.

이외에는 골프장에서 자체적으로 다른 골프장과의 차별화를 두기위해 캐디피도 함께 올리는 경우도 있는데, 이렇게 올린 캐디피가 무려 15만원이고 기존 골프장들 역시 4월 중에는 대부분 14~15만원으로 올린다고 합니다.

골프업계에서는 '캐디가 5만 명 수준은 되어야' 캐디피가 합리적으로 책정될 수 있으며 공급 또한 원활해질 수 있을 것으로 보고 있으나, 현재 캐디의 수가 3만 명을 조금 넘는 수준에서는 지속적으로 상승하는 캐디피를 멈추게 할 수 있는 방법은 없어 보입니다.

작년 11월부터 캐디도 종합소득세를 납부하도록 변경되었는데, 그동안 소득이 있음에도 세금을 납부하지 않는 것으로 알려져 있던 캐디는 골프산업뿐만 아니라 거의 마지막 현금 수입 업종이었습니다.

골프장과 협의해 진행하겠지만, 당장 캐디들의 원천징수와 4대 보험료 문제도 있기 때문에 골프장이나 캐디 모두 부담을 느끼는 것도 사실이고, 절세의 묘미를 찾을 수는 있겠지만, '우선 세금을 내야 한다.'는 압박감도 캐디피 인상 요인 중 하나일 것입니다.

캐디피 인상방안 모색

법도 마찬가지지만 상식이라는 것도 쌍방의 입장을 모두 들어보고 합의점을 찾는 것으로 해결의 발판을 마련할 수 있는데, '캐디피가 수요공급의 원리에 따라 상승한다면 그에 따른 대책을 마련해야'지, 이용객들이 반발하지 않을 것입니다.

예를 들어 캐디를 양성하는 학원이나 골프장에서 캐디를 자체 교육할 때 인센티브를 주는 것인데, 장기적으로는 캐디도 민간자격을 제도화한다면 보다 우수한 실력의 캐디들이 경기를 보조할 것이며 고객들도 만족할 것이고, 여기에 신입 또는 경력에 따라 캐디피를 차등하는 것도 방법일 수 있는데, 불편부당한 가이드라인을 정하는 게 어렵습니다.

물론 캐디의 실력이나 수준보다 골퍼와 케미가 잘 맞는 캐디도 있을 수 있고, 그렇기에 고객이 느끼는 만족도가 아닌 객관적인 실력과 경력에 따라 캐디피를 책정하는 것입니다.

캐디의 원활한 수급을 위해 노캐디나 캐디 선택제를 자리 잡게 하고, 캐디 수급을 위해 교육기관을 만든다면 일자리 창출에도 기여할 수 있을 것입니다.

사실 그린피나 카트비, 캐디피를 지속적으로 인상할 경우 골퍼들의 부담이 가중된다면 국내 골프장은 외면당할 수 있고, 더구나 코로나 확산이 진정되면 해외 골프를 떠나는 사람들도 더 많아지게 될 것인데, 누구나 즐겁게 골프를 즐길 수 있는 대중화를 위해서는 부담을 낮춰 합리적인 비용을 책정하고, 선택할 수 있는 가짓수를 다양하게 만들어야 할 것입니다.

캐디는 대한민국 골프장에서 없어서는 안 될 존재이며, 골퍼에게 캐디는 선택이 아닌 의무 또는 반강제 옵션인데, 문제는 '어쩔 수 없이 동반'해야 하는 캐디의 품삯(캐디피)의 오름세가 심상치 않고 가파릅니다.

캐디피의 오름세는 코로나19 확산에 따른 골프장 특수에 오히려 캐디가 부족한 작금의 현실이 반영된 결과로서, 2010년 10만원이었던 캐디피는 2014년 12만원으로 올랐고, 2020년 13만원에 이어, 2년 만에 14만원으로 뛰었습니다.

한국골프소비자원의 조사에 따르면 지난해 우리나라 골프장(392곳) 중 99%(388곳)가 캐디피로 13만원을 받았으나, 올해 들어 경기 S골프장, 충북 J골프장 등 여러 골프장에서 캐디피를 14~15만원으로 올렸거나 올릴 예정입니다.

골프장의 캐디피 인상은 다른 골프장 캐디의 이직을 부채질하는 나비효과를 일으켜서, 골프장으로서는 떠나는 경력캐디를 붙잡기 위해서라도 '캐디피 인상'이라는 배에 올라탈 수밖에 없고 도미노처럼 일어날 수밖에 없습니다.

캐디피 인상의 또 다른 요인은 특수형태 근로종사자 신분인 골프장 캐디의 '고용보험 및 산업재해보상보험' 의무가입에 따라 지금까지는 한 푼의 세금도 내지 않던 캐디에게 소득세와 보험료가 부과되었고, 캐디가 내야 할 '세금과 보험료'가 고스란히 골퍼에게 전가될 수 있습니다.

캐디가 모두 가져가던 캐디피는 앞으로 '캐디수입+세금'으로 구성이 바뀌는 것이라서, 현재 13만원이던 캐디피가 14만원 또는 15만원으로 오르는 것은 캐디의 수입 증가가 아닌, 세금 및 보험료 납부분일 수도 있는 것입니다.

산악지형이 많은 우리나라 골프장에서 캐디의 역할은 적지 않은 골프장 입장에서도 캐디를 없애는 것은 쉽지 않고, 캐디 없이 경기 운영을 한다는 것은 많은 어려움이 있습니다.

캐디난에 시달리는 골프장들은 일부 골프장에서 운영하고 있는 '드라이빙 캐디'(카트 운전만 전담해주는 캐디), '인턴 캐디', '노캐디 셀프 플레이' 등을 적극 도입할 필요가 있습니다.

온전한 캐디서비스를 원하는 팀은 그에 상응하는 캐디피를 지불하여 서비스를 받도록 하면 되고, 캐디피가 부담스러운 팀은 상황에 맞게 드라이빙 캐디나 인턴 캐디, 노캐디 셀프 서비스로 선택하도록 하면 됩니다.

일본은 이미 오래 전부터 캐디를 선택제로 운영하고 있고, 우리나라도 일부이긴 하나, 전남 영암군 사우스링크, 충남 논산시 더힐, 강원 춘천시 스프링베일, 충북 진천 아난티(일부) 및 세종 에머슨(일부) 등 전국 골프장 60여 곳에서 노캐디를 운영하며 골퍼의 호평을 받고 있습니다.

캐디학개론 소개

경기보조원이자 전문가이기도 하고, 자영업자이기도한 캐디. 그들의 탄생부터, 역할, 직업으로서의 지위, 미래까지 종합적으로 짚어본 '캐디학개론(조세금융신문)'이 출간됐습니다.

캐디의 과거와 현재 그리고 미래를 엿볼 수 있는 이 책은 캐디와 골퍼, 골프장운영자에게 많은 질문을 하고, 향후 어떻게 변해야 할 것인가에 대한 솔루션을 제공하고 있습니다.

'캐디학개론' 저자 김대중 대표는 "캐디는 단순한 경기보조원이 아니다. 캐디가 경기보조원으로서 도우미가 아닌 플레이어가 골프에 더 집중하고 좋은 스코어를 낼 수 있는 어드바이저로 거듭날 수 있는 계기가 되었으면 한다." 라며, "이 책을 통해서 신입캐디 교육의 전문화와 경력캐디의 업무의 전문화가 이루어질 수 있는 계기가 되기를 기원한다."고 말했습니다.

캐디에 대해서 역사부터, 캐디가 하는 일, 캐디가 되기 위해서 알아야 하는 룰과 방법 등을 알기 쉽게 설명한 책이 '캐디학개론'인데, 캐디야 말로 정말 전문적인 지식을 갖춘, 아니 갖추어야 하는 직업이여야 한다는 생각을 갖게 만들어 줍니다.

또한, '캐디학개론'에서는 캐디가 처한 현실적인 문제, 캐디의 인식과 골프장과의 관계, 그리고 이를 위해 앞으로 캐디가 나아가야 할 방향을 제시해줬으며, 이로써 캐디의 처우 개선과 인식의 변화를 도모 할 수 있도록 많은 현실적인 도움을 주고 있습니다.

캐디가 구체적으로 어떤 일을 해야 하고, 캐디가 되는 방법, 법원에서 바라보는 캐디의 모습, 향후 캐디가 나아갈 방향까지 캐디에 관한 다양한 내용을 현실에 맞게 재미있게 서술했고, 기존에 가졌던 캐디에 대한 선입견과 편견을 제대로 된 교육을 통하여 '온전히 자리 잡을 수 있는 그날이 어서 빨리 와 줬으면' 하는 바람입니다.

저자 김대중은 '캐디학개론'은 총 4파트, 17개 섹션으로 구성했습니다.

1부 캐디의 역사에서 500년부터 캐디가 있었고, 시대에 따라 그 역할이 어떻게 변화되어 갔으며, 최초의 캐디가 누구인지 그리고, 현존하는 캐디 중에서 가장 유명한 캐디가 누구인지까지 풍부한 사진 자료와 함께 재미있는 이야기 형태로 자세하게 설명하고 있습니다.

2부 캐디가 하는 일에서는 플레이어가 이해하기 쉽도록 캐디가 어떤 일을 해야 하는 지에 대해서 자세하게 설명하고 있고, 캐디가 되면 수익이 얼마인지 그리고, 캐디가 알아야만 하는 골프 규칙 등에 대해서 자세하게 설명하고 있으며, 또 캐디의 역할과 골퍼에게 어떤 어드바이스를 해야 하는지, 캐디로서 알아야 하는 골프 규칙 및 지식 등에 대해서도 자세하게 설명하고 있습니다.

3부 캐디가 되는 방법에서는 수요와 공급 관점에서 골프장에서 캐디가 부족한 이유와 골프장에서 캐디가 필요한 이유 그리고 나아가 다양한 캐디의 종류, 캐디가 되는 방법 등에 대해서 설명하고, 캐디가 되려면 어떤 절차를 거쳐야 하는지에 대한 실질적인 이야기를 심도 있게 다뤘습니다.

4부 캐디의 미래에서는 캐디라는 직업의 한국적 특징과 법률적 판단 하에서 앞으로 캐디가 나아갈 방향에 대한 이정표를 제시했는데, 우리나라에서 현재 캐디라는 직업에 대한 인식과 이에 대한 법률적 판단을 짚어 봄으로써 미래의 '캐디'라는 직업이 어떻게 변화할지 살펴봤습니다.

캐디는 고수익 전문가이지만, 시장에서 평가는 전문가로서 대접을 받지 못하고 있는 실정입니다.

골프장, 골퍼, 캐디 이 3자의 관계가 상호 공생관계로서 희망적 미래를 만들기 위해서는 현실적으로 캐디에 대한 올바른 이해가 뒷받침되어야 하지만, 국내 환경은 이러한 부분이 너무 부족한 것이 현실로 캐디 스스로의 존재감도 부족하며, 골퍼들 또한 캐디에 대한 이해도가 떨어집니다.

캐디 되는 방법

현재 대한민국에서 캐디 일을 배우고 신참 캐디가 되는 방법은 크게 두 가지로, 하나는 골프장에서 신입 캐디 모집을 할 때 지원하여 교육받은 뒤 캐디가 되는 것과, 또 하나는 대행업체를 통해 교육받고 캐디가 되는 것입니다.

구직 사이트 등을 찾으면 수많은 캐디 구직 글을 찾아볼 수 있는데, 경력직 캐디는 기존에 근무 경력이 있는 캐디를 모집하는 것이며, '캐디 교육생', '신입 캐디', '초보 캐디' 등은 새로 캐디를 모집하는 항목입니다.

이때 모집 주체가 어디인지 살펴볼 필요가 있는바, 모집 주체가 골프장이라면 골프장에서 직접 캐디를 모집한다는 뜻이며, 대행업체 명의로 모집한다면 대행업체에서 캐디 교육생을 모집한다는 뜻입니다.

이제 막 캐디 업계에 발을 디디려는 사람에게 캐디 대행업체는 낯설지 모른데, 캐디 대행업체는 캐디 교육, 양성, 알선 등을 수행하는 업체이며, 국내에도 여러 곳이 성행하고 있습니다.

처음 캐디의 길에 들어서는 사람이라면 직접 골프장과 부딪치느니, 대행업체를 통해 교육받고 알선을 받으며 캐디의 길에 접어드는 것이 좀 더 마음 편하다고 생각할 수 있습니다.

직접 골프장과 접촉하여 캐디 교육을 받을지, 대행업체를 찾을지는 개인의 선택이지만, 대행업체를 통해 교육받고, '캐디의 길에 접어드는 과정에서 과도한 비용이 소요된다는 비판이 나온다.'는 점입니다.

직접 골프장에 지원하여 캐디가 되면 일반적으로 골프장에 내는 비용은 없고, 대신 지원 후 3개월 정도 돈을 내지도, 받지도 않으며 골프장에서 캐디 일을 배우는 기간이 있습니다.

이 교육 기간 동안 캐디 지망생은 골프장에서 골프 규칙 등 기본적인 지식은 물론, 캐디로서 필요한 각종 실무 과정까지 배우는데 돈을 내지도 받지도 않지만, 골프장을 통해 캐디가 되려면 대개 거치는 과정입니다.

그런데 대행업체를 통하면 이 과정에서 적지 않은 비용을 업체에 내야 하는바, 한 캐디 대행업체를 예로 들어보면 이곳은 골프장에 신입 캐디를 공급할 때마다 골프장에서 100만 원가량의 돈을 받는 것으로 알려졌습니다.

나아가 신입 캐디 또한 교육 및 알선 과정에서 200만 원 가량의 돈을 받는 것으로 알려졌고, 캐디 지망생으로서는 분명 돈을 벌려고 시작한 일인데, 미리 선금을 낸 뒤 일을 시작하는 꼴입니다.

캐디 지망생을 위한 제언

법에 어긋난 사업도 아니고 관행은 이미 널리 퍼져 있어서, 많은 골프장과 선이 닿아 있는 대행업체에서 돈을 받는 게 나쁘다는 건 아니고, 교육과 알선 과정에서 돈을 벌기 위해 만들고 운영되는 캐디 대행업체가 돈을 벌려면 교육 및 알선 과정에서 골프장과 캐디에게 돈을 받는 것 외에는 뾰족한 수가 없습니다.

또 많은 신입 캐디를 보유하고 있기에 그만큼 적재적소에 알선을 넣어주는 역할을 하고, 교육 기간 역시 골프장에서 배우는 것보다 짧은 경우가 많기에 시간을 아낄 수 있다는 것도 장점입니다.

문제는 업계 사정에 밝지 못한 캐디 지망생이 멋모르고 대행업체를 통하였다가 '처음부터 경제적 부담을 짊어지는 경우가 많다'는 점인데, 특히 가진 것 없이 사회 초년생이 캐디가 되기 위해 교육비와 생활비까지 수백만 원의 돈을 지출하면 빚을 짊어진 채 사회생활을 시작하는 꼴이 될 수 있습니다.

그럴 각오가 되었다면 문제가 없지만, 업계 사정을 잘 모르는 캐디 지망생이 무작정 알선 업체에 접촉하면 낭패를 볼 수도 있으며, 분명 돈을 쓰지 않고 캐디가 될 방법이 있음에도 불구하고, 큰 지출을 할 수 있는 것입니다.

한 골프장에서 신입 캐디를 모집할 때는 보통 2~30명은 모집하기 때문에 캐디 지망생이 골프장에 지원하는 게 아주 어려운 것도 아니지만, 중도에서 떠나는 분들이 많습니다.

경력 없는 지망생이라도 열심히 준비하고 여러 곳에 지원하면 분명 기회는 찾아오기 마련이고, 특히 적은 돈도 함부로 쓸 수 없는 사회 초년생이라면, 무작정 캐디 대행업체를 찾아 비싼 비용을 지출하느니 조금 발품을 팔고 인내심을 발휘하며 직접 골프장에 지원하는 쪽을 고려해 보십시오.

직접 골프장에 지원하느냐, 혹은 대행업체를 통하느냐. 어디까지나 개인 선택에 달려 있고 골프장에 직접 지원 하면 따로 비용을 지출할 필요는 없습니다.

3개월가량 무보수로 일을 배우며 생활비는 지출되겠지만, 추가 비용은 들지 않고, 대행업체를 택한다면 교육비 등 따로 비용이 발생하며, 그 액수도 적지 않습니다.

로봇 캐디·자율주행 카트

9홀을 돌아야만 만날 수 있는 그늘집이 로봇으로 변신해 골퍼를 찾아오는데, 코스 전략은 캐디가 아니라 스마트폰 앱이 짜주고 골프백을 든 채 남은 거리를 불러주는 이는 사람 캐디가 아니라, '로봇 캐디'입니다.

2022년 4월 25일 골프업계에 따르면 롯데스카이힐CC제주는 올 초부터 로봇캐디 6대를 운영하고 있는데, 정보기술(IT)과 로봇기술을 곳곳에 적용한 '스마트 골프장'이 하나둘씩 늘고 있어서 골프장이 똑똑해지고 있습니다.

골프백 1개를 실은 '1인용 자율주행 카트' 형태인 로봇 캐디는 골퍼와 함께 페어웨이를 다니며, 장착된 태블릿을 통해 코스 정보와 남은 거리, 앞뒤 팀의 위치도 확인할 수 있고, 샷을 할 때는 멈추고, 단추를 누르면 자동으로 쫓아옵니다.

로봇캐디 이용료는 1인당 4만원. 4명이 라운드하면 16만원으로 캐디피 13만원, 카트비 10만원이 드는 일반 라운드보다 7만원 저렴합니다.

골프존카운티는 캐디를 대체할 소프트웨어 SGRS(Self Golf Round Service) 앱을 개발했는데, 카트를 배정받으면 앱이 활성화되면서 '캐디 서비스'를 제공합니다.

코스와 홀을 이동하는 동선과 라운드 지연 여부, 그늘집 대기 시간 등을 알려주고, 티 박스에서는 OB, 벙커, 페널티 구역(해저드) 등 코스의 주요 정보와 함께 공략법도 알려줍니다.

골퍼의 허기를 달래주는 그늘집도 로봇으로 변신했는데, 삼성웰스토리는 지난달 맥주, 막걸리, 커피 등 식음료를 골프 카트에 배달해 주는 자율주행 로봇을 충남 진천 아난티중앙GC에 들였습니다.

경사가 심한 산악지형의 국내 골프장은 자율주행 로봇을 활용하기에 좋은 환경이 아니고, 아난티중앙을 달리는 로봇 '뉴비'는 10개의 멀티카메라와 3개의 센서를 활용해 코스를 읽습니다.

다양한 장애물을 피할 수 있도록 딥 러닝 기술도 적용됐고, 4주간 시범 운영하는 동안 골프장 내장객의 50%가 서비스를 이용했을 정도로 반응이 좋았는데, 삼성웰스토리는 다음달 2개 골프장에 추가로 배달로봇을 도입하고 올해 말까지 총 16곳으로 확대할 계획입니다.

한편, 스크린골프에서나 볼 수 있었던 샷 분석 기능을 실전에서 적용한 골프장도 나왔는데, 골프존카운티는 스윙 영상 촬영 서비스 '에어모션'을 안성W골프장 등 산하 골프장에 속속 들여놓고 있습니다.

에어모션이 설치된 티잉 구역에서 티샷을 하면 레이더 센서를 통해 자동 촬영하고, 볼 궤적 트래킹 기술이 샷 데이터를 분석합니다. 실내 스크린골프연습장에서만 확인할 수 있던 헤드 스피드, 볼 스피드, 구질, 높이, 비거리를 측정해 앱으로 보내줍니다.

셀프체크인은 코로나19로 비대면 문화가 확산되면서 이제 익숙한 풍경으로 자리잡았는데, 카카오VX를 시작으로 대중제 골프장에 속속 도입됐고, 삼성물산 리조트부문이 운영하는 가평, 안성, 동래베네스트GC는 체크인부터 체크아웃까지 셀프서비스를 운영하고 있습니다.

스마트 골프장 구축 수요가 늘면서 골프업계의 IT 관련 투자도 이어지고 있는데, 골프존은 지난달 골프장 통합정보시스템(ERP) 기업 씨엠인포텍을 인수하고 사명을 '골프존씨엠'으로 바꿨습니다.

골프업계 진출을 준비하고 있는 숙박 · 레저 분야 플랫폼 기업 야놀자는 최근 자회사 야놀자클라우드를 통해 골프장ERP 업체 이츠원의 경영권을 확보했습니다.

노캐디(No Caddie, 셀프라운드)

셀프라운드 골프 서비스업체인 (주)그린그린은 국내 코스지형에 최적화된 워킹전동카트와 경기관제시스템, 골퍼용 코스정보 앱 등 노캐디 셀프라운드에 필요한 모든 서비스를 구축해 공급하고 있습니다.

국내 골프장 운영환경은 ① 대중제 전환, ② 스포츠 · 레저 목적으로의 골프, ③ 코로나19, ④ 젊은 세대 유입, ⑤ 캐디 수급 문제와 셀프플레이 확산 등 다양한 요인과 함께 변화하고 있습니다.

특히 합리적인 이용료를 중요시하는 요즘 골퍼 인식과 코로나19로 인한 비대면 서비스 요구, 캐디 수급난 등은 골프장이 셀프플레이 운영을 도입하는 계기가 되고 있습니다.

그린그린은 골프장이 진정한 셀프플레이를 구현하기 위해선 카트, 관제, 캐디 역할 대체, 안전관리 등에 대한 솔루션을 제공하고, 이를 유기적으로 결합해야 점진적 또는 일시에 셀프플레이를 운영할 수 있을 것으로 보고 있습니다.

이를 위해 다년간 연구와 현장 검증 끝에 셀프라운딩 플랫폼을 개발, 셀프플레이에 최적화된 시스템을 공급하고 있고, 이는 한국형 워킹전동카트를 시작으로, 경기관제 시스템, 캐디 대체 시스템(비주얼캐디), 안전관리 시스템까지 포함하는 솔루션으로 국내 셀프플레이 운영환경에 가장 적합한 플랫폼임을 자부하고 있습니다.

① 완전 국산화로 신속한 사후관리 강점

그린그린의 워킹전동카트는 셀프플레이 시스템의 핵심으로, 개발과 개량에 가장 많은 공을 들인 부분이기도 합니다.

현재 전 세계에 공급되는 워킹카트는 대부분 개인 구매로 골퍼가 차에 직접 갖고 다니는 방식이나, 우리나라는 아직 골프장 내 개인 카트 반입이 되지 않고, 골프장이 직접 구매 또는 임대 방식으로 운영하고 있습니다.

따라서 기존 국내 골프장에 사용되는 워킹카트는 1일 다회 운행과 경사 구간이 많은 국내 코스환경, 그리고 대부분 중국 등에서 제작된 수입품으로 내구성과 유지보수에 많은 문제가 있었습니다.

또 수입품에 의존하다보니 국내환경에 맞춘 개량도 힘들어, 초기에 도입된 워킹카트는 상당수가 고장과 이상 작동으로 가동률이 떨어져 불편함이 가중됐습니다.

이에 2018년부터 지산퍼블릭에서 수입 후 개량한 워킹전동카트를 운영해 온 그린그린은, 이 경험을 바탕으로 지속적으로 카트를 개량한 결과 국산화에 성공했습니다.

특히 지난해에는 카트 바디를 통 프레임으로 제작하는 등 제품 전체를 국산화하는 데 성공하고, KC인증까지 획득해 성능과 안정성을 인정받았고, 이어 조달청에 국산 골프트롤리(Golf Trolley)로 제품 등록 승인도 받아 공공시장에서도 경쟁력을 확보했습니다.

고강도 스테인리스 통 프레임 방식으로 높은 내구성을 확보하고, 킥보드 운전방식을 채택해 안전하고 편리한 운행을 할 수 있으며, 본체는 엔진바디, 프론트, 손잡이, 보조바퀴 등 4파트 모듈 형으로 장애 발생 시 파트별 진단 및 신속 교체로 유지보수도 용이합니다.

200W DC모터 2개를 장착해 강력한 파워로 25도 이상의 등판능력을 제공, 경사지형이 많은 국내 코스환경에 최적화된 주행능력을 자랑하는데, 배터리는 기존 리튬이온과 더불어 리튬인산철을 선택할 수 있으며, 리튬인산철 배터리는 전해질이 고체여서 폭발 위험성이 리튬이온에 비해 현격히 낮고, 재충전 평균수명도 약 1,500회로 리튬이온의 2~3배 정도입니다.

업계 최초로 에어타이어를 장착해 잔디 훼손이 최소화되고, 앞뒤 보조바퀴 총 6 륜으로 안정된 주행을 보이고, 비주얼캐디 사용을 위한 단말기(스마트폰) 거치대를 비롯해 음료, 소지품, 우산, 퍼터 거치대 등 다양한 액세서리를 장착할 수 있습니다.

② 편리한 관제·캐디 대체 시스템 제공

그린그린은 셀프라운딩 시스템 완성을 위해 관제시스템과 캐디 대체 시스템, 비주얼캐디도 지원하는데, 관제시스템은 그린그린 플랫폼을 기반으로 하며, 모든 홀의 진행상황을 한눈에 모니터링 할 수 있습니다.

핀 위치 자동 조정 기능과 플레이어가 앞뒤 홀 상황을 확인할 수 있으며, 관제실과 플레이어 간 메시지 송수신도 가능하며, 그늘집 메뉴 주문과 스코어 기록관리 기능도 탑재하고 클라우드 기반으로 만들어져 요청 즉시 구축할 수 있는 것도 장점입니다.

비주얼캐디는 캐디를 대신해 코스정보와 공략을 안내해주는 시스템으로 스마트폰이나 태블릿 등 모바일기기에 무료 앱을 설치해 이용할 수 있고, 모든 코스에 대해 거리 측정뿐만 아니라 티샷, 세컨샷, 어프로치, 퍼팅 등 구간별로 전략을 짜고 플레이할 수 있게 하는 코스 공략 프로그램입니다.

위성 맵을 기반으로 목표지점, 페널티 구역(해저드) 등을 쉽게 확인할 수 있으며, 그린 경사도 확인해 퍼팅 공략을 할 수 있는가 하면, 실사 위성 좌표 정보여서 정확한 코스 정보를 제공하고, 핀 위치도 자동 조정으로 실제 위치가 표시됩니다.

샷 트래킹 기능으로 플레이한 코스를 다시 볼 수 있으며, 국내외 코스(국내 525개, 해외 20개국 3만개)를 미리 보며 공략 시뮬레이션도 할 수 있고, 관제시스템과 연계하면 카트 네비게이터를 구성할 수 있는 것도 장점입니다.

그린그린의 셀프라운딩 시스템은 4년 전부터 지산CC 퍼블릭코스(9홀)에 도입돼 운영 중이고, 이곳을 래퍼런스로 카트 및 시스템에 대한 지속적인 개량을 거쳤으며, 지산퍼블릭도 그간의 운영과 매출 증대 효과 등에 만족해 운영 연장 계약을 맺었습니다.

지산퍼블릭의 경우 임대형 수익 공유 모델로 운영돼, 골퍼로부터 워킹전동카트 이용료를 받고, 그린그린과 배분하는 방식입니다.

그린그린은 카트 및 시스템에 대한 모든 사후관리를 책임지고, 즉각적인 AS 대응으로 높은 가동률을 보여 클라이언트 만족도를 높이고 있고, 카트 등 모든 설비를 국산화한 것이 이를 가능하게 해줬다는 분석입니다.

그린그린은 노캐디 셀프플레이 운영을 전면 또는 부분적으로 도입하고자하는 대중제 골프장, 특히 9홀 코스에 자사 솔루션이 유용할 것으로 보고 있습니다.

그린그린 최봉민 상무는 "우리 솔루션은 그동안 페어웨이에 진입하는 9홀 전동워킹 셀프라운드 운영에 대부분 구축되지 못한 카트, 관제, 캐디 대체 시스템을 한곳에서 원스톱 서비스하고 있다"며, "아울러 해외와 달리 등고가 심한 국내 골프장 셀프 운영에 가장 문제가 됐던 카트 가동률도 경사 25도 이상의 강력한 등판력,

내리막 제동력, 통 프레임 내구성 등 사후관리를 국산화로 해결해 노캐디 셀프플레이 운영에 가장 진화한 퀵 유지보수 셀프운영 시스템이라 자신한다."고 말했습니다.

3 골프장 매매

골프산업은 코로나 팬데믹의 수혜를 본 대표적인 산업중 하나입니다. 해외로 나가지 못하는 소비자들이 몰리며 골프 인구가 크게 늘었고, 한 때 위기설까지 나돌았던 국내 골프장 산업은 때 아닌 초 호황기를 맞았는데, 현재도 골프 산업이 호황이란 점에 이견을 가진 투자자들은 많지 않지만, 골프장 매매 가격만큼은 다소 조정을 받는 분위기란 평가입니다.

홀 당 100억 원의 가격까지 거론됐던 골프장의 매매 가격에 대한 기대감은 사그라들었고 업황의 전망에서도 이견도 나옵니다.

코로나19 팬데믹 상황에서 골프장의 M&A 거래는 상당히 활발했고, 기존에 골프장 매물은 기업회생절차(법정관리)에서나 찾아볼 법했으나, 최근엔 대기업의 구조조정, 자산운용사들의 투자금 회수의 일환으로 M&A 시장에 등장하는 사례가 많았습니다.

두산그룹과 금호아시아나그룹은 자구안의 첫 단추로 클럽모우CC와 아시아나CC를 매각했고, 대우건설, 호반그룹, 한라그룹, SK그룹 등도 골프장 매각 행렬에 동참했습니다.

매수자는 대부분 사모펀드(PEF) 운용사 또는 자산운용사 라이선스를 보유한 재무적투자자(FI)들이었고, FI들은 막대한 유동성에 힘입어 골프장에 대대적인 투자금을 집행했는데, 물론 지리적 접근성, 시설 및 설비 등 복합적인 요인들이 매각 금액에 영향을 미쳤으나, 대부분 홀 당 50억~100억 원 수준의 거래가 이뤄졌습니다.

대우건설의 파가니카CC(2020년)는 홀 당 53억 원에, 두산그룹은 보유하고 있던 클럽모우를 홀 당 67억 원, 총 1,800억 원에 매각했습니다.

역대 최고가는 수도권(경기도 이천)에 위치한 사우스스프링스CC로 홀 당 96억 원, 총 1,720억 원의 매각가를 기록했고, 인수자는 골프용품 브랜드 테일러메이드의 경영권을 인수한 센트로이드PE입니다.

홀 당 90억 원이 훌쩍 넘는 거래가 성사되며 관심을 모았던 곳은 한화그룹이 보유하고 있던 골든베이CC(충청남도 태안)였는데, 수도권과는 거리가 먼 지리적 환경에도 불구하고 수년 간 투자자들과 접촉하며 거론됐던 매각 금액은 홀 당 100억 원으로, 총 27홀의 골프장 규모를 고려하면 약 2,700억 원 이상의 가격이었습니다.

다만, 최근 한화그룹은 고려자산개발에 최종적으로 약 2,000억 원에 매각하기로 결정, 단순 계산하면 홀 당 75억 원 수준에 매각했습니다.

수도권에 대기하고 있는 골프장 매물들(ex. 큐로CC · 마이다스CC)의 거래 추이를 좀 더 지켜봐야하겠지만, 현재로선 '골프장이 홀 당 100억 원 이상의 가치를 지닐 수 있을지에 대한 투자자들의 의구심은 점점 커지고 있다'는 평가입니다.

'골프 인구의 급격한 증가세로 골프장 수요가 더욱 두터워졌다'는 의견도 있지만, 코로나19 상황의 종식으로 해외 자유 여행객들이 크게 늘어난 것이란 점이 변수로 꼽힙니다.

사실 골프장의 원매자들이 주로 PEF 또는 금융기관이었던 점을 비쳐볼 때, 유동성 회수 시점 그리고 부동산 경기가 예측하기 어려운 시점이란 점은 '골프장 매매가격이 현재보다 더욱 높아질 것으로 보기는 어렵다'는 의견에 힘을 보탭니다.

신규 골프장 건설도 늘어나고 있고. 홀 당 100억 원을 들여 기존의 골프장을 인수하느니 차라리 새로 짓겠다는 전략으로 풀이되며, 현재 전국적으로 약 50여 곳의 골프장이 신규로 건설 중이거나 인허가를 눈앞에 두고 있는 것으로 전해집니다.

투자은행(IB) 업계 한 관계자는 "국내 골프 산업의 전반적인 성장세에 대해선 이견의 여지가 없다"며, "하지만 기존 골프장의 매매 가격 자체가 골프장 수요 성장세에 기반한 것이고, 골프장 간 경쟁의 강도가 더욱 심해질 수 있기 때문에 골프장 매각 가격이 현재 수준 이상으로 높아지긴 어려울 것으로 보인다."고 말했습니다.

골프장의 가격이 하향 추세를 그릴 것이란 전망 속에서 오히려 골프장을 대거 사들이는 기업도 있는데, 최근 골프존카운티는 이달 초 충남 천안에 위치한 버드우드CC를 인수하며 총 18곳의 골프장을 운영 중이고, '골프장 사업으로 벌어들이는 수익으로 매년 1~2곳의 골프장을 추가로 인수한다'는 계획인데, 4월 22일 현재는 기업공개(IPO)를 위한 상장예비심사를 청구했습니다.

이 같이 골프장을 대거 인수해 체인화 하는 사업모델은 주로 미국과 일본에서 찾아볼 수 있었고, 각 골프장을 연계해 시너지 효과를 극대화하려는 전략인데, 이번 골프존카운티의 상장 과정에선 국내외 투자자들이 한국 골프장 산업을 과연 성장 과정의 일부로 볼지, 정점으로 판단할지를 지켜볼 수 있는 기회라는 평가도 나옵니다.

골프장 홀 당 100억 원 시대

2010년대 초 골프장들의 적대적 경쟁 심화와 글로벌 경제위기가 겹치면서 회원권 가치가 급락했지만, 구조조정을 거쳐 현재는 안정적으로 성장하고 있어서, 코로나19가 종식되고 해외 여행객이 늘어나도 젊은 골퍼들이 급증한 데 비해 공급은 이를 따라가지 못하기 때문이기에, 앞으로도 골프장 홀 당 100억원 시대는 유지될 것이라는 주장도 나옵니다.

골프장 가격이 홀 당 100억 원을 육박하면서 고점 찬반론이 고개를 내미는데, 골프장 인수합병(M&A) 전문가 심재훈 삼정KPMG 딜어드바이저리4본부 상무는 "골프장 수익성의 증대 추세는 물론 증가한 매출 규모도 유지될 것"이라며 골프산업에 대한 부정적 전망을 일축했습니다.

골프장 딜에서 최초로 P플랜(사전회생계획), 스토킹호스(우선매수권자가 존재하는 공개경쟁입찰), 자율구조조정(ARS) 등 전략을 펼치며 회원권 가치 하락에 따른 손실 최소화, 골프장 상환 재원 마련 등에 힘썼던 그가 상승세를 자신하는 배경엔 '골린이(골프+어린이)'가 있는데, 여가시간 확대와 소득수준 향상으로 골프 진입장벽이 낮아졌고, 코로나19 시기 골프가 '언택트 스포츠'로 인식되면서 젊은 층과 여성 골퍼가 많이 생겨나 시장은 호황기를 맞이했는바, 신조어 골린이의 탄생은 골프가 엘리트용이 아닌 대중 스포츠로 성장했음을 입증합니다.

수요는 느는데 공급엔 제동이 걸렸는바, 과거 골프장은 국토계획법에 명시한 도시계획시설 가운데 체육시설로 인정받으면서 토지 소유자의 80% 동의를 얻으면 나머지 소유자들의 집과 땅을 강제 수용할 수 있었으나, 2011년 헌법재판소가 헌법불합치로 판결했고 2014년 지역균형개발 육성법 개정으로 공익성을 인정하기 어려운 사업은 강제 수용할 수 없어지면서, 부지 확보가 어려워졌습니다.

심 상무는 "공급은 한정적이지만 수요는 늘어난 만큼 객단가 상승효과가 유지될 것"이라며 "일본 골프 산업이 호황기를 맞이했다가 어려워진 이유는 골프를 치는 인구가 60~70대에 그쳤기 때문이다. 우리나라는 골린이들이 생겨났기 때문에 일본의 전례를 따라가지 않을 것"이라고 전했습니다.

시행사들은 골프장 부동산 담보로 금융권에서 대출받을 시 공정률 30% 부터 회원권을 분양할 수 있고, 회원들은 특정 기간이 지나면 골프장에 입회금(회원권 분양대금) 반환 청구를 할 수도 있습니다.

2000년대 초중반 자기 자본이 적지만 입회금 제도에 의지해 회원제골프장(이하 회원제)을 준공하는 시행사가 많았고, 골프장 공급 증가와 경쟁 심화로 골프장 운영 수익만으론 이자 지급이 어려운 곳이 생겨났습니다.

하지만, 입회금 반환 시기가 되자 도산하는 골프장이 쏟아지고, 2008년 글로벌 금융위기가 겹치며 회원권이 폭락해 2013년 안성Q를 기점으로 회원제의 회생 및 M&A가 본격화했으며, 2011년 이전 회원권 분양 실패나 자본이익 실현을 위한

M&A가 많았다면, 2011년부터 2013년까지는 기업회생절차를 밟는 골프장 중심의 회생 M&A가 빈번했습니다.

골프산업은 현재 안정성장기에 접어들었고 그간 회원제는 수익성이 더 높은 대중골프장(대중제)으로 전환하거나 M&A를 통해 재무구조를 개선하는 데 주력했는데, 회원제는 대중제에 비해 재산세를 많이 납부하고, 대중제는 대납하지 않는 개별소비세도 소비자에게 받아 대납해야 합니다.

회원권 분양액 기준 7~10% 이상의 혜택을 회원에게 제공해야 하는 만큼, 금융권 대출 이자보다 부담이 크고 전환 과정을 거쳐 부실 골프장이 줄면서 대중제는 물론 회원제도 객단가가 상승해 골프장이 다른 부동산 사업보다 안정적이고 수익성 높은 투자 상품이라는 인식이 퍼지고 있어서 골프장 거래가격도 꾸준히 올라 홀 당 100억 원 시대가 열렸습니다.

심 상무는 구조조정기를 거쳐 회원제의 문제가 정리되고 있는 만큼 '대중제와 회원제의 구분을 없애고 서로 다른 세제와 법률, 운영 체계, 요금제 등을 시대 상황에 맞춰 정비해야 한다'고 주장했습니다.

'그린피를 강제로 억누르려고 하거나, 요금을 법제화하면 오히려 부정적인 그린피 판매 사례가 발생할 수 있다'고 지적하기도 했던 그는 "2019년 국내 골프장 수의 70%가 대중골프장으로 운영되는 등 골프의 대중화가 현실화했다"며 "운영상 경계가 모호해지고, 회원권 분양이 아니라 금융권 대출로 재원을 모집하는 골프장이 많아지는 만큼, 세무구조의 불합리성을 완화해 자율적인 시장 메커니즘이 작동하도록 해야 한다"고 말했습니다.

이어 "골프장이 골프장 이용 예약을 원하는 고객에게 직판할 수 있도록 해야 그린피 상승을 완화할 수 있다. 그린피를 강제로 억누르려 하면 중간 거래가 횡행해질 수 있고, 소비자들은 결국 더 비싸게 사게 될 것"이라며 "시장흐름에 맞게 요금을 오르내릴 수 있도록 경영 자율화를 보장해야 한다."고 덧붙였습니다.

골프장을 사려는 원매자에게는 투자 적합성을 따지기 전에 목적을 정하라고 제언했는데, 골프장 선택 기준을 수립하고 매물을 선정한 뒤에는 거래금액을 최종 선택의 기준으로 하되, '선택 기준에 충족한다면 금액적 부담이 있더라도 공격적으로 투자하는 것이 적합할 수 있다'는 의견입니다.

좋은 투자 방법으론 리츠(REITs)를 꼽았는데, 골프장 재무구조는 개선돼 왔고 보유 부동산 가치도 지속 상승하고 있으며, '소유 구조를 다변화하면 수익성을 보다 극대화할 수 있다'는 것입니다.

리츠는 소득의 90% 이상을 배당으로 분배하면 법인세가 면제되고, 종합부동산세는 과세 대상이 아닌 데다, 재산세는 분리 과세(과세 표준의 0.2%)되니 리츠로 적정지분을 상품화하면 경영권을 안정적으로 가져가는 동시에 수익을 실현할 수 있고 외형 확대 시 기업공개(IPO)도 가능하답니다.

ESG 경영

21세기 비즈니스의 화두로 등장한 ESG 경영은 골프장이라고 많이 얘기하는데, 환경(Environment)적 책임, 사회(Social)적 책임과 지배구조(Governance) 개선을 통해 지속가능한 발전 모델을 기업 경영에 도입하겠다는 약속은 모든 대기업들이 예외 없이 하고 있습니다.

ESG란 기업이 경영 과정에서 환경보호에 앞장서고, 사회적 약자에 대한 지원 등 사회공헌 활동을 펼치며, 법과 윤리를 철저히 준수할 때 "ESG 경영"이라고 할 수 있습니다.

전통적으로 기업의 목표는 최대 이윤을 창출하고, 주주들에게 많은 이익을 주는 것이었는데, ESG 경영은 기업의 재무적 성과만을 판단하던 전통적 경영 방식과 달리 '기업의 가치와 지속성을 강조'합니다.

오직 이익을 창출하는 경영에 몰두한 만큼 전례 없는 부(富)를 가져왔지만, 천연 자원 착취와 고갈, 환경 파괴, 대기업의 과도한 지배, 소득 불평등을 낳았고, 직원과 지역 사회, 협력 업체 등 다수의 이해관계자가 피해를 보는 상황이 발생했습니다.

이미 유럽, 미국 기업들, 국내 유수 업체들이 ESG 경영에 적극적으로 나서고 있고, 신생 업체들 중에는 ESG 경영을 새로운 도전의 발판으로 여기는 기업도 있으며, 발주처 및 투자자의 ESG 준수 요구, 해외 바이어들의 ESG 정보 공개 요구도 증가하고 있습니다.

ESG 경영은 이미 소비자와 투자자가 기업에 요구하는 새로운 기준인 동시에, 기업이 글로벌 시장에서 생존하기 위한 필수 전략이 되고 있습니다.

다만 규제 중심의 ESG 정책이 아닌 제도적 지원과 인센티브 중심의 ESG 정책 마련이 필요하며, 그래야 기업들이 자율적으로, 더 효율적이고 적극적으로 ESG 경영 혁신을 이룩할 수 있고, 규제를 피하는 정도의 ESG 경영으로는 글로벌 경쟁력을 확보하기 어렵습니다.

골프장의 환경적, 사회적 책임에 대해서도 깊이 있는 고민을 하고, 모범적인 거버넌스를 통해 ESG 경영을 실천할 수 있고, 이런 실천을 통해 진정한 명문 클럽을 만들어 갈 수 있는 선택은 그들의 몫입니다.

해외골프장 회원권

해외골프장 회원권을 △ 태국 △ 베트남 △ 필리핀 △ 말레이시아 △ 중국 △ 일본 등 다양한 주변국가들 대상으로 회원을 모집 중이며, 가입기간도 다양합니다.

5년, 10년 이용권부터 30년 이상 평생 회원권을 1인과 무기명 4인으로 분양중이고, 과거와 다르게 은퇴자뿐만 아니라 가족 단위의 골프투어와 법인체에서도 비즈니스목적으로 가까운 이웃나라 회원권에 관심을 갖고 있습니다.

소유권이 분명하고 무기명 평생회원권이라면 국내고가의 골프장보다 싸게 이용할 수 있어, 해외 하늘길이 열리기 전에 준비해둔다면, 친목과 비즈니스에 모두 좋을 것이라고, 광고도 많습니다.

골프수요 증가로 주말 골퍼 등은 예약의 어려움뿐만 아니라 전 세계 물가상승 여파로 △ 그린피(입장료) △ 캐디피(캐디 봉사료) △ 카트비(카트 이용료) △ 식음료 등이 줄줄이 인상되고 있어 골퍼들에게 부담으로 작용하고 있습니다.

그래서 가격을 저렴하게 이용하기 위해 오후 4시 이후 플레이하는 야간타임을 이용하는 골퍼들이 많아지고 있는 상황이나 ,연부킹도 사라져 어렵고, 또 비용이 비싸다고들 하지만 별다른 방법이 없어 해결책으로 해외 골프장을 찾는 경우도 나옵니다.

골프왕국

골프장업계 전체가, 이른바 '망하는 기류'라고 해도 건재한 곳이 있는데 바로 대기업 계열 골프장들로, 국내 대기업 가운데 최대 규모의 '**골프왕국**'은 삼성그룹입니다.

삼성그룹은 안양 등 5개 골프장에 무려 108홀 규모로, 국내 최고의 명문 안양의 위상까지 더해 '골프종가'로 군림하고 있는데, 거대 자본의 뒷받침으로 입회금 반환에서 자유롭고, 적자가 나더라도 개의치 않습니다.

대기업의 골프왕국 건설은 2000년대 접어들어 본격적인 영역 확장을 시작했고, 최근 몇 년간 골프장사업이 불황의 늪에 허덕이고 있지만 끝없는 '세 과시'가 이뤄지고 있다는 게 독특합니다.

실제 CJ의 해슬리나인브릿지, 태광그룹의 휘슬링락, 신세계의 트리니티 등은 '아무나 갈 수 없는' 명 코스로 조성됐고, 난세에 오히려 '차별화'란 전략을 선택한 셈입니다.

삼성 고(故) 이병철 회장의 남다른 골프사랑부터 유명하며, 안양(18홀)을 비롯해 가평베네스트(27홀)와 안성베네스트(27홀+대중제 9홀), 동래베네스트(18홀), 글렌로스(대중제 9홀) 등 5개로 모두 에버랜드 소속이고, 동래베네스트만 사업주가 삼성물산입니다.

1968년 개장한 안양은 특히 45년의 유구한 역사가 돋보이는데, "나무 값만 해도 1조 원대에 이를 것"이라고 추산하는데, 지난해(2012년)에는 아예 문을 닫고 대대적인 리뉴얼을 진행했습니다.

지난 5월 재개장하면서 골프장 이름도 안양베네스트에서 다시 예전의 안양으로 환원해 '역사성'을 부각시켰고 클럽하우스를 신축했지만 코스는 그대로 보존했으며, 1번 홀과 18번 홀 등 처음과 끝이 다소 쉬워졌고, 5번 홀에 크리크를 새로 조성한 정도입니다.

'안양 효과'는 그러나 계열 골프장들의 입지에 막대한 영향을 미쳤고, 가평베네스트는 실제 회원모집 초기 원거리임에도 불구하고 안양의 주중회원대우라는 후광을 등에 업고 소수의 초고가 회원모집에 성공했습니다.

여러 골프장을 거느리고 있는 기업이 누리는 '체인효과'로 2013년 12월 24일 기준 회원권시세가 7억 3000만원, 지금도 남부(9억 원)에 이어 두 번째로 높은 가격입니다.

한화, 롯데, GS의 '도전장'이 관심사로 규모면에서는 한화가 1위인데, 플라자 용인(36홀)과 설악(18홀), 제주(대중제 9홀), 강원도 춘천의 제이드팰리스(18홀), 충남 태안의 골든베이(27홀) 등으로 일본의 오션팰리스(18홀)까지 포함하면 총 126홀입니다.

'블루칩'은 제이드팰리스와 골든베이로 '골프여제' 아니카 소렌스탐(스웨덴)이 설계한 골든베이는 국내 최고 상금대회인 한화금융클래식(총상금 12억 원)까지 개최해 더욱 공을 들이고 있습니다.

롯데그룹도 만만치 않은데, 스카이힐 제주(27홀+대중제 9홀)와 김해(18홀), 성주(대중제 18홀), 부여(대중제 18홀) 등 총 90홀을 운영하고 있습니다.

LG그룹에서 분리된 GS그룹은 레저사업 쪽을 맡아 순식간에 90홀 규모로 덩치를 키우면서 치열한 몸싸움에 합류했고, 엘리시안 강촌(27홀+대중제 9홀)과 제주(27홀+대중제 9홀), 여기에 강원도 강릉의 샌드파인(18홀)을 추가했습니다.

현대차와 CJ, 코오롱, 신세계그룹도 적극적인데, 현대차는 해비치 제주(27홀+대중제 9홀)와 서울(18홀) 등 54홀, CJ는 나인브릿지(18홀+대중제 9홀)와 경기도 여주 해슬리나인브릿지 등 45홀, 코오롱은 우정힐스(18홀)와 마우나오션(18홀), 가든(대중제 9홀) 등 45홀, 신세계는 자유(18홀)와 트리니티(18홀) 등 36홀 규모이고, 한솔그룹은 문막 리조트단지에 오크밸리(45홀)와 오크힐스(18홀) 등 63홀을 집어넣었습니다.

그룹사는 아니지만 신안과 레이크힐스 등 골프장사업을 중심으로 '왕국'을 만든 기업들도 있습니다.

신안은 리베라(36홀)와 신안(18홀+대중제 9홀), 그린힐(18홀), 제주 에버리스(18홀+대중제 9홀) 등 이미 4개 골프장, 레이크힐스는 용인(18홀)과 안성(대중제 9홀), 제주(27홀), 순천(18홀+대중제 18홀), 경남(18홀) 등 5개 골프장에 각각 108홀 규모를 완성했습니다.

대기업의 골프장사업은 모기업의 안정성이란 '프리미엄'이 크게 작용하는데, 회원제의 특성상 회원모집에 사활을 걸고 있는 입장에서는 이 프리미엄이 안정적인 사업을 유지하는 동력이 될 수 있습니다.

'명품 바람'도 더해져 삼성 래미안이나 현대 아이파크 등 '명품 아파트'의 트렌드처럼 골프장도 브랜드 가치를 높일 수 있다는 이야기이고 비슷한 여건에서도 브랜드에 따라 회원모집의 성패나 시세가 달라집니다.

한국기업들의 해외 골프장 진출 러시도 마찬가지로 국내 자본으로 해외 골프장을 인수한 경우만 20여개, 400홀이 넘습니다.

한화가 2005년 일본 규슈 나가사키공항골프장(현 오션팰리스)을, 금호아시아나는 2006년 중국 웨이하이에 있는 범화골프장(현 웨이하이포인트)을 매입했고, 관련 업계에서는 "인수비용이 저렴한 반면 높은 수익을 창출할 수 있는 매력이 있다"며, "중국과 일본 등지의 골프장 매수가 더욱 늘어날 것"이라고 내다보고 있습니다.

골프장 이름변경

외국 명문 골프장들은 한 번 이름을 정하면 수백 년을 이어가지만, 국내 골프장은 유독 이름을 자주 바꾸는 경향이 있는데, 국내 골프장 중에 최대 7번까지 이름을 바꾼 곳이 있습니다.

〈골프매거진코리아〉 4월호에 따르면, 국내 이름이 가장 많이 바뀐 골프장은 에머슨세종인데, 세종특별자치시의 27홀 회원제 세종에머슨은 1994년 미송으로 시작해 이글, 엑스포를 지나 프레야충남, IMG내셔널, 에머슨내셔널에서 지금의 이름은 무려 7번째입니다.

오너 십이 바뀌면서 이름도 변동됐고, 지금은 세종시가 들어서면서 지역적인 연고를 따서 현재 명칭이 나왔습니다.

경기 광주의 큐로도 1994년에 '경기CC'로 시작해 지금이 6번째 이름으로, 처음엔 정식 개장 없이 시범라운드로만 운영했습니다.

2000년 시공사가 골프장을 경매에 넘겼고, 회원들이 인수하는 과정에서 2005년 '마스터즈'로 바뀌었고, 일 년 뒤 '경기샹그릴라'였다가 3년 뒤에 '블루버드'에서 큐캐피탈이 2018년 인수하면서 '큐로경기'를 거쳐 3년 전부터 오늘날의 이름으로 쓰이고 있습니다.

다섯 번째 이름을 쓰는 골프장도 스타, 클럽디금강, 골프존카운티 한림용인의 세 곳이며, 충북 충주의 스타CC는 원래 '장호원CC'로 1990년부터 운영했지만, 세금을 내지 않기 위해 시범운영만 10여 년간 이어가다 2007년에 상떼힐로 개장했고, 이후 중원스카이뷰를 거쳐 다시 상떼힐로 갔다가 현재의 이름을 가졌습니다.

경기 용인의 골프존카운티한림용인은 처음에는 리버사이드로 개장했으나, 용송을 거쳐 레이크힐스용인으로 오래 있었습니다.

레이크힐스는 전국 체인망을 펼칠 정도로 사세를 키웠으나 산산이 분해되고, 한림용인으로 소유권이 넘어갔다가 지금은 골프존카운티에서 운영합니다.

이밖에 현재 4번째 이름을 쓰는 골프장도 한양파인, 한림광릉, 엘리시안 강촌, 아난티 코드, 골프존카운티 천안, 덕유산 등 10곳이었습니다.

전북 익산의 클럽디금강은 2007년 10월 개장한 골프장인데 15년 새 다섯 번 교체됐는데, 처음에는 '곰의 포구'라는 뜻의 웅포에서 시작했으나 한국프로골프(KPGA)투어 회장을 지낸 김승학 씨가 주도해 베어리버라는 이름으로 개장했으나 복잡한 소유 문제로 인해 에메랄드로 바뀌었고, 베어포트로 변경됐다가 지금은 이도에서 위탁운영하고 있습니다.

골프장 이름 변경은 이전의 부정적인 골프장 이미지를 지우기 위해서이기도 하지만, 기업들이 골프장을 인수하거나 혹은 새로운 기업 단위로 묶을 때 브랜드 통합(BI)의 차원에서 시도하는 경우도 많습니다.

1968년 개장한 안양CC는 1996년 1년여의 대대적인 코스 리노베이션을 끝내고 난 뒤 최고의(Best) 요람(Nest)이라는 단어를 만들어 '베네스트(Benest)'를 붙였고, 이어서 계열사 동래CC를 동래베네스트로 바꾸는 것을 시작으로 인수한 27홀은 2004년 가평베네스트로 개장했습니다.

마지막으로 36홀 세븐힐스는 안성베네스트로 바꾸면서 4개 골프장 CI를 통합한 반면, 안양베네스트는 2013년 리노베이션을 마친 뒤에 애초의 안양CC로 돌아갔습니다.

태영건설은 경북 상주의 오렌지CC를 인수한 뒤로 2011년 3월에 경주의 디아너스와 용인의 태영CC까지 포함한 3개 골프장 브랜드를 블루원으로 변경했는데, 단일 브랜드 운영에 따른 효율성 강화를 목표했습니다.

그런가 하면 경기 안성의 안성아덴힐을 위탁 운영하면서 달(Luna)을 붙여 루나힐스안성으로 하고, 새로 조성한 24홀 골프장 이름에도 루나엑스로 다르게 지었는데, 기존의 블루원과는 대중화 컨셉트의 골프장이기 때문입니다.

골프장 이름 변경은 대기업보다는 골프장 운영 전문 기업이 더 적극적으로 추진했는바, 에머슨퍼시픽은 경기 가평의 리츠칼튼을 인수한 뒤 코스와 클럽하우스를 대대적으로 리노베이션하면서 명칭을 아난티클럽서울로 바꾼 데 이어 최근 아난티코드로 했고, 남해의 힐튼남해도 현재는 아난티남해입니다.

코스 리노베이션이나 홀 증설, 퍼블릭 전환 등 운영 형태를 변경하면서 명칭을 바꾸기도 하는데, 18홀 회원제 청주CC는 9홀을 증설한 뒤 그랜드로 변경했고, 1994년 ‘동진CC’로 개장한 경기 이천의 뉴스프링빌은 회원제와 퍼블릭 9홀씩 추가하면서 현재 이름이 됐습니다.

1998년 18홀 회원제 대영CC로 개장한 ‘스카이밸리’는 4년 뒤에 퍼블릭 18홀을 증설하고 이름을 바꿨는데, 이름을 바꿔 새로운 고객이 새로운 이름을 따라 와주기를 바라는 욕망이 담겨있습니다.

전 세계 골프장 숫자는

2022. 5. 11. 전주MBC 정태후 기자가 보도한 “전 세계 골프장은 몇 개나 될까?”를 소개합니다.

코로나19로 하늘길이 닫히기 이전, 동남아 일부 국가들은 열성 골퍼들에게 ‘골프 천국’, ‘황제 골프’라는 수식어로 표현될 만큼 압도적인 지지를 받았습니다.

방콕과 파타야, 치앙마이 등으로 대변되는 태국이나 마닐라, 클락, 세부 등지로 잘 알려진 필리핀, 그리고 호찌민과 다낭을 품고 있는 베트남 등 동남아 국가들은 가히 방방곡곡에 골프장이 즐비한 것처럼 느껴졌습니다.

그러나 놀랍게도 태국의 전체 골프장 개수는 우리나라의 절반 수준에도 못 미치고, 우리나라를 비롯한 나머지 아시아 국가 전체의 골프장 개수는 일본의 절반 수준에 불과합니다.

지난 2011년부터 영국왕실골프협회인 R&A는 그동안 어느 누구도 시도해 본 적이 없는 아주 특별한 프로젝트를 구상했는데, 72억 명의 세계 인구 중 몇 명이 골프를 치는지, 그리고 세계 2백 여 국가에는 몇 군데의 골프장이 있는지를 계산해 보기로 한 것이었습니다.

결과는 지난 2020년 말을 기준으로 전 세계 251개 국가들 가운데 206개국에 38,081개의 골프장이 있고, 이 가운데 80%의 골프장들은 단 10개국(한국 포함)에 집중되어 있다고 합니다.

골프장을 가장 많이 보유한 나라는 역시 미국으로 무려 16,156개, 전체 골프장의 42%에 달할 정도로 압도적이었고, 이어서 일본이 3,140개로 골프의 발원지인 영국 3,101개보다도 많았습니다.

우리나라는 810개로 전 세계에서 8위, 아시아권에서는 2위에 달할 만큼 골프시장이 폭발적으로 증가하고 있는 국가입니다.

가장 빠르게 골프인구가 증가하는 중국은 617곳이 있지만, 물 부족과 개발 제한을 이유로 골프장 건설 규제를 강화하고 있다고 합니다.

'골프천국' 동남아는 과연 골프장이 많지 않습니다. 유명 관광지 중심으로 둘러보는 관광객들의 시선에서는 이곳저곳 모두 골프장인 것처럼 보이지만, 태국의 골프장은 방콕과 파타야, 치앙마이와 후아힌, 그리고 푸켓 등을 망라해도 312개에 불과해서, 우리나라의 절반 수준에도 못 미칩니다.

이어 말레이시아가 243개, 인도네시아가 170개, 필리핀 131개, 미얀마 117개, 대만 88개, 베트남은 86개에 불과합니다.

4 골프 플랫폼 업계

2008년 국제금융 위기를 맞고 골프장에 공급과잉을 초래해, 홀별 이용객수 및 전체 골프장 내장객수 감소로 이어지면서 등장한 것이 시뮬레이터 골프로 불리는 '스크린골프 산업'이었는데, 위기의 골프 산업을 구해준 구세주나 다름없었습니다.

2007년부터 성장을 시작한 스크린골프 산업은 2010년에 골프존이 등장하면서 지각변동이 일었고, 2011년 5월에 골프존은 코스닥 상장을 성공시켰습니다.

2007년 1,600여 개에 불과했던 매장 수가 2012년에는 8,000여 개로 폭발적 증가를 했으며, 이는 잠재 골프 인구를 골프장으로 끌어들이는 원동력이 되었고, 이로 인해 골프 산업은 리먼 사태의 위기를 벗어나 4~5%의 성장을 유지하게 되었습니다.

2013년부터 스크린골프 산업이 빠르게 성숙기로 접어들면서 국내 골프 산업은 또 다시 주춤해졌고, 증가 일로를 치닫던 골프장이 500개 시대를 맞게 되면서 마침내 공급과잉 현상은 더욱 심화되었습니다.

예약 대행사업 등장

최근 스크린골프 산업의 둔화세도 뚜렷해지기 시작했고, 이는 골프 인구 신장세에 부정적 영향을 미쳤으며, 그 여파로 지방 골프장 중에서는 내장객 감소로 인한 적자 골프장이 다수 출현하게 되었지만, 골프회원권거래소와 스크린골프가 그랬듯이 골프 산업을 위기에서 구해낼 구원투수가 또 등장했습니다.

2013년 초부터 본격화된 '예약 대행사업'(일명 에이전시 사업)인데, 온라인 예약 대행 선발주자로 SBS골프나 X-골프 등을 들 수 있습니다.

온라인에 국한되었던 당시만 해도 예약 대행업체는 골프 산업의 한 축으로 분류되지 못했지만, 최근 들어 오프라인을 결합한 쌍방 소통의 예약 대행업체가 속속 등장하면서 상황이 달라졌고, 이들 업체의 강력한 마케팅 효과로 내장객 유치에 애를 먹고 있던 골프장에 큰 힘이 되기 시작했습니다.

2012년 당시 국내 골프 산업의 규모는 12조 원 정도로 추산되었으며, 위기에 빠진 골프 산업 전 분야의 빠른 회복을 위해서는 에이전시 사업의 역할이 클 것으로 예상되며, 앞으로의 큰 활약을 기대해봅니다.

스마트 골프

올해 4월 29일 KB금융지주 경영연구소에 따르면 지난해 골프 인구는 515만 명에 육박했고, 식을 줄 모르는 골프 열기에 본격적인 라운드 성수기까지 겹치면서 골프 플랫폼 업계의 서비스 경쟁도 격화되는 모습입니다.

골프 산업의 성장으로 MZ세대 유입 등 골프 인구의 증가와 온라인 쇼핑의 편의성이 대두됨에 따라 골프용품 온라인 판매 시장 성장세가 이어지고 있고, 소비자와 거래처 등의 이해관계자들에게 회사의 전략 방향을 강조하고 온·오프라인 사업 통합 플랫폼 구축을 통한 시장 확장에 박차를 가하고 있습니다.

아래 글은 강릉영동대 손연기 부총장의 "골프와 IT 융합을 통한 스마트 골프의 현황과 전망"(주간한국, 2022. 5. 9)을 소개합니다.

한국은 스크린 골프 시장이 세계 1위일 정도로 한국의 IT기술을 활용하여 골프에 접목시킨 매우 독특한 국가로서 스크린골프의 성장은 눈부시다고 할 수 있고, 매출 규모로 따지면 스크린골프는 골프연습장을 뛰어넘었고, '골프장의 절반 수준까지 성장했다'는 것으로 보고됐습니다.

2018년 기준 스크린 골프의 매출액은 2조 3,726억 원이며 골프장의 매출은 5조 4억 원, 골프용품업 (골프관련 산업)은 7조 4,894억 원으로 추정됐을 정도로 스크린골프는 골프 시장에서 중요한 비중을 차지하고 있습니다.

스크린골프의 이용객 수는 이미 오프라인 골프장을 추월했고, 국내 스크린골프 시장점유율 60%인 G사에 따르면 이 업체 시스템을 이용해서만 2020년 약 6,500만 라운드(1인 1라운드로 집계)가 소비된 것으로 분석됐는데, 하루 평균 약 17만 8,000라운드 규모라고 할 수 있습니다.

그해 국내 골프장 이용객은 연인원 약 4,673만 명인데, 스크린 골프 이용객은 골프존으로만 한정해도 1.4배 정도가 될 정도로 시장은 활성화 되고 있습니다.

스크린골프도 단순한 라운딩 서비스 제공에서 벗어나 다양한 분야에 스크린골프 관련 IT기술을 접목시키고 있는데, 특히, 골프연습장 시장까지 영역을 확대해서 필드 골프의 단순 대체제로 여겨졌던 '스크린골프가 필드 골프와는 다른 새로운 시장을 개척했다'고 할 수 있습니다.

즉, 골프 스윙 및 골프공의 회전수, 궤적 및 경로, 임팩트 측정에 센서를 활용하고, 이제는 빅 데이터 및 인공지능(AI) 기술까지 포함하여 사용자 맞춤형 골프 레슨 지원 서비스를 제공하고 있는 것입니다.

스크린골프와 연관 IT 서비스 이외에도 골프 시장은 IT 업계의 새로운 블루오션으로 주목받고 있는데, 'IT기술을 활용해 사용자 편의성을 개선하는 다양한 분야의 골프 스마트 제품과 서비스가 시장에 속속 출시되고 있다'고 하는바, 최근까지 IT를 활용한 대표적 스마트 골프 제품과 서비스는 아래와 같습니다.

① 로봇 골프 캐디

로봇을 활용한 무인화 서비스까지 등장했는데, 경주 코오롱가든골프장은 국내 최초 AI 기반 로봇 캐디 '헬로캐디' 120대를 도입, 2021년부터 운영하고 있습니다.

로봇 캐디는 일반적인 수동 카트와 유사하게 설계가 됐는데, 손잡이 앞 센서를 통해 사람을 인식하는 센서를 통해 골퍼가 이동을 시작하면, 뒤에 두 세 발자국 거리를 두고 자동으로 따라오게 됩니다.

또한 측면 터치스크린 방식의 태블릿을 통해 핀까지의 거리, 앞 팀과의 거리 등을 확인 할 수 있고, GPS와 센서로 앞 팀 로봇 캐디와 교신을 하기 때문에, 앞 팀과의 거리 정보를 자동으로 인식하여 골퍼에게 전달하는 제한적인 캐디의 기능도 수행할 수 있습니다.

② 레이저 거리측정기 고도화

최근 출시되고 있는 레이저 거리 측정기는 지형의 고저차, 볼의 탄도를 반영한 매직 슬로프, 고도, 온도, 습도 환경요소까지 반영하여, 손 떨림 방지 기능은 물론 최적화된 거리 측정 기능을 제공하고 있습니다.

최근 보편화된 Pin-Seeking 기능 등은 다수의 물체 중에서 가장 앞의 물체를 인식하여 거리를 측정하는 기능이며, 골프장 홀 컵 깃발의 주변 배경을 무시하고 깃발까지의 직접 거리를 빠르게 인식하는 기능으로, 사용 시 거리 측정의 편의성을 높여주는 기술이라고 할 수 있습니다.

스마트 연계 GPS 기반 손목시계 형 거리 측정기와 더불어, 지속적으로 시장이 커진 것으로 전망됩니다.

③ 스마트 골프 연습용품

첨단 IT기술은 골프 연습용품에도 확대되고 있는데, 스마트 퍼터 연습기는 퍼터 샤프트에 작은 장치를 끼워 사용하는 연습기이며, 연결된 스마트 폰을 블루투스로 연결해, 퍼팅의 궤도와 속도, 골퍼의 퍼팅 습관 등 빅 데이터 분석을 통해 개인별 맞춤형 퍼팅 레슨 제공합니다.

④ 스마트 골프장 분석 앱

골프장 지형의 3D 형상 정보를 탑재한 앱이 개발되었으며, 최근 서비스를 제공하고 있는데, 이 앱은 야디지 북, 거리측정, 퍼팅 궤적 제시, 스마트 스코어관리 등 기능이 있습니다.

그린 위에서 볼이 굴러가는 방향과 오르막 내리막을 정확하게 보여주는 퍼팅 궤적을 알려주는 등 퍼팅 수를 줄일 수 있는 정보를 제공하며, 컴퓨터 수치 해석을 통해 최적화된 퍼팅 방향 등을 안내합니다.

⑤ 홈 골프 시뮬레이터

홈 골프 시뮬레이터는 코로나19로 인한 비대면 시대와 함께 가상현실(VR) 기술의 빠른 발전으로, 골프를 집 안에서 즐길 수 있도록 만들어진 제품입니다.

가정에서 편안하게 스크린골프를 즐길 수 있는 골프 시뮬레이터들은 자이로 센서를 탑재해 비거리, 볼 스피드, 헤드 스피드, 캐리 거리 등의 스윙 궤적과 속도를 분석 및 제공해, 연결이 가능한 곳이면 어디서나 골프를 간편하게 즐길 수 있고, 또한 특수한 공을 사용해 실제 같은 리얼한 타격감을 느낄 수 있게 기획되고 있습니다.

⑥ 골프장 앱 예약서비스

골프장 예약 관련 앱을 통한 자동 체크인 서비스, 스코어 기록도 가능해졌는데, 예약 앱을 통해 다양한 골프장을 손쉽게 비교해 거리와 가격을 기준으로 스마트폰에 저장된 지인 정보 등을 함께 활용하여, 손쉽게 골프장 예약 및 결제 등을 할 수 있는 서비스가 제공되고 있습니다.

한국에서 골프는 이미 대중화가 됐고, 향후 다양한 서비스가 첨단 IT 기술 및 로봇 등과 연계해 제공이 될 것으로 보여 지며, 한국의 다양한 IT 기술을 활용하여 골프가 모두에게 보다 대중 친화적이고 즐거운 스마트 골프가 됐으면 합니다.

스포츠는 사람이 하지만, 앞으로는 IT의 기술발전에 힘입어 골프뿐 아니라, 야구, 축구, 배구, 농구 등등 다양한 스포츠에 AI가 적용돼 보다 쉽고 즐겁게 스포츠를 즐길 수 있는 미래가 빠르게 도래할 것으로 생각됩니다.

한국의 스포츠와 IT 접목 사례와 경험들은 향후 세계에서도 주목받을 수 있는 기반이 될 것으로 판단되며, K-팝, K-드라마 이후 K-스마트 스포츠가 당당하게 이름을 날릴 수 있기를 희망하며, 아래에는 골프 플랫폼 업계도 소개합니다.

‘골맵’ 서비스 제공

골프존이 골퍼들의 ‘골퍼 필수 앱’이라고 할 수 있는 ‘골맵’ 서비스를 시작했습니다.

골퍼에게 필요한 모든 정보를 하나의 앱에 담은 올인원 서비스로, 골프장 정보는 물론 레스토랑과 그늘집 메뉴, 골프장 주변에 위치한 음식점, 카페, 편의점, 주유소 등 각종 편의시설부터 골프연습장, 골프존 GDR아카데미, 골프존 마켓, 골프존 매장 정보까지 쉽고 편리하게 확인할 수 있는 것이 특징이며, 실제 필드에서 골프 라운드를 할 때 유용한 3D 코스 공략도 까지 보여줍니다.

골프존 앱을 설치하면, 골맵 서비스를 통해서 골프장의 다양한 기본 정보를 포함해 실제로 경험한 골퍼들의 평점과 리뷰를 확인하고, 해당 골프장과 주변 시설들에 대한 가공되지 않은 리얼한 정보를 파악할 수 있습니다.

골프장 기본정보와 골프장 날씨, 클럽하우스 식당 정보, 홀 공략 방법, 방문자리뷰, 주변 정보, 길 찾기 내비게이션과 같은 유용한 정보를 한눈에 파악할 수 있기 때문에, 골퍼들이 굳이 포털사이트에 접속해서 ‘다양한 정보를 여러 번 검색해야 하는 번거로움을 줄여준다’고 골프존은 설명했습니다.

골맵 서비스의 메인화면에서 방문하고자 하는 골프장을 검색하면 해당 골프장에 대한 자신의 스크린골프 기록을 볼 수 있고, 홈 공략도 메뉴를 통해서는 스크린라운드에서 어떻게 코스를 공략했는지 확인할 수 있습니다.

골프장의 기본 정보인 전체 홀수와 전장, 시그니처 홀, 전화번호, 반바지 라운드, 야간 라운드, 세차가 가능한지까지도 한눈에 파악할 수 있습니다.

라운드 당일 날씨가 걱정인 골퍼들을 위해 골프장과 주변 지역의 날씨와 최저 최고 기온, 풍속까지 알려주고, 페어웨이와 그린이 한국형 잔디인지 양잔디인지 잔디의 종류까지 아주 세밀하고 긴요한 정보들도 알려줍니다.

주변 맛집을 이용하는 사람들은 가고자 하는 골프장 주변의 광고성 맛집 정보에 현혹되지 않고, 골맵에서 보여주는 기존 이용객들의 생생한 리뷰와 평점을 확인하며 이용할 수 있고, 합리적인 골퍼들에게 알짜정보라고 할 수 있는 골프장 주변 아침 식사가 가능한 식당과 운영시간까지도 알아볼 수 있습니다.

코스로 나가서는 골프장에서 플레이 중 홀별 코스 공략 정보가 궁금할 경우, 티 박스에 서서 골프존 앱에 접속 후 휴대폰을 흔들기만 하면, 내가 스크린골프장에서 친 동일 코스 플레이 데이터를 기반으로 티샷에서 홀인까지의 공략도를 확인할 수 있습니다.

또한 3D홀 동영상 및 홀 이미지를 통해 해저드 라인, OB 라인, 벙커 등의 홀별 코스 정보도 파악할 수 있고, 필드 및 스크린골프장 방문 기록과 스코어 정보를 확인할 수 있는 '나의 골프 기록 서비스'도 제공합니다.

골프존, 온라인 사업 강화

골프존카운티에서 운영하는 '티스캐너'는 전국 18개 직영 골프장을 포함해 국내 다수 주요 골프장과 쌓아온 네트워크를 기반으로 편리한 예약 서비스를 제공하고 있습니다.

티스캐너는 최근 소비자용 골프 예약 서비스를 기업 간 거래(B2B) 시장까지 확장시켰고, 티스캐너 기업형 멤버십은 주중 무제한 부킹 서비스와 골프투어 부킹, 계약기간 종료 후 잔금 전액 반환 등 파격 혜택을 제공합니다.

또 골프존의 유통 계열사 골프존유통은 '골프존커머스'로 사명을 변경하고, 온라인 사업 전략 강화 의지를 표명했습니다.

골프존커머스는 골프 클럽, 용품을 판매하는 오프라인 매장 '골프존마켓'을 전국 89개 지점에서 운영하고, 또 개인별 맞춤 클럽을 제안하는 피팅센터 '트루핏(Trufit)'과 중고클럽전문관 '골프존마켓 이웃' 등 독특한 서비스를 제공하고 있습니다.

'Tee타임 청약' 인기 카카오VX

카카오VX는 예약이 어려운 주말 황금 시간대 예약을 가능하도록 한 '티타임 청약'과 '관심 골프장 알림' 기능 등으로 이용자들의 호응을 얻고 있는데, 자사의 골프 예약 플랫폼 '카카오골프예약'에서 지난달과 이번4월 22일까지 약 2달간의 예약 데이터를 분석한 결과, 골프 라운드 예약 건수가 전년 동기 대비 약 1.5배 증가했다고 합니다.

카카오VX는 또 골프용품 브랜드 '카카오프렌즈 골프'를 국내 최대 규모 이커머스 쇼핑몰 쿠팡 '로켓배송'에 공식 입점 시키고 소비자 편의 향상 도모에 나섰는데, 이로써 소비자들은 라운드 전날 급히 필요한 상품을 주문해 라운드 당일 새벽 문 앞까지 편리하게 배송 받을 수 있게 됐습니다.

카카오프렌즈 골프는 트렌디 한 매력에 위트를 가미, 감각적인 골퍼를 위해 만들어진 골프용품 브랜드로, 지난해 2021년 말 전년 대비 매출액이 약 100% 이상 증가했고, 특히 '골프공 R' 시리즈는 400% 이상의 판매고 증가를 기록하는 등 자체 최고 매출을 연일 경신중입니다.

골퍼용 랜덤쇼핑 플랫폼 '골프투유'

골퍼용 모바일 랜덤쇼핑 플랫폼 '골프투유'는 골프 성수기 봄 시즌을 맞아 '같이하자 골프투유' 친구초대 이벤트를 실시합니다.

골프투유는 유명 골프 브랜드 의류부터 골프용품, 골프장 멤버십까지 국내외 골프 관련 총 312종의 상품을 1만원에 랜덤박스로 구매할 수 있는 플랫폼이고, 다른 이용자와 물물교환이 가능한 트레이드마켓 서비스도 제공하고 있습니다.

5월 2일까지 진행했던 이번 이벤트는 기존 및 신규 회원 누구나 참여할 수 있고, 초대한 회원은 친구가 초대코드를 입력하면 횟수 제한 없이 골프투유 애플리케이션에서 현금처럼 사용할 수 있는 500 클로버를 획득할 수 있으며, 초대받은 회원은 1000 클로버를 지급받았습니다.

가장 많은 친구를 초대한 상위 3명은 유명 골프 브랜드 용품(클럽 · 골프거리측정기 · 퍼터)을 증정 받고, 또 참가한 회원 중 추첨을 통해 선정된 30명에게는 5000 클로버를 제공합니다.

스크린골프 박스

최근 골프 인구 증가로 골프에 대한 관심이 높아진 분위기를 반영해 이마트24가 편의점 업계 최초로 4월 28일부터 다음 달 25일까지 스크린골프박스 '스윙큐브'를 판매한다고 합니다.

스크린골프박스는 일반적인 컨테이너 사이즈보다 큰 약 36㎡ 규모로, 개인별장 · 영업용 펜션에 설치할 수 있고, 대형 샷시 덕분에 개방감을 극대화했다는 설명인데, 야외 공간 어디든 설치 가능하며 이동할 수 있습니다.

최신 골프시스템(프렌즈스크린T2) 포함 시 5,830만원(부가세 포함)이고, 프렌즈스크린T2 설치 시 전국네트워크 플레이 등 다양한 방식으로 이용할 수 있고, 추가요금 지불 시 노래방, 영화관시스템 등도 선택할 수 있습니다.

스윙큐브는 제작 · 설치까지 약 2~4주 걸리며, 1년간 무상으로 사후서비스(A/S)도 가능합니다.

골프 실력 향상 돕는 '비기너 탈출템'

일관된 스윙과 퍼팅으로 스코어를 빠르게 줄이고 싶은 골프 초보자라면 잘 만들어진 연습 도구를 활용해보도록, 클럽만 들고 한 시간 스윙하는 것보다 연습 도구를 이용해 10번 스윙하는 것이 골프에 더 도움이 될 수 있습니다.

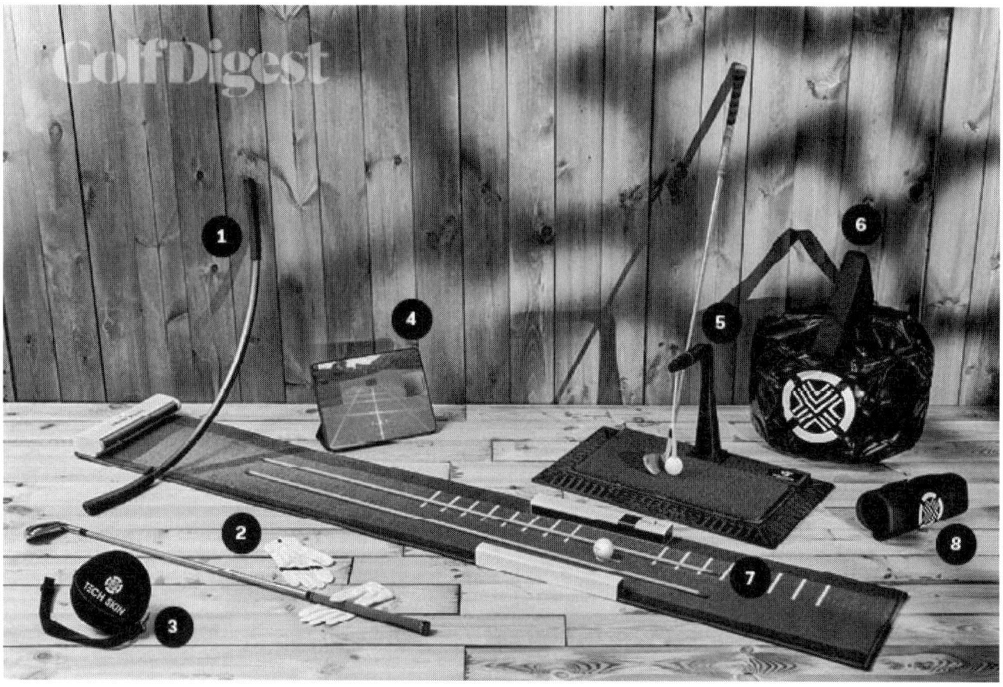

① **턴라이너** : 세계 최초로 양손을 나눠 잡는 반원형 스윙 연습기인데, 큰 근육을 사용하는 몸통 스윙을 자연스럽게 익힐 수 있습니다.

턴라이너에 내장된 스테인리스 구슬 움직임과 소리로 지루함 없이 반복 연습이 가능해 올바른 몸통 회전, 리듬과 템포, 스윙 궤도, 비거리를 개선할 수 있습니다.

② **테크스킨 스파이 가이딩 장갑 by 엑스넬스** : 손바닥 부분의 그립 가이드라인 제공으로 항상 일정하게 그립을 잡을 수 있도록 도움을 준주는데, 신축성이 높은 밴드를 사용해 손목 꺾임을 방지하고 강하게 그립을 잡아도 안정적인 착용감을 느낄 수 있습니다.

③ **테크스킨 투어 스윙 스마트 스윙 볼 by 엑스넬스** : 양팔 사이에 볼을 끼우고 스윙하면 자연스럽게 몸통 스윙이 가능하며, 백스윙, 임팩트, 폴로스루 등 구간별 스윙 교정을 할 수 있도록 설계되었습니다.

자유로운 사이즈 조절로 키, 체격의 제한 없이 사용 가능하며, 휴대성이 높아 어디서든 사용할 수 있는 간편함이 장점입니다.

④ **2022 인버디 템포** : 퍼팅 템포, 거리, 방향을 10쌍의 비접촉 광센서로 정확하게 측정해 과학적인 퍼팅 연습이 가능합니다.

그린 스피드를 3단계로 설정할 수 있고 무료로 제공되는 애플리케이션을 통해 퍼팅 게임과 퍼팅 기록 통계도 제공하는데, 매트 끝에 설치된 반사판의 실리콘 탄성에 의해 골프공이 되돌아와 소음 없이 한 개의 공으로 퍼팅 연습을 할 수 있습니다.

⑤ **위너스피릿 리얼스윙** 300 : 골프 클럽을 허공에 휘두르는 느낌이 아닌 실제 볼을 타격하는 느낌을 주는 연습 도구입니다.

임팩트 시 연습 공의 회전 방향으로 슬라이스나 훅 구질을 체크할 수 있고 사용자의 편의에 따라 연습 공의 높이를 3단계로 조절할 수 있어 아이언과 드라이버 모두 사용할 수 있습니다.

⑥ **테크스킨 임팩트 스매시백** by **엑스넬스** : 정확한 임팩트 훈련을 위한 연습 용품입니다.

충격에 강한 특수 소재로 제작해 강력한 임팩트 훈련이 가능하고 집에서 손쉽게 구할 수 있는 이불, 타월 등을 충전재로 사용할 수 있으며 중앙에 있는 로고를 통해 임팩트 시 클럽 헤드가 향하는 곳을 눈으로 직접 확인할 수 있어 연습의 정확도를 높일 수 있습니다.

⑦ **얼라인먼트 스틱** by **엑스넬스** : 초보 골퍼에게 꼭 필요한 연습 도구로 몸의 얼라인먼트를 비롯해 클럽별 공의 위치, 스윙 정렬, 퍼팅 정렬 등 활용도가 무궁무진하며 골프백에 휴대하며 수시로 사용하면 큰 도움을 받을 수 있습니다.

⑧ **테크스킨 멍키팍의 매직무브 암** by **엑스넬스** : 백스윙 시 왼 팔꿈치가 지나치게 구부러지는 실수를 바로잡아 스윙 정확성을 높이고 보다 큰 스윙 아크를 만들 수 있습니다.

파워를 강화하는 초보자용 스윙 연습기로 왼손잡이와 오른손잡이 그리고 남녀 모두 사용할 수 있습니다.

5 골프 최신 뉴스

신종 코로나바이러스 감염증(코로나19)으로 지난 2년 동안 중단됐던 국내 유일 골프장 자선 음악 축제 '서원밸리 그린 콘서트'가 오는 5월 28일 경기도 파주 서원밸리 골프클럽 특설 무대에서 다시 열립니다.

2000년부터 시작한 서원밸리 그린 콘서트는 골프장 페어웨이와 그린을 무대와 객석으로 꾸미고, 국내 최고의 뮤지션이 공연을 펼치며 거액의 자선기금을 마련하는 것으로 유명하며, 기부한 자선기금은 6억 원이 넘습니다.

입소문을 타고 매년 해외에서도 한류 팬 3천여 명이 찾는 등 4만여 명의 몰리는 인기 음악 축제로 자리 잡았고, 지금까지 18차례 서원밸리 그린 콘서트를 찾은 관객은 연인원 45만 명에 이릅니다.

서원밸리 골프클럽 주변 숙박시설, 음식점, 택시, 주유소 매출이 증가하는 등 파주시 지역 경제에도 적지 않은 기여를 하는데, 서원밸리 골프클럽은 이날 하루는 영업을 중단하고 9개 홀을 주차장으로 내줍니다.

가정의 달을 맞아 불우이웃 돕는다는 행사 취지에 호응해 출연료를 받지 않지만, 출연진은 올해도 화려해서 펜타곤, AB6IX, 슈퍼주니어(이특 · 신동), 베리베리, 킹덤, 탄, 유나이트, 위클리, 빌리, 픽시, 코카N버터, 김재환, 백아연, 장민호, 박군, 황우림, 풍류대장 억스, 라포엠, 백지영, 박미경, 왁스, 김원준, 임창정, 김조한, 정동하, 유리상자, 박학기, 이봉원 등 모두 29팀의 뮤지션이 참가하고, MC는 레저신문 이종현 편집국장과 개그우먼 박미선이 맡습니다.

콘서트에 앞서 낮에는 캘러웨이골프가 주관하는 장타대회, 퍼트 대회, 어프로치 경연대회와 창고 대방출 쇼핑몰도 열리는데, 관람료는 무료이며 TV, 항공권, 골프 용품 등 1억 원어치 경품도 나눠줍니다.

골프장으로 몰려드는 식음료업계

2022. 5. 19. 나도혜 "골프장으로 몰려드는 식음료업계"도 아래 소개합니다.

2030 젊은 층들을 중심으로 골프에 대한 선호도가 급증하면서 관련 업계에서도 이를 향한 공격적인 마케팅을 펼치고 있는 가운데, 최근 각종 식음료업계에서도 골프장 관련 마케팅에 뛰어드는 곳이 급증하고 있는 추세입니다.

골프는 18홀을 기준으로 대개 4시간 이상이 소요되며 대부분의 시간 동안 경사진 코스를 직접 걸어 다니며, 집중력을 발휘해 경기에 임해야 하는 만큼 경기 중간 중간 에너지를 보충할 수 있는 간단한 간식은 골프 티나 골프공, 모자, 장갑 등 각종 골프용품과 더불어 필수 준비 요소 중에 하나입니다.

코로나19 이전에 골프장을 찾는 주 고객층이었던 중장년층들은 경기 도중에 간단한 간식을 먹는 문화 외에도 클럽하우스에서 경기 전후로 식사와 음주 등을 즐기는 것이 보편적이었으나, MZ세대 골퍼들이 늘어나면서 간식 하나를 먹더라도 합리적인 가격과 영양 성분, 재미까지 꼼꼼하게 따져보고 선택하려는 MZ세대의 니즈를 반영한 다양한 식음료 제품들이 골프 업계에 속속 출시되고 있습니다.

롯데마트에서는 지난 2월 골프 라운드를 하며 즐길 수 있는 영양 간식 '나이스바'를 출시하며 일주일 만에 5백여 개의 판매 실적을 기록했습니다. 이 제품은 기존에 시중에서 출시되고 있는 여느 에너지 바에 비해서 더욱 미니멀한 사이즈와 깔끔한 개별 포장으로 캔디 류와 같은 뛰어난 휴대성을 가지고 있을 뿐만 아니라, 한 봉지에 18개의 미니 사이즈 에너지 바가 들어있어 18홀 내내 먹을 수 있는 간식이라는 점을 소비자들에게 어필하고 있습니다.

또한 제품의 겉면에는 '홀인원, 알바트로스, 이글, 버디, 라이프베스트' 총 5개의 골프 문구가 랜덤으로 새겨져 있는데, 이를 통해 라운드의 순서를 정하거나, '초보 골퍼에게 어드벤티지를 부여하는 등의 방식으로 경기에 재미를 더할 수 있다'는 것도 제품의 매력 포인트 중 하나입니다.

각종 골프 관련 예능 프로그램에서도 노출되었던 골프장 맞춤형 간식인 딜론사의 '버디 파워바'의 경우 시중에 출시되어 있는 에너지 바와 달리 보다 충실한 영양 성분에 초점을 맞춰 출시한 상품입니다.

해당 제품은 HACCP 인증을 받아 믿고 먹을 수 있다는 점을 강조하고 있으며, 피로 회복 및 자양 강장에 타우린이 600mg 함유되어 있으며, 체내에서 자연적으로 생성되지 않아 반드시 외부에서 섭취해야 하는 것으로 알려진 필수 아미노산인 iBCAA도 300mg 함유되어 있습니다.

또한 닭 가슴 살 1덩어리 분량에 해당하는 단백질 10g 또한 함유되어 있는 고단백 에너지 바로, '개별 포장되어있는 제품을 휴대했다가 라운드 시에 간편하게 먹을 수 있다'는 것이 특징입니다.

'간편하게 영양 보충이 가능하다'는 점 외에도, 달콤하고 바삭한 초코 볼과 초코쿠키 크런치 및 딸기가 함유되어 있어 바삭하고 쫀득한 식감까지 MZ세대의 입맛을 사로잡을 것으로 기대됩니다.

배상면주가는 무설탕 음료에 대한 수요가 높은 MZ세대를 겨냥해 프리미엄 無아스파탐 제품인 '느린마을 막걸리'를 전국 각지에 위치한 70여개의 골프장에서 판매합니다.

해당 제품은 알코올 도수 6도로, 경기 중에도 부담 없이 먹을 수 있는 가벼운 주류임과 동시에, '인공 감미료가 들어있지 않다'는 점을 부각하며, 대대적인 홍보를 진행하고 있습니다.

롯데칠성음료는 MZ세대를 겨냥한 저도주 제품 출시에 열을 올리고 있는데, 알코올 도수가 낮고 달콤한 맛의 주류를 적극 개발해 '저도주 시장을 공략하겠다.'는 목표입니다.

특히 골프장에서 라운드 중에도 부담 없이 가볍게 즐길 수 있는 음료로 사이다와 맥주를 섞어 마시는 문화를 바탕으로 '클라우드 칠성사이다 맥주'를 본격 출시했습니다.

이마트 등 대형마트에서도 다양한 할인 행사를 진행하며 공격적인 마케팅을 진행하는 동시에, 골프장에서도 구매할 수 있도록 판매 채널을 확장하고 있습니다.

MZ세대를 중심으로 한 골프 열풍과 함께 여성 골퍼들의 움직임도 심상치 않은데, 이에 스타벅스코리아는 국내 최초로 여주시 소재 자유컨트리클럽 내에 매장을 오픈했는데, 해당 장소는 라운드 진행 중 휴식 공간으로 사용했던 그늘집을 리모델링하여 독특한 재미를 느낄 수 있습니다.

매장 내부는 총 31평 규모로 스타벅스의 대표 음료 19종과 라운드 중간에 간단하게 섭취할 수 있는 각종 간식 및 식사 류를 판매하고 있고, 또한 스타벅스 여주자유CC점에서만 구매할 수 있는 스타벅스 로고 장식 골프 볼 파우치와 볼 마커로 구성된 '버디 미니 파우치'는 소비자들에게 뜨거운 반응을 얻을 것으로 기대됩니다.

골프 인구 560만 시대, 삼성·LG전자도

2022년 5월 18일 보도를 보면, LG전자는 최대 300인치 크기 화면을 구현하는 LG의 빔 프로젝터를 스크린 골프 시장에 확산시키기 위해서 국내 6,000여 곳 스크린골프장 예약 서비스를 제공하고 있는 '김캐디'와 골프 시장 저변 확대를 위한 협약을 체결했다고 밝혔습니다.

이번 협업에 따라 45만 명의 김캐디 이용자들은 LG 프로빔이 설치된 스크린골프장을 손쉽게 확인할 수 있고, 향후 LG전자와 김캐디는 프로젝터 뿐 아니라 스크린골프장에 필요한 다양한 가전으로도 협업 범위를 넓혀나갈 계획입니다.

스크린골프장 프로젝터는 하루 12~18시간 가혹한 조건으로 빔 프로젝트가 가동되는 탓에, 일반 제품보다 더 높은 성능과 설치, 유지관리 편의성이 요구되며, 보통 수명이 3~4년으로 알려져 있는데, LG전자는 업계 최장인 3년을 무상 보증합니다.

최근 보다 선명한 화질로 실감나는 게임을 즐기려는 수요도 늘어나고 있는 LG 프로빔 레이저 4K의 경우 300인치(대각선 길이 약 7.6m) 화면에 4K 울트라 HD(3840×2160) 해상도를 지원한바, 밝기는 촛불 5,000개를 동시에 켜는 것과 비슷한 5,000안시루멘이고 명암비는 300만대 1로 스크린골프에 최적화된 화질을 제공합니다.

시장조사업체 PMA에 따르면, 스크린골프장 등에 설치되는 고휘도(4,000안시루멘 이상) 상업용 프로젝터의 국내 시장은 외산 업체가 전체의 절반 이상을 차지하고, 지난 2020년 상업용 프로젝터 브랜드 LG 프로빔을 출시한 LG전자는 상업용 프로젝터 시장에서 지난해 점유율이 2020년 대비 3배 가까이 늘었습니다.

LG전자 관계자는 "현재 엡손, 파나소닉 등 일본 업체가 주도하는 상업용 프로젝터 시장에서 쌓아온 혁신 기술과 노하우를 앞세워 국산 제품 점유율을 높이기 위해 성장성이 큰 골프 시장을 주요 타깃으로 삼은 것"이라고 했습니다.

한편, 삼성전자는 '갤럭시워치4 골프에디션' 등 소비자용 골프 IT 기기를 앞세우고 있는데 가격은 30만원 안팎으로, 전 세계 4만여 개 골프 코스 데이터와 거리측정, 샷 이력 확인 등이 가능한 앱을 탑재했습니다.

그리고 삼성전자는 '홈 시네마 족을 공략한다.'는 방침이며, 앞서 워커힐 호텔앤리조트와 함께 프리미엄 빔 프로젝터 '더 프리미어'를 객실에서 체험할 수 있는 '시네마 스위트 with 삼성 더 프리미어' 객실 패키지를 선보였습니다.

더 프리미어는 최대 330.2cm(130형)까지 구현하는 초대형 화면과 4K 고화질로 몰입감 넘치는 홈 시네마를 완성해주는 프리미엄 빔 프로젝터로, 특히 특실에 설치되는 더 프리미어 9시리즈는 색의 3요소인 R(Red)·G(Green)·B(Blue)를 각각 표현해주는 '트리플 레이저' 기술을 탑재해 정확한 색상 표현이 가능하며, 최대 2,800 안시루멘(ANSI Lumen) 밝기를 구현해 한낮에도 선명하게 영상을 감상할 수 있습니다.

SK텔레콤은 지난 5월 13일부터 골프 브랜드 '제이린드버그'와 협업한 갤럭시S22 골프에디션을 예약 판매하며 골프 전용 상품을 속속 내놓고 있는데, 원조 격인 골프존은 TV 화면과 센서가 내장된 골프채를 연동해 가정에서도 스크린 골프를 즐길 수 있는 20만 원대 '비전홈' 장비를 최근 내놨습니다.

2022 매경골프엑스포 개최

코로나19로 서울 삼성동 코엑스 A홀에서 3년 만에 다시 열린 '도심 속 골프 놀이터' 2022 매경골프엑스포에 5월 15일까지 나흘간 2만 6,000여 명 골퍼가 몰려 뜨거운 골프 열기를 실감하게 했습니다.

매년 봄 '도심 속 골프 축제'로 딱 한 번 열리는 '2022 매경골프엑스포'. 지난 2년간 코로나19로 인해 열리지 못한 아쉬움을 풀듯 수많은 열혈 골퍼들이 나흘간 코엑스 A홀을 찾아 '골프 놀이터'에서 추억을 만들었는데, 특히 올해는 20 · 30대 젊은 골퍼들과 아이들을 동반한 가족 골퍼들이 눈에 띄며 한국 골프 문화의 달라진 모습을 한눈에 볼 수 있었습니다.

전시장을 찾은 골퍼들은 신제품 골프 용품을 직접 쳐보고 원 포인트 레슨까지 받으며 땀을 흘렸고, 또 각 골프용품 브랜드 부스에서 이어지는 장타, 니어 핀 이벤트와 온 가족이 즐길 수 있는 '미즈노 웨지 이벤트' 등에 참가해 경품도 받고 서로 사진을 찍어주며 추억 쌓기에 여념이 없었습니다.

가장 인기 있던 존은 역시 '시타존'이고, 핑골프에는 G425 드라이버와 투어 전용 프리미엄 PLD 퍼터를 쳐 보려는 긴 줄이 늘어섰으며, 캘러웨이 골프는 로그 ST 맥스 시리즈 드라이버의 손맛을 보려는 사람들로 북새통을 이뤘습니다.

한국 골퍼들에게 사랑받는 젝시오는 젝시오 전 모델과 젝시오 볼이 만들어내는 '젝시오 스마트 시너지'를 직접 느낄 수 있게 해 큰 호응을 얻었고, 바로 옆에 스릭슨은 스릭슨투어 연습 그린을 옮겨놓은 듯한 분위기에서 투어밴을 체험할 수 있었습니다.

마케팅을 다시 시작한 코브라골프도 '디섐보의 드라이버' LTDx 드라이버를 쳐보려는 젊은 골퍼들이 부스를 찾았고, 롱기스트 이벤트에 참가한 골퍼들은 온 힘을 다해 300m를 넘기는 화끈한 장타력을 선보였습니다.

'손맛 좋은 아이언'을 내세운 미즈노는 니어리스트, 롱기스트 대회를 성공적으로 열었고, 특히 일요일에는 '온 가족이 즐기는 골프'를 콘셉트로 진행한 '미즈노 웨지 이벤트'가 축제처럼 열려 아이와 동반한 부모들에게 인기를 끌었습니다.

지난해 역대급 성장률을 기록한 야마하골프는 관성모멘트를 최대한 끌어올린 VD59 드라이버, VD40 아이언, 그리고 '원 포인트 레슨'으로 주목받았고, '유튜브 최고 레슨 프로' 박하림과 프로골퍼 변현민 등이 진행한 원 포인트 레슨에는 엄청난 인파가 몰렸습니다.

'국산 골프용품'의 자존심을 제대로 세운 부스도 있는데, 두미나는 오토플렉스와 신제품 KHT PRO 샤프트를 선보여 좋은 반응을 얻었습니다.

초경량(256g), 초반발(0.879), 초대형 헤드(505CC)를 갖춘 미소랑골프의 으뜸 드라이버는 유통 과정의 원가 상승 요인을 완전히 없애고, 인건비를 최소화하면서 소비자에게 합리적인 가격의 제품을 판매해 비거리 증가를 노리는 골퍼들의 발길이 이어졌습니다.

골프 관련 산업을 연결하는 B2B(Business to Business) 장으로도 제 역할을 톡톡히 했는데, 최근 MZ세대에 맞춰 화제가 되고 있는 골프연습장 '쇼골프'는 가맹점비를 받지 않고 쇼골프 창업을 지원하는 설명회를 진행해 인기를 끌었습니다.

쇼골프는 MZ세대를 겨냥해 힙한 '인테리어', 키오스크와 전사적자원관리(ERP) 시스템이 도입된 완벽한 '무인화 시스템', 실내외 골프연습장에 도입 가능한 론치모니터 '플라이트스코프', XGOLF 플랫폼 내 리얼 골퍼 데이터베이스(DB)를 기반으로 한 '홍보'를 성공 키워드로 뽑아냈습니다.

차별화된 골프연습장 운영을 원하는 실내 · 외 골프연습장 사업주들의 상담 건수가 500건에 이르며 호응이 뜨거웠는데, 100타석 이상의 초대형 골프연습장을 운영하는 사업주들은 '세계 유일 실외 전용 스윙 분석기' 스펙트럼 부스에 전시회 동안 4,000명 이상이 방문해 열기가 느껴졌습니다.

스펙트럼은 실질적으로 시스템 도입을 희망하는 실외연습장(운영 및 신축 포함) 100곳 이상이 상담을 신청했다고 전했는데, 수도권의 한 대형 연습장 대표는 "스펙트럼은 국내 최고 시설인 수원CC뿐 아니라 HDC오크밸리, 캐슬렉스 이성대 등 최고의 실외 대형 연습장들이 도입한 것으로 알고 있다. 최근 실외 연습장도 MZ세대의 관심 분야인 자세 및 궤적 분석 시스템이 필수 트렌드로 자리 잡아 가고 있어 설명을 듣고자 왔다"고 밝혔습니다.

또 다른 실외 연습장 대표는 "실외 연습장이라 정보기술(IT) 시스템 도입에 햇빛, 추위 등이 우려됐는데, 스펙트럼은 초고화질을 기본으로 실외 타석에서 5년 이상 안정적으로 운영되고 있는 실적이 많아 믿을 수 있게 됐다"며 상담 결과에 만족해했습니다.

실내 · 외 연습장 사업주뿐만 아니라 레슨을 주로 하는 프로골퍼들의 방문이 이어진 곳으로 초소형 스윙 분석 시스템인 '플라이트스코프'도 있었습니다. 한국 총판을 맡은 쇼골프가 마련한 부스에는 나흘간 4,500여 명이 직접 체험하며 성능을 확인했고, 특히 플라이트스코프는 애플워치 등 디바이스에서도 데이터 확인을 할 수 있다는 점에서 일반 골퍼들로부터도 호평이 이어졌습니다.

골퍼들의 신체 상태를 전문적으로 분석해주는 TPI도 적극적인 호응을 확인했고, 첨단 퍼팅 연습 시스템인 투어펏과 웰펏 등에서도 차별화된 골프연습장 시설을 계획한 사업주들의 상담이 이어졌습니다.

6 골프관련 법률조언

이하 글은 골프 관련하여 최근 언론에 실린 법원 판결 기사나 변호사들의 법률 칼럼을 간추려서 소개합니다.

옆 타석 사람 골프채 부품에 '퍽', "연습장도 책임"

2022. 5. 14. 뉴시스 하지현 기자의 "옆 타석 사람 골프채 부품에 '퍽', "연습장도 책임" 보도를 소개합니다.

골프연습장에서 다른 연습자가 휘두른 골프채가 부러지면서 튕겨 나간 부품이 다른 연습자의 머리에 맞았다면, 연습자와 골프연습장 모두 책임이 있다고 보고 불법행위로 인한 손해 일부 및 위자료 1,980여만 원을 지급하라는 1심 법원 판결이 나왔습니다.

B씨는 지난 2017년 골프연습장에서 스윙 연습을 하며 드라이버를 휘둘렀는데, 드라이버의 헤드 부분이 골프공에 맞는 순간 샤프트가 부러지면서 헤드 부분이 옆 타석 A씨의 왼쪽 뒷머리를 강타하는 사고가 발생했습니다.

A씨는 B씨가 '드라이버를 잘못 휘둘러 바닥을 치는 바람에 샤프트가 부러져 헤드가 머리를 때리게 됐다'고 주장했으나, 설령 그렇지 않더라도 'B씨는 드라이버의 소유자 및 관리자이므로 손해배상 책임을 진다'고 강조했습니다.

A씨는 해당 골프연습장과 보험계약을 체결한 C 회사를 상대로도 손해배상을 청구했는데, A씨는 이용객의 과실로 골프채 헤드가 부러져 튕겨 나가거나 공이 옆 타석으로 날아가는 경우 등에 대비해 안전펜스 등을 갖춰야 할 의무가 있음에도, 이러한 시설을 갖추지 않은 점을 지적했습니다.

이에 따라 A씨는 B씨와 C 회사를 상대로 3,100여만 원의 손해배상 청구액과 지연손해금을 지급하라며 소송을 제기했고, 법원은 민법 758조 1항에 따라 '드라이버의 점유자이자 소유자인 B씨와 골프연습장의 점유자인 C 회사 모두에 배상 책임이 있다'고 판단했으며, C 회사와 보험계약을 체결한 골프연습장의 책임도 인정했습니다.

5월 14일 법원에 따르면 수원지법 민사1단독 지창구 판사는 A씨가 B씨 등을 상대로 낸 손해배상 청구 소송에서 지난해 6월 원고 일부 승소 판결했습니다.

민법 758조 1항은 공작물을 점유하던 사람이 이를 제대로 관리하지 않아 다른 이에게 손해를 끼쳤다면 이를 배상하도록 규정하고, 나아가 점유자가 손해를 방지하기 위한 주의를 기울였다면, 소유자가 그 손해를 대신 배상하도록 정하고 있습니다.

지 판사는 "A씨 주장과 같이 B씨가 드라이버를 휘두르면서 바닥을 쳤다는 사실을 인정할 근거는 없다"면서도 "정상적으로 헤드가 골프공에 맞았음에도 샤프트가 부러졌으므로, 드라이버에는 설치·보존상의 하자가 있었다고 보인다."고 했습니다.

이어 "B씨는 드라이버의 점유자이자 소유자"라며 "A씨의 피해를 방지하기 위한 주의를 해태하지 않았다고 하더라도 소유자로서 손해를 배상할 책임이 있다"고 밝혔습니다.

C 회사 역시 골프연습장의 점유자로서 안전벽 등을 설치하지 않은 것은 공작물의 설치 · 보존상 하자에 해당하기 때문에 손해를 배상할 책임이 있다고 판단했고, 나아가 C 회사와 보험계약을 체결한 골프연습장 역시 손해배상의 채무를 함께 배상할 책임이 있다고 판단했습니다.

지 판사는 "지금까지 대부분의 골프연습장에 차단물이 설치돼 있지 않다는 이유로 위험방지 조치가 요구되지 않는다고 판단하게 되면 앞으로도 자발적인 차단물 설치를 기대하기 어렵다."며 "이 사건과 같은 안전사고가 재발할 가능성이 있다."고 지적했습니다.

구체적인 손해배상 금액은 사고로 인한 일실수입, 향후 치료비, 기왕치료비 등을 포함해 979만 5,486원으로 인정했고, 또 A씨의 상해와 후유장애 정도, B씨의 과실 여부 등을 종합해 위자료 1,000만 원을 지급하라고 판단했습니다.

골프장 사고와 손해배상책임

2022. 5. 21. 자 법무법인 울림 파트너 김안나 변호사의 "골프장 사고와 손해배상책임" 칼럼을 소개합니다.

한때 고급 스포츠의 상징이었던 골프가 이제는 남녀노소 누구나 즐기는 대중스포츠로 자리매김했고, 골프 인기와 함께 골프장에서의 안전사고도 덩달아 늘어나 골프 열풍이 이어지고 있는데, 최근에는 순천의 한 골프장에서 자신이 친 공을 찾으려던 여성이 연못 해저드에 빠져 숨진 안타까운 사건도 발생했습니다.

골프장에서 발생하는 사고는 다른 골퍼가 휘두른 골프채나 골프공에 맞아서 다치는 사고, 카트의 전복이나 추락사고, 골프장 시설이나 설비의 하자 관련사고 등이 있고, 사고 발생 시 법적인 책임을 누가 질 것인가의 문제는 사고의 유형이나 구체적 상황에 따라 달라집니다.

골프채나 골프공으로 인한 사고의 대부분은 골퍼의 과실로 발생한데, 이때의 과실은 '실수'와는 조금 다른 개념이고, 프로골퍼나 골프 경기에 익숙한 사람들조차도 의도하지 않은 방향으로 공을 날리는 경우가 허다한 만큼 공이 엉뚱하게 날아갔다고 해도 그 실수 자체가 불법행위는 아닙니다만, 실수가 골퍼의 '주의의무 위반'에서 비롯된 것이라면 불법행위책임이 인정될 수 있습니다.

민법상 '주의의무 위반'이란 사회생활상 요구되는 주의를 기울였다면 결과를 피할 수 있었음에도 주의를 다하지 않아 상해 등의 결과가 발생하게 하는 것을 말하며, 연습스윙을 할 때 주변에 사람이 있는지 제대로 확인하지 않고 골프채를 휘두르거나, 캐디의 지시에 따르지 않고 독자적인 판단에 따라 공을 쳤다가 사고를 내는 경우 등이 주의의무 위반에 해당할 것입니다.

일반인들의 골프 라운드는 심판 없이 라운드 참여자의 책임 하에 진행되는 것이므로, 안전사고를 예방하기 위한 각종 주의의무는 기본적으로 라운드 참여자 개인에게 있지만, 경우에 따라서는 캐디에게도 불법행위책임이 인정될 수 있습니다.

원칙적으로 '캐디는 골프 라운드의 보조자'로서 골퍼의 경기 진행을 도와주는 사람이라서 경기 진행상의 안전을 직접 책임져야 할 지위에 있다고 보기는 어렵지만, '캐디는 골프장 이용객의 안전을 위해 예상되는 위험을 제거하는 역할을 부수적으로 수행해야 한다.'는 것이 법원의 입장입니다.

위험 상황을 인지했을 때 알려주고 주의를 주는 등의 주의의무를 다해야 한다는 것이고, 이를 게을리 한 경우 골퍼의 과실로 인한 사고에 대해 캐디 역시 가해자로서 공동의 불법행위책임을 지게 될 수 있습니다.

캐디는 카트 출발 전 승객들에게 안전손잡이를 잡도록 안내할 의무, 손잡이를 모두 잡았는지 확인할 의무, 안전하게 운전할 의무 등도 부담한데, 캐디가 이를 위반함에 따라 카트가 전복되거나 승객이 추락하는 사고가 발생할 경우 이에 대한 손해배상책임을 질 수 있습니다.

다만 카트 관련 사고가 언제나 캐디의 책임이 되는 것은 아니고, 판례 중에는 카트가 완전히 정차하기 전에 갑자기 하차를 시도하다가 다친 피해자가 캐디를 상대로 낸 손해배상청구소송에서 캐디의 책임을 부정한 사례가 있습니다.

해당 사고는 전적으로 무리한 하차를 시도한 피해자 자신의 과실에 의한 것일 뿐, 캐디의 카트 운행과 인과관계를 인정할 수 없다는 것이 그 이유고, 실무적으로는 사고 발생과 관련하여 캐디가 자신의 주의의무를 다 했는지 여부가 쟁점이 되는 경우가 상당히 많습니다.

사고 발생에 캐디의 과실이 영향을 미친 경우, 골프장 운영자도 민법상 사용자책임 법리에 따라 손해배상책임을 질 수 있고, 캐디는 근로기준법상 근로자에 해당하지는 않지만 사용자 책임은 유효한 고용 관계에 있는지 여부와 무관하게 실질적인 관리 감독 관계만으로 인정되기 때문인데, 만일 골프장이 국가나 지자체의 소유라면 국가배상 책임을 물을 수도 있을 것입니다.

골프장 운영자는 골프장 내 시설물의 설치보존 상 하자가 없도록 유지하여 이용객들이 골프장 내 시설물을 안전하게 사용할 수 있도록 할 의무를 지는데, 통상적으로 갖춰야 하는 안전성을 갖추면 됩니다.

골프장 내 급경사에서 미끄러져 다친 피해자가 골프장 운영자를 상대로 손해배상을 청구한 사례가 있고, 법원은 카트 도로와 필드 사이의 지형은 반드시 평평하지 않을 수 있고 통상적인 위험은 골프장에만 존재하는 것이 아니라며 골프장 운영자의 책임이 없다고 봤습니다.

하지만 골프장 내 사고가 골프장 운영자의 안전배려의무 위반에 따른 경우라면 피해자는 골프장 운영자에게 직접 계약상의 채무불이행 책임을 물을 수도 있습니다.

영국의 골프평론가 헨리 롱허스트는 "골프의 유일한 단점은 너무 재미있다는 것"이라는 말을 남겼고, 재미있는 골프를 제대로 즐기기 위해서 안전은 기본 값이 돼야 할 것입니다.

모든 운동 경기는 어느 정도 위험하지만 골프는 골프채를 휘둘러 단단한 공을 날리는 운동이기 때문에 신체와 생명에 심각한 피해를 줄 수 있고, 사고 발생 후 손해배상책임 여부를 따지는 것보다 더 중요한 것은 자신과 일행의 안전을 위해 스스로 주의의무를 다하고 사고를 예방하는 것에 있습니다.

골프 '타구사고'와 형사책임

2022. 5. 11. 보도된 장준형 변호사(법무법인 도원) 의 "골프 '타구사고'와 형사책임"을 소개합니다.

지난해 2월 경남의 한 골프장에서 라운딩을 하던 50대 동창 중 한 명이 친 공이 불과 10미터 앞에 있던 캐디의 얼굴을 강타해 각막이 손상되고 코뼈가 골절됐습니다.

얼굴 살점도 일부 떨어져 나가는 큰 부상을 입었음에도 캐디를 교체한 뒤 18홀까지 라운딩을 계속해 전 국민의 공분을 산 일이 있었습니다.

이들은 라운딩을 마친 뒤에도 캐디의 연락처를 물어보는 등의 후속 조치 없이 그대로 집으로 돌아갔는데, 사건 발생 뒤 1년여가 지날 때까지 어떠한 사과나 배상이 없자 결국 캐디가 가해자를 고소하기에 이르렀습니다.

검찰조사 결과 중과실치상죄로 기소돼 현재 법원의 판단을 기다리고 있는 상황이며, 골프 라운딩 중 타구 사구로 누군가 부상을 입었다면 공을 친 골퍼나 경기를 보조하던 캐디가 민사상 금전배상책임과는 별개로 형사상 처벌을 받게 될까요?

결론부터 이야기하면 형사처벌의 가능성이 상당히 낮기는 하나, 피해자의 부상 정도가 심각하고 가해자 또는 캐디의 과실이 크다면 형법상 과실치상죄로 처벌받을 가능성이 있습니다.

스포츠 경기 중 경기가 과열되면서 또는 의도치 않은 실수로 부상을 입는 경우가 종종 발생하나, 이 경우 경기에 참가 중인 가해자에게 원칙적으로 과실치상죄 등 형법상 죄가 성립하지는 않습니다.

스포츠 경기에서는 서로가 일정 정도의 부상 위험을 용인했다고 보고 있고, 이는 형법상 정당행위 또는 승낙을 받은 행위로 위법성이 없다고 보기 때문입니다.

그러나 아래와 같은 판결에서 보듯이 공을 뒤로 보내는 등 골퍼의 과실이 매우 크거나, 가까운 거리에 사람이 있어 타구 사고의 위험성이 상당히 있음에도 캐디가 쳐도 좋다고 한 경우 등 주의의무 위반의 정도가 크고, 피해자의 부상이 심각한 경우 법원은 예외적으로 유죄를 인정하고 있습니다.

라운딩 도중 공을 뒤로 보내 뒤에 있던 캐디가 이를 맞고 상해를 입은 사건에서, 법원은 골프 경기 중 골프공을 쳐서 아무도 예상하지 못한 자신의 등 위편으로 보낸 가해자에 대해 과실치상죄를 인정했습니다(2008도6940).

동반자가 전방 40미터 지점에 있음에도 불구하고 쳐도 좋다는 캐디의 말을 듣고 친 공에 앞사람이 맞아 안와골절 등 중상을 입은 사건에서 캐디에게 업무상 과실치상죄를 인정하기도 했습니다(울산지법2020고단1268).

이러한 타구 사고는 사전에 예방하고 앞에 사람이 있는 경우 안전한 지역으로 이동 후에 공을 치는 등 사고가 발생하지 않는 것이 우선입니다.

그러나 불가피하게 타구 사고가 발생했고 거기에 공을 친 골퍼의 과실이 상당하며, 피해자의 부상정도 또한 심각하다면 피해자에 대한 병원이송 등 응급조치와 함께 진정 어린 사과, 치료비 및 위자료 등에 대한 금전적 배상을 하고 합의를 하는 것이 중요합니다.

형법은 과실치상죄를 반의사불벌죄, 즉 피해자가 처벌을 원하지 않을 경우에는 처벌할 수 없도록 정하고 있기 때문이지만, 이러한 합의는 늦어도 1심 판결 선고 전에 이뤄져야 유효한 것이고, 그 이후 항소심 등에서 합의가 되더라도 양형에 참작하는 사유가 될 뿐 처벌이 불가능한 것은 아닙니다.

반면 골프장에서 근무하는 캐디의 경우 타구 사고에 대해 죄가 인정된다면 골퍼와는 달리 업무상 과실치상죄가 성립하는데, 이는 반의사불벌죄가 아니므로 합의를 하더라도 양형사유만 되고 처벌이 불가능한 것은 아닙니다.

골프장에서의 경기보조를 업으로 하는 캐디는 죄가 인정될 경우 일반적인 골퍼보다 그 책임을 조금 더 무겁게 본 것입니다.

골프에서 타수보다는 타구의 질이 중요하고, 그보다 우선되어야 할 것은 동반자나 캐디에 대한 매너이나, 그 모든 것보다 앞서는 것은 골프 라운딩에 참가하는 모든 사람의 안전임을 유념할 필요가 있습니다.

골프장 카트소송

18홀짜리 정규 골프장 코스 거리는 대략 6.4㎞ 안팎이어서 성인걸음으로 1만보 정도인데, 골프장을 찾은 이용객들은 코스 이동을 위해 요금을 내고 골프카트를 탑니다.

코로나19 확산으로 해외여행을 못가는 사람들이 골프장으로 몰리기 시작한 게 2020년이었고, 골프업계가 이런 이유를 들어 골프카트도 시내버스처럼 부가가치세를 면제해 달라고 소송을 냈습니다.

ㄱ골프장과 골프카트 위탁업체 27곳은 부가가치세법 규정을 들어 "골프장 이용객을 운송하는 골프카트도 여객운송용역에 해당하니 부가가치세를 면제해야한다"고 주장했습니다.

여객운송용역은 시내 · 시외버스, 여객선 등 시민 생활에 필수적인 통상적 교통수단을 대상으로 하며, 부가가치세법은 이러한 용역 외에 항공기, 고속 · 전세버스, 택시, 유람선 등 대중교통으로 분류하지 않는 특수교통수단에는 부가가치세를 면제해 주지 않고 있습니다.

그런데 골프업계가 골프카트도 여객(골프장 이용객)을 운송하는 수단이며, 과세대상에도 명시적으로 포함되지 않았다는 이유로 면세를 요구하고 나선 것입니다.

ㄱ골프장 등은 2015~19년까지 납부한 세금을 돌려달라고 했지만 세무당국은 이를 거부했고, 조세심판원에 과세가 부당하다며 심판청구를 냈지만 역시 기각되자 소송을 낸 것입니다.

서울행정법원 행정6부(재판장 이주영)은 최근 'ㄱ골프장 등에게 패소 판결했다'고 2022년 5월 2일 밝혔습니다.

재판부는 "부가가치세는 재화 또는 용역의 공급 거래에 관해 원칙적으로 모두 과세하되, 일반 국민의 기초생활필수품 · 국민후생과 관련이 높은 용역 · 문화용역 · 기타 공익용역 등은 국민생활을 보호하고자 하는 경제 · 사회정책상의 목적에서 예외적으로 면제 대상으로 규정한다."고 전제한 뒤,

"골프카트 운영은 단순히 여객을 운송하고 그 운임을 받은 것이 아니라, 골프장 이용객들에게 골프경기의 원활한 진행을 위한 부수적 용역으로서 골프코스 내 이동의 편의를 제공한 것으로 골프장 운영업에 포함된다."고 밝혔고, "골프장 내에서 제한적으로 이용되는 골프카트는 대중교통 수단으로 볼 수 없다"는 취지입니다.

골프장 연못에 골퍼 익사

2022년 5월 9일 전남 순천의 한 골프장에서 50대 여성 이용객이 연못에 빠져 숨진 사건이 중대 시민재해에 해당하는지 검토해 중대재해처벌법 위반, 업무상 과실치사 혐의 적용 여부를 전남경찰청은 결정할 방침입니다.

중대재해처벌법 중에서도 '중대 시민재해'에 해당하는지 여부에 대해 면밀히 살펴보며, 이에 따라 사업주가 안전과 보건 확보 의무를 이행했는지 내사 중입니다.

지난 1월 시행된 중대재해처벌법은 사업장에서 노동자들에게 발생한 중대 산업재해 뿐 아니라 공중이용시설이나 교통수단에서 발생한 중대 시민재해에 대해서도 사업주 등을 처벌할 수 있도록 했고, 공중이용시설이나 지하철 · 버스 등 공중교통수단에서 관리상의 결함 등으로 사망자가 1명 이상 발생한 경우 중대 시민재해에 해당합니다.

경찰은 골프장이 공중이용시설에 해당하고, 1명 이상이 사망한 만큼 이번 사건이 중대 시민재해에 해당할 가능성이 있는 것으로 보고 있고, 중대시민재해로 사망자가 발생했을 경우 사업주나 경영책임자는 1년 이상 징역 또는 10억 원 이하의 벌금에 처할 수 있습니다.

이 사건에 중대 시민재해 혐의가 적용되면 지난 1월 법 시행 이후 첫 사례가 될 전망이며, 지금까지 중대재해처벌법 시행 이후 이 법이 적용된 경우는 모두 '중대 시민재해'가 아닌 '중대 산업재해'였습니다.

앞서 지난 4월 27일 오전 8시 51분쯤 순천시 한 골프장에서 골프를 하던 A(52)씨가 3m 깊이의 연못(워터 해저드)에 빠져 숨졌는데, A씨는 당시 여성 일행 3명과 함께 골프를 치던 중 두 번째 샷 준비를 위해 우측 연못 쪽으로 혼자 이동했고 함께 온 일행과 골프도우미(캐디)는 카트를 타고 움직였습니다.

A씨와 일행들의 거리는 30~40m 떨어져 있었고, A씨는 공을 찾다가 연못에 빠진 것으로 알려졌는데, A씨가 연못에 빠진 것을 확인한 캐디와 일행들은 주변에

있던 구명튜브를 던지는 등 수차례 구조를 시도했지만, 결국 A씨를 구조하지 못한 것으로 전해졌고, 경찰 관계자는 "사건의 중요성을 감안해 전남경찰청 강력범죄수사대에서 직접 수사할 방침"이라고 말했습니다.

골프장 이용객이 연못에 빠져 숨진 사건에 대해 경찰이 중대재해처벌법 적용을 검토하자, 사업장에서 노동자들에게 발생한 중대 산업재해처벌법을 골프장을 비롯한 공중이용시설까지 확대할 경우 중대한 책임을 져야할 범위가 크게 넓어져서 관련 업계가 바짝 긴장하고, 일부 골프장 업주들 사이에선 "골프장 물을 다 빼라는 말이냐"는 말까지 나옵니다.

중대재해처벌 등에 관한 법률에 따르면 중대 시민재해는 공중이용시설이나 공중교통수단에서 설치 · 관리상의 결함 등으로 사망자가 1명 이상 발생한 경우 해당합니다.

만약 해당 골프장 업주가 중대재해처벌법으로 기소될 경우 1년 이상 징역 또는 10억 원 이하 벌금을 부과 받을 수 있는데, 그동안 유사한 사망사고가 발생했을 때 사업주에게 적용됐던 업무상과실치사죄(5년 이하의 금고 또는 2,000만 원 이하의 벌금)보다 처벌이 훨씬 무겁습니다.

결국 골프장에서 발생한 익사사고에 중대재해처벌법 혐의를 적용하려면 골프장을 공중이용시설로 볼 수 있는지가 관건인데, 공중이용시설은 다수인이 이용하면서 이용자의 건강 및 공중위생에 영향을 미치는 건축물 · 시설을 뜻한바, 경찰은 골프장도 다수인이 이용하는 공중이용시설에 해당한다는 판단 하에 중대재해처벌법 적용 여부를 살펴보고 있습니다.

경찰이 이번 골프장 익사 사건에 대해 중대재해처벌법을 적용한다면 '1호 중대시민재해' 사례가 되며, 이 경우 골프장 뿐 만이 아니고 향후 공중이용시설과 기차 · 버스 · 지하철 등 교통수단 전반에 걸친 법 적용에 영향을 미칠 것이란 분석이 나오는바, 중대재해처벌법이 규정해놓은 처벌 대상이 국내 대부분의 공중이용시설과 공중교통수단에 대부분 해당하기 때문입니다.

경찰은 중대재해처벌법상 인명사고가 발생하기 전 사업주가 연못 주변에 펜스를 치거나 구조장비를 비치하는 등 안전 확보 의무를 이행했을 경우 면책 사유로 볼 수 있어서, 이번 사고 당시 이용객이 깊이 2~4m의 연못에 빠지자 캐디와 일행들이 주변에 있던 구명튜브를 던지는 등 구조를 시도했던 것으로 파악했습니다.

내기골프

양성국 변호사(법무법인 도원 변호사)의 "내기골프는 도박죄로 처벌될까"(2022.04.25)를 소개합니다.

몇 년 전 연예인들이 내기 골프를 한 사실이 알려지며 형법상 도박죄에 해당하는 내기 골프는 어떤 기준에 따라 판단되는 것일까 궁금합니다.

형법은 도박한 사람을 1천만 원 이하의 벌금에 처하고, 다만 일시오락 정도에 불과한 경우에는 예외로 한다(형법 제246조)고 하는데, 도박죄를 처벌하는 이유는 정당한 근로에 의하지 아니한 재물의 취득을 처벌함으로써 경제에 관한 건전한 도덕법칙을 보호하는 데 있습니다.

도박은 재물을 걸고 '우연'에 의하여 재물의 득실을 결정하는 것이고, '우연'이란 당사자에 있어서 확실히 예견 또는 자유로이 지배할 수 없는 사실에 관하여 승패를 결정하는 것을 말한다(대법원 2008. 10. 23. 선고 2006도736 판결 참조)고 봅니다.

과거 하급심은 골프가 운동경기이고, 경기자의 기량이 지배적으로 승패에 영향을 끼치고 사소한 부분만 우연이 개입한다고 보아 도박죄에 해당하지 않는다고 보았으나, 1타당 50만원의 스트로크 방식의 내기 골프를 한 사안에서, 대법원은 우수한 선수라고 하더라도 자신이 치는 공의 방향이나 거리를 원하는 최적의 조건으로 통제할 수는 없고, 도박죄에서 요구하는 우연은 경기자의 기량 등을 모두 고려하더라도 경기의 결과를 확실히 예견할 수 없을 때에도 해당한다고 보아, 내기 골프도 형법상 도박죄에 해당할 수 있다고 판단하였습니다.

작은 금액의 친목도로를 위한 내기 골프는 일시오락으로 볼 수 있어 형법상 도박죄에 해당하지 않고, 동반자들 간의 집중력, 승부욕을 증진시켜 소소한 재미를 더하여 줄 수 있다(법원은 당사자의 소득 수준, 지위, 상습성 여부, 당사자들 간의 관계 등을 종합적으로 고려하여 일시오락 여부를 판단한다)고 합니다.

회원권 분쟁

2022. 5. 16. 법률신문 이용경 기자는 "'억대 회원권' 골프장 이용객 · 운영사 잇단 분쟁 왜?"를 보도하였습니다.

최근 골프 인구가 폭발적으로 증가하고 있는 가운데 골프장 운영사와 회원들 간의 분쟁이 잇따르고 있습니다. 코로나19 팬데믹으로 해외로의 골프여행 길이 막힌 상황에서 젊은 층의 유입으로 골프 인구가 급격히 늘어났고, 수요는 폭증한 반면, 공급은 답보상태인 상황이다 보니 일부 골프장들이 이익을 극대화하기 위해 '회원 혜택 임의 축소', '일방적 회원자격 종료' 등의 조치를 취해 갈등이 심화 되고 있는 것인데, 법원은 주로 골프장 측의 일방적 처분 등을 문제를 삼으며 회원들의 손을 들어주고 있는 것으로 나타났습니다.

◇ "회원 승인 없는 일방적 혜택 축소는 무효"

인천에서 골프장을 운영하고 있는 한 업체는 1인당 수억 원을 내고 회원권을 산 정회원들에게 보장된 혜택 일부를 일방적으로 폐지했다가 소송을 당해 최근 1심에서 패소했습니다.

인천지법 민사14부(재판장 김지후 부장판사)는 지난해 12월 모 골프장 정회원 27명이 이 골프장을 운영하는 A사를 상대로 낸 그린피 및 회원 혜택 조정조치 무효 확인소송(2019가합64036)에서 "A사가 회원들에게 2019년 6월자로 시행한 그린피 및 회원 혜택 조정 조치는 무효"라며 원고승소 판결했습니다.

이 골프장 회원들은 2010~2016년 8억 5,000만원~10억 원에 달하는 입회금을 내고 골프장 회원 가입 계약을 맺었고, 이들은 매월 3회 주말 · 공휴일 부킹(예약)을 보장받고, 평일 · 주말 모두 그린피(입장료)와 카트 사용료를 면제받았습니다.

또 이들과 동반한 비(非)회원은 그린피를 50%가량 할인받는 혜택을, 정회원이 지정한 지명회원 3명은 평일 그린피를 면제받는 혜택 등을 받았는데, A사는 2019년 5월 갑자기 회원들에게 '정회원 동반 비회원 그린피 50% 할인'과 '지명회원 평일 그린피 면제', '지명회원 동반 비회원 평일 그린피 30% 할인' 등 회원 혜택 중 일부를 폐지하겠다고 통보했습니다.

회원들은 "A사는 회원들의 개별 승인을 받지 않고, 폭리를 취하고자 회원들의 혜택을 폐지했다"며 "이는 민법 제104조의 불공정한 법률행위"라며 소송을 냈고, 이에 대해 A사는 "골프장의 경영난 해소를 위한 유효하고 합리적인 조치"라며 약관규제법이나 민법에 위반되지 않는다고 맞섰습니다.

재판부는 "회원들은 거액의 입회금을 납부하고 정회원으로 가입했다"며 "A사에 약관상 회원 혜택을 단독으로 결정할 권한이 있다고 해석한다면 이는 회원들에게 신뢰를 침해하는 중대한 불이익"이라 밝혔습니다.

그러면서 "회원들이 계약 당시 골프장 회원 혜택이 향후 임의 폐지·축소될 수 있음을 알았다면 계약하지 않았을 것"이라며 "혜택 축소 조치는 입회금과 골프장 회원권 시세에도 큰 영향을 미치는 내용이지만, 회원들에게 개별 승인을 얻지 못한 이상 무효"라고 판단했습니다.

◇ 회원권에 보장된 예약횟수 모르쇠… 법원 "골프장, 손배책임"

무기명 골프 회원권을 가진 회원에게 약정횟수만큼 이용을 보장하지 못한 골프장 측에 손해배상책임을 인정한 항소심 판결도 나왔습니다.

서울중앙지법 민사3-1부(석준협 · 권양희 · 주채광 부장판사)는 지난 3월 무기명 골프 회원권을 양수한 B사가 모 골프장 운영사인 C사를 상대로 낸 손해배상청구소송(2021나37047)에서 "C사는 B사에 700여만 원을 지급하라"며 1심과 같이 원고 일부승소 판결했습니다.

B사는 2007년 3월 경기도의 한 골프장에 대한 무기명 골프 회원권을 양수했고, 이후 B사는 이 골프장을 운영하는 C사에서 입회금액과 회원 혜택 등이 기재된 증서를 발급받았는데, 해당 증서에는 '주말 4회, 주중 8회' 시설제공 의무가 기재돼 있었습니다.

그런데 B사는 2016년부터 예약 신청한 날짜와 시간에 예약배정이 이뤄지지 않거나 자주 예약 신청이 거절되는 일이 발생하자, 같은 해 9월 C사에 시설예약을 보장하라는 취지의 내용증명우편을 보냈지만, C사의 계약불이행은 지속됐고, 그로부터 B사와 C사 사이에 지급명령청구 등 각종 소송이 잇따랐습니다.

끝내 C사로부터 약정대로 예약횟수를 보장받지 못한 B사는 2019년 10월 C사를 상대로 "2018년 5월~2019년 12월 시설제공 의무 위반으로 인한 손해를 배상하라"며 소송을 냈습니다.

C사는 "증서에 기재된 횟수는 최대 이용 한도일 뿐 회원들 사이에 골프장 이용 신청이 경합하는 경우 내부 회칙인 예약배정 기준에 따라 골프장 시설이용권을 배정했다"고 맞섰고, 또 "B사가 보장된 횟수만큼 골프장을 이용하지 못한 이유는 선호도가 높은 시간대의 이용만을 고집했기 때문"이라며 "선호 시간대 외에 골프장 이용을 신청했다면, 충분히 주중 8회, 주말 4회 골프장을 이용했을 것"이라 주장했습니다.

하지만 재판부는 "골프장 이용에 관해 선호도가 높은 시간대가 있어 회원들 사이에 경합이 발생할 수 있다"며 "그로 인해 원하는 때에 골프장을 이용하지 못하는 회원의 피해가 발생할 수 있다는 점은 C사가 충분히 예상할 수 있는 사정들이므로 그 대책도 C사가 미리 세웠어야 한다."고 밝혔고, 그러면서 "C사의 주장은 애초부터 지킬 수 없는 약속을 했다는 것에 불과해 받아들일 수 없다"고 판시했습니다.

앞서 1심도 "무기명 회원권을 분양할 경우 월 단위로 특정 횟수만큼의 시설이용 권리를 보장하는 경우가 통상적"이라며 "증서기재 횟수가 최대이용한도일 뿐이라는 C사 주장에 따르면 골프장 회원들 사이의 경합이 치열한 경우 C사는 B업체에 전혀 시설을 제공하지 않아도 의무 위반이 없다는 결과에 이르게 되는데, 이는 매우 불합리하다"고 밝혔습니다.

그러면서 "증서에는 회원의 '혜택'으로 예약 횟수를 기재하고 있는데, 그것이 최대 이용 한도일 뿐이라는 C사의 주장은 '혜택'의 문언적 의미와도 배치된다."며 C사의 손해배상 의무를 인정했습니다.

◇ 회원자격 일방적 박탈하려는 골프장 행태에도 제동

골프장 운영사가 골프장 이용계약이 만료되는 회원들과 일방적으로 재계약을 하지 않아 분쟁이 발생하기도 하는데, 최근 대법원은 골프장 측의 일방적인 약관해석과 회원자격 박탈이 문제된 사안에서 회원의 손을 들어주었습니다.

대법원은 지난해 6월 골프장 특별회원 입회 약정을 맺은 D사가 골프장 운영사인 E사를 상대로 낸 회원지위확인청구소송(2021다214883)에서 원고승소 판결한 원심을 "심리불속행 기각"으로 확정했습니다.

D사는 2012년 2월 E사에 입회금 10억 원을 내고 특별회원 입회 약정을 맺었는데, 당시 약정서 제3조에는 '입회금은 회원자격 보증금으로서 7년간 거치하며 탈회에 의해 반환하거나 자동 연장할 수 있다'고 기재돼 있었습니다.

이후 E사가 2019년 1월 D사에 예약보장 횟수를 줄여 재계약을 하거나 입회금을 반환하겠다고 통지하자, D사는 "특별회원을 탈퇴하지 않는 이상 회원지위와 기존 특전(혜택)도 같은 내용으로 연장됐다"며 소송을 냈습니다.

1심은 "D사의 골프장 특별회원 자격기간이 연장됐다고 해서 특전 내용도 그대로 연장된다고 보기 어렵다"며 원고패소 판결했습니다.

하지만 항소심은 "약정 제3조는 E사의 회칙 규정과 명시적으로 다른 약정으로, D사는 입회금 거치 이후 7년이 끝나면 선택에 따라 탈회하고 E사로부터 예탁한 입회금을 반환받거나, E사 이사회의 승인 없이도 특별회원 자격기간을 연장할 수 있다"며 "약정 체결 경위와 자동연장 조항의 취지 등을 보면, D사의 특별회원 자격기간이 연장돼 약정에 포함된 특전 내용도 그대로 연장, 효력을 유지한다고 봄이 타당하다"고 판시했습니다.

서응원(50 · 사법연수원 32기) 법무법인 지함 대표변호사는 "골프장 회원 입회약정에 '회원자격 보유기간으로 해석할 수 있는 기간이 만료된 후 그 보유기간을 자동연장할 수 있다'고 규정돼 있음에도 불구하고, 골프장들이 일방적으로 최초 입회금 반환기간 또는 보유기간 만료와 동시에 회원자격과 당시 회원들에게 부여된 혜택 및 특전을 각각 박탈하려는 관행들에 법원이 제동을 건 의미 있는 판결"이라고 말했습니다.

법조계 전문가들은 이 같은 골프장 측의 임의적 회원자격 박탈 및 일방적 회원혜택 축소가 계약원칙의 중대한 위배에 해당한다고 지적했습니다.

한 대형로펌 변호사는 "이러한 문제는 크게 입회계약서나 약정서와 같은 서면이 '약관'에 해당하는 만큼 약관의 규제에 관한 법률의 법리가 적용될 영역"이라며 "회원입장에서는 약정 내용이 문언상 명확하지 않고 조금이라도 논란의 여지가 있어 보일 경우 그 약정 의미가 분명해 지도록 약정 내용 자체를 수정하도록 요구하거나 특약, 별도 부관 등을 따로 작성하도록 골프장 운영사 측에 요구하는 방법으로 법적 분쟁에 대비할 필요가 있다"고 말했습니다.

또 "골프장 입장에서는 내용이 불분명한 약정은 사업자인 골프장에 불리하게 해석되므로 처음부터 법률적 자문을 얻어 의미가 명확한 내용으로 약관을 작성하거나 정비할 필요가 있다"며 "약정의 내용 자체가 명백한데도 회원의 승인이나 동의 없이 골프장 측이 일방적으로 혜택을 변경한 것이라면 더 논할 가치 없이 회원 측 승소로 결론 날 것"이라 말했습니다.

04

골프 경기

4장 | 골프 경기

1 스포츠 기본법

전 국민이 스포츠를 향유할 권리를 규정한 '스포츠 기본법'이 2021년 8월 10일 제정되어, 2022년 2월 11일부터 시행합니다.

그동안 스포츠와 관련, 우리나라에는 국민체육진흥법, 학교체육진흥법, 생활체육진흥법, 체육시설에 관한 법, 스포츠산업진흥법 등 10여개의 주요 법률이 있었습니다.

스포츠에 관한 정책방향과 추진에 필요한 기본적인 사항을 규정하는 법률이 없어 아쉬워한 학계 및 스포츠계의 10여 년에 걸친 노력 끝에 드디어 스포츠 기본법이 제정된 것인데, 앞으로 위 법률에 따라 그동안의 스포츠에 대한 인식과 틀을 바꾸는 계기가 될 것으로 기대됩니다.

스포츠 기본법은 국민 모두가 스포츠 및 신체활동에 자유롭고 평등하게 참여하여 건강하고 행복한 삶을 영위할 수 있도록 스포츠의 가치가 교육, 문화, 환경, 인권, 복지, 정치, 경제, 여가 등 우리 사회 영역 전반에 확산될 수 있게 국가와 지방자치단체가 그 역할을 다하며, 개인이 스포츠 활동에서 차별받지 아니하도록 하고, 스포츠의 다양성, 자율성과 민주성의 원리가 조화롭게 실현되는 것을 기본이념으로 하고 있습니다(제2조).

또한 국민의 권리로서 스포츠권을 보장하고 있는데, 모든 국민은 스포츠 및 신체활동에서 차별을 받지 아니하고 자유롭게 스포츠 활동에 참여하며 스포츠를 향유할 권리를 가진다면서 이 권리를 '스포츠권'으로 칭하고 있습니다(제4조).

이제 스포츠의 가치는 단순히 교육적 의미에서 체육이라는 한 분야가 아니라 사회 영역 전반에서 다양한 역할을 한다는 것을 인정하고, 국민의 기본권으로서 '스포츠권'을 명문화한데 의미가 있습니다.

또한 스포츠 기본법은 국민이 스포츠권을 누릴 수 있도록 국가와 지방자치단체의 책무를 정하면서 스포츠정책 수립과 시행의 기본원칙을 정하고, 문화체육관광부장관으로 하여금 스포츠 진흥계획을 5년마다 수립하고 시행하도록 하였습니다.

이를 위해 국가스포츠정책위원회를 국무총리 소속으로 두어 스포츠 정책의 총괄 조정하도록 하였고, 전문 스포츠, 생활 스포츠, 장애인 스포츠, 학교 스포츠, 프로 스포츠, 스포츠 산업, 스포츠 클럽, 스포츠 시설, 스포츠 인력양성, 선수 등의 은퇴 후 지원, 스포츠 진흥을 위한 조사 · 연구와 개발, 스포츠 윤리, 스포츠 안전관리, 스포츠 환경보호, 스포츠 가치 확산의 육성 및 지원, 스포츠 국제교류 및 협력, 스포츠 남북교류 및 협력, 스포츠 기부문화의 조성, 스포츠의 날과 스포츠 주간 등을 규정하고 있고, 대부분 선언적인 조항이지만 조항 하나하나가 각종 스포츠 관련법의 기준점이 될 수 있습니다.

위와 같은 스포츠 기본법의 기본이념 등을 보면, 우리나라가 나아갈 앞으로의 스포츠 정책 방향을 예상할 수 있습니다.

1962년에 제정된 국민체육진흥법은 1983년 개정 당시부터 그 목적에 체육을 통한 국위 선양을 부가하였고, 1986 아시안게임과 1988 올림픽을 계기로 엘리트 선수들의 메달확보에 큰 비중을 두었던 것이 사실입니다.

1990년대 이후 생활체육의 활성화가 꾸준히 이루어졌고, 학교체육진흥법을 통하여 일반 학생의 스포츠 접근성을 강화하였지만, 그래도 여전히 엘리트선수의 육성에 방점을 두었던 것입니다.

그런 과정에서 선수의 성적을 우선시하면서 학습권 침해나 선수들에 대한 인권유린 등이 끊이지 않았습니다.

물론 올림픽이나 월드컵 등을 통하여 국민 통합을 이루어내고 세계선진국과 어깨를 겨루는 스포츠 강국이 된 점은 인정할 수 있으나, 진정 스포츠의 가치가 국민 모두에게 스며들어 삶의 질 향상에 도움이 되었을 지는 의문이어서, 앞으로 스포츠 기본법에 대한 기대가 더욱 큽니다.

이제 스포츠에 대한 인식의 틀, 패러다임을 바꾸는 계기가 될 것이며, 국민 모두의 스포츠권 보장이라는 대명제 아래 다양한 스포츠 정책이 발굴될 것입니다.

우선 국가 스포츠 정책의 결정구조가 바뀝니다. 그동안 문화체육관광부가 스포츠 정책을 결정하였으나, 이제는 국무총리를 위원장으로 하는 국가스포츠정책위원회의 결정에 의하여 스포츠 정책이 수립되므로, 교육부 등 여러 관련 부처의 다양한 의견이 수렴될 것이고, 정책의 통일성과 계속성이 유지되는 방향으로 나아갈 것입니다.

또한 엘리트 스포츠를 통한 국위 선양을 넘어서 스포츠를 통한 국민 행복이라는 모토 아래 국민 모두가 스포츠에 가까이할 수 있는 다양한 정책이 시행될 것이고, 아동, 청소년, 노인, 장애인 등을 위한 스포츠 프로그램도 다양해질 것이며 스포츠가 국민의 건강과 복지측면에서도 큰 역할을 하게 될 것인데, 스포츠는 기본적으로 "페어플레이 정신"을 기반으로 하므로 윤리적이어야 하며, 한편으로 스포츠 분야의 인권이 보장되어야 합니다.

지난 3월 9일 실시된 대통령 선거에서 스포츠 정책에 관한 다양한 공약이 수립될 것이었는데, 국가 스포츠 예산의 증대, 지방 체육의 발전, 체육시설의 접근성 강화, 스포츠클럽 등에 대한 자자체 지원확대 등 의견이 표출되었습니다.

스포츠 기본법으로 정해진 스포츠 주간은 매년 4월 마지막 주간이고, 이 기간 학교와 직장에서는 운동회 등 각각의 실정에 맞는 스포츠 행사를 할 수 있고, 지방자치단체는 운동 경기, 레크리에이션 활동, 스포츠에 관한 전시회와 강연회, 그 밖에 스포츠 진흥에 관한 행사를 할 수 있습니다.

학창시절 청군과 백군으로 나뉘어 행복한 땀방울을 흘렸던 운동회와 전국 각지에서 열리는 각종 종합체육대회가 주로 봄철과 가을철에 개최되는 것 또한, 이러한 법령에 근거한 것입니다.

명실공히 선진국의 반열에 들게 된 우리나라의 국민들은 먹고사는 문제가 아닌 건강하고 행복한 삶을 영위하기 위해 더욱 많은 시간과 돈을 투자하게 됐고, 정부나 지자체 또한 스포츠의 가치 확산을 위한 꾸준한 지원으로 스포츠 참여율이 매년 증가하고 있었습니다.

코로나 19 전염병은 우리의 삶을 크게 바꿔놓았고, 2020년 이후 코로나19로 인한 글로벌 팬데믹 현상이 장기화되면서 우리나라의 스포츠계는 극심한 타격을 입게 되었으며, 집합금지, 영업제한 등 강화된 방역대책으로 각종 대회와 체육행사가 대부분 취소됐고, 학교체육은 물론 전문체육과 생활체육분야 모두 쇠락해 2019년 66.6%였던 생활체육 참여율이 2020년에는 60.1%로 크게 감소했습니다.

그럼에도 국민들의 건강에 대한 욕구는 절실하여 2021년에 들어 걷기, 등산, 골프 등 개인 및 야외 운동 위주의 참여자가 점차 확대됐고, 홈 트레이닝 등 비대면 체육활동이 증가하면서 생활체육 참여율 통계 결과 60.8%로 미약하게나마 회복하기 시작했습니다.

중앙재난안전대책본부는 지난 4월 18일, 25개월간 지속됐던 사회적 거리 두기 의무화 조치를 전면 해제했기에 이제는 다시 운동할 때이고, 정부와 지자체는 국민이 건강한 사회가 될 수 있도록 부족한 운동여건 조성이나 자유로운 체육시설 이용방안 등 지원과 대책 마련이 필요합니다.

각종 질병을 예방하고 인간의 수명을 연장시키는데 체육활동의 역할이 커지고 있고, 유네스코 연구 결과에 따르면 스포츠 활동을 위한 투자비용 대비 3배의 의료비 절감 효과가 있다고 합니다.

운동하는 개인, 직장, 사회가 늘어나면 이 같은 의료비용을 절감할 수 있고, 그만큼 즐겁고 건강한 삶을 이룰 수 있으며, 성과를 창출하게 될 것인바, 이는 자연스러운 국민의 스포츠 참여 확산으로 이어질 것입니다.

골프는 스포츠인가 게임인가

골프가 스포츠인가 게임인가에 대한 답은 쉬운 듯하면서도 어려울 수 있는데, 영국인들은 스포츠를 '신체적 노력과 기술을 필요로 하는 게임이나 경쟁 혹은 활동으로서, 규칙에 따라 행해지는 유희나 직업'이라고 정의했고, 게임은 '규칙과 기술을 활용하여 행해지는 활동이나 스포츠'로 정의했습니다.

사전적 의미로 어떠한 활동이 스포츠나 게임이 되기 위해서는 규칙과 기술을 필요로 하지만, 스포츠가 게임과 구별되는 한 가지 다른 점은 바로 '신체적 노력'입니다.

모든 스포츠는 규칙과 기술을 필요로 하므로 게임이 될 수 있는 반면 신체적 노력을 필요로 하지 않는 게임의 경우에는 스포츠가 될 수 없는 것이고, 바둑이나 체스가 게임이지만 스포츠가 아닌 이유입니다.

경쟁에서 이기기 위해 높은 유연성과 근지구력이 요구되는 프로의 세계에서는 골프가 스포츠로 분류되는 데 큰 문제가 없어 보이고, 골프장 밖에서의 피트니스 훈련 외에도 남자 대회의 경우 그들은 4일간 매일 코스를 걸으며 경쟁해야 합니다.

대회 직전 개최되는 프로암과 연습 라운드까지 합산하면 총 6일간 매일 7킬로미터 이상을 걷고, 미국의 PGA투어에서도 걷기는 골프경기의 핵심적인 요소라고 정의하고 예외를 두지 않습니다.

대회 중 선수가 카트를 타고 이동하는 경우는 악천후로 경기가 중단됐을 때나 플레이오프 시 신속한 이동이 필요할 때에 한정되지만, 일반 골퍼들이 레크리에이션을 위한 골프를 할 경우에는 상황이 좀 다릅니다.

특히 미국과 같이 페어웨이(Fairway : 제1타를 칠 때 공을 올려놓는 대(Tee)와 그린 사이에 있는 잘 깎인 잔디지역) 안으로 카트를 타고 진입하여 플레이 할 수 있는 경우는 찰나의 스윙을 제외하곤 실제로 몸을 움직이는 시간이 많지 않기 때문에 골프가 스포츠보다는 게임에 가깝습니다.

반면에 영국이나 호주의 경우는 걷기가 골프의 중요한 부분이라고 믿기 때문에 전동 카트를 사용하지 않고, 걷기가 불편하다는 의사의 처방이 있을 경우에만 전동 카트를 제공할 수 있습니다.

코스를 걸었을 때는 샷을 준비하기 위한 과정 자체가 달라지는데, 공이 놓인 위치와 지형을 파악하고 내 공이 날아가 안착해야 할 공간을 눈으로 스캔하여 그 이미지를 상상해 보는 과정은 나만의 보폭과 리듬으로 코스를 걸었을 때 가능해집니다.

코스가 걷기에 최적화되기 위해서는 티잉 그라운드(초타 구역)에서 그린(Green : 퍼트를 하기 위한 잔디밭)까지의 공간이 완만한 경사를 이루어야 하고 홀과 홀 사이를 이동할 때도 심한 고저차가 없어야 하며, 기분 좋은 걷기를 동반한 골프를 스포츠로 즐길 수 있기 위해서는 골프장이 위치할 땅의 지형이 무엇보다 중요합니다.

영국의 R&A, 미국의 PGA투어와 같은 국제적인 골프단체의 전문가들은 코스의 난이도와 규격을 조정하고, 잔디 관리 상태를 최고수준으로 향상시키며, 선수들과 갤러리 모두 만족할 수 있는 대회 환경을 만드는 경험은 개최 코스의 수준뿐만 아니라 그 대회를 통해 배출된 개최국의 전문 인력들의 수준까지 업그레이드시킬 수 있는 기회인 것입니다.

대세가 된 골프

생활체육은 '평생 체육' '모든 사람을 위한 체육' 등으로 불리기도 하며, 생활 속에서 건강과 체력 증진, 여가 선용을 위해 행해지는 체육활동을 뜻한바 생활 체육의 중요성은 나날이 높아지고 있습니다.

평균 수명은 나날이 증가하고 고령화 사회가 가속화되는 가운데, 나이가 들어도 건강과 체력을 유지하려면 운동이 꼭 필요하기 때문인데, 그만큼 생활체육에 관한 관심도 나날이 높아지는 가운데, 코로나 사태도 생활체육의 큰 변수가 되고 있고 분야를 막론하고 방역에 유리한 종목은 인기를 끌고, 그렇지 못한 종목은 불리해지는 현상이 나타난 것입니다.

이런 상황 속에서 골프를 생활 체육으로 즐기는 인구가 크게 늘어나 눈길을 끈데, 방역에 유리한 종목이라는 메리트에 생활체육으로서의 가치 또한 인정받은 결과로 해석돼, 최근 문화체육관광부가 발표한 국민 생활체육 조사 결과, 골프를 생활체육으로 즐기는 인구가 크게 늘어나 눈길을 끕니다.

문화체육관광부가 1월 10일 발표한 2021년 국민 생활체육 조사 결과, 6.8%의 응답자가 골프를 규칙적으로 즐긴다고 응답했으며, 골프를 즐기는 인구는 2019년 5.0%, 2020년 5.5%, 2021년 6.8%를 기록하며 매년 상승세를 기록했습니다.

또한, 골프는 체육동호회 가입 종목 순위에서는 기존 1위였던 축구를 제치고 1위를 차지하기도 했는바, 골프는 2019년에는 동호회 가입 응답률 7.7%, 2020년에 14.4%를 기록했으며 2021년에는 21.8%를 기록해, 16.5%를 기록한 축구를 제치고 1위를 기록했습니다.

체육시설 이용 응답에서도 골프의 상승세가 돋보였는데, 자주 이용하는 체육시설에 대한 질문에 공공체육시설이 22.1%로 1위, 민간체육시설이 20.6%로 2위, 기타 체육시설이 14.9%로 3위를 기록했습니다.

그리고 민간체육시설 중 자주 이용하는 시설은 체력단련장이 52.8%로 1위, 그다음을 차지하는 것이 골프연습장(11.8%), 골프장(8.7%) 순으로 나타났고 ,이용 인구는 물론, 이용 시설에서도 골프의 존재감이 돋보인 것입니다.

이번 국민 생활체육 조사 결과는 골프업계로서는 고무적인 소식이 아닐 수 없는데, 골프라는 종목이 대중 스포츠, 나아가 생활체육으로서의 자리를 확고히 했음을 보여주는 '팩트'이기 때문입니다.

골프가 '귀족 스포츠'라는 건 옛말이며 이미 대중 스포츠로서의 자리를 확고히 했고, 생활체육으로서도 대세가 되었으며, 인기가 상승하는 만큼 미디어의 관심도 늘어나 이제 골프는 TV 예능의 단골손님이 되었고, 유튜브 등 1인 미디어나 SNS에서도 인기가 크게 늘어나는 추세입니다.

골프에서 파생된 종목들도 인기 몰이를 하고 있으며, 또 생활체육으로서 가치를 인정받고 있다는 점도 호재인데, 특히 스크린골프와 파크골프의 선전이 돋보여 둘 다 일반 골프보다 쉽게 즐길 수 있어서 생활체육으로서의 가능성은 더 높다는 평가를 받기도 합니다.

스크린골프는 이용자 및 누적 라운드 숫자로 따지면 이미 필드 골프를 능가했다는 자료가 있을 만큼 생활 스포츠로서도 큰 영향력을 행사하고 있고, 파크골프도 수많은 지자체가 앞 다퉈 시설 건설에 나설 만큼 생활체육의 대세로 인정받고 있는데, 골프는 물론, 골프에서 비롯된 파생 종목들이 국민건강을 책임지는 생활체육의 자리를 확고히 할 것이라는 기대가 높아지는 이유입니다.

하지만 골프가 '생활체육 1위'를 기록했다며 샴페인을 터뜨릴 때는 아니고, 골프가 생활체육으로서 큰 인기를 누리는 건 종목 자체의 인기도 높지만, 방역에 유리한 종목이라는 메리트가 컸다는 점 또한 무시할 수 없습니다.

코로나 사태가 끝나면 적잖은 사람들이 다른 종목으로 눈을 돌릴 가능성도 무시할 수 없다는 것이어서, 골프가 생활체육으로서의 인기를 유지하려면 현재 드러난 문제점은 고치고, 강점은 더욱 발전시키는 방향으로 나아갈 필요가 있습니다.

현재 골프가 '생활체육 종목'으로서 가진 가장 큰 문제점은 역시 접근성과 비용인데, 여전히 수요보다 골프장 공급이 적고, 비용 문제도 크며 회원제 골프장은 그렇다쳐도 대중제 골프장 이용료가 지나치게 비싸다는 비판은 어제오늘 일이 아닙니다.

심지어 대선을 앞두고 대선 후보가 대중제 골프장 요금과 운영을 비판하고 있는바, 이재명 더불어민주당 대선 후보는 지난 1월 8일 대중골프장의 편법 운영과 요금 인상 등을 막겠다고 밝혔습니다.

이 후보는 SNS에서 "골프 인구 500만 시대에 걸맞게 대중골프장 운영방식을 건전화하겠다."라고 전제한 뒤 "그간 비싼 이용료와 금지된 유사회원 모집 등으로 이용객의 불만이 높다", "더구나 코로나 이후 이용자 급증을 틈타 지난 2년간 19%에 달하는 요금을 인상한 것은 횡포나 다름없다."며 대중제 골프장에 직격탄을 날렸습니다.

또 이 후보는 "체육시설법 개정 후속 조치에 따른 규정을 신설해 일방적인 요금인상을 억제하고 적정 수준을 유지하도록 관리를 강화하겠다."라며 대중제 골프장 비용 상승 억제에 대한 공약을 내걸었습니다.

대중제 골프장은 현재 대중들이 가장 쉽게 접근할 수 있는 골프장이며, 골프가 생활체육으로서 거듭나기 위한 '중추' 역할을 수행하는 곳이며 대중제 골프장의 각종 문제가 빨리 해결되지 않으면 골프가 생활체육으로서 '롱런'하는 데 걸림돌이 될 수 있음을 잊지 말아야 합니다.

이제 골프는 명실상부한 대중 스포츠가 되었고, 생활체육의 지위도 점점 굳혀나가고 있지만 비용, 접근성 등 생활체육으로서 약점 또한 남아 있는 것도 사실로 늦기 전에 골프가 가진 장점은 더하고, 약점은 개선해야 코로나 사태 이후에도 골프가 '대한민국 대표 생활체육'의 자리를 유지할 수 있습니다.

위 글은 "대세가 된 골프 그 후"(골프저널, 2022. 1. 26.)를 참조하였습니다.

스포츠 마일리지제도

대통령직인수위원회가 코로나19(COVID-19) 직격탄을 생활체육 활성화를 위해서 "체력 등급을 올리면 현금처럼 쓸 수 있는 마일리지를 최대 연간 5만원 주는 제도를 실시한다."고 밝혔습니다.

대통령직인수위원회는 5월 1일 서울 종로구 통의동 인수위 브리핑에서 "생활체육 활성화를 위해 '스포츠 마일리지' 제도를 도입하겠다."고 밝히며, "국민의 스포츠 활동 참여성과를 국민체력인증제도와 연계해 마일리지를 부여하고, 그 마일리지를 체육, 건강, 문화시설에서 현금처럼 사용할 수 있는 제도"라고 설명했습니다.

정책 대상은 체력인증이 가능한 11세 이상 국민이고, 스포츠 마일리지 사업의 효과적 추진을 위해 국민체력100센터와 스포츠클럽의 연계 · 통합을 통한 원스톱서비스를 제공한다는 방침인데, 현재 76개소인 국민체력100센터도 매년 10개소 증설할 계획입니다.

1인당 연간 최대 5만원의 마일리지를 지급하는데, 2027년 50만 명 지급을 목표로 하고 마일리지는 가맹 스포츠클럽, 체육시설, 스포츠용품점, 문화시설 등에서 현금처럼 사용할 수 있습니다.

김도식 인수위 사회복지문화분과 인수위원은 "체력인증 등급 향상 정도, 스포츠클럽 등 체육 참여활동에 대해 적립형 마일리지를 지급하는 것으로 세부적인 운영계획은 전문가들과 협의해 구체화할 것"이라고 말했고, 이어 "오후 직접 체력 인증을 시행하는 현장 센터에 가서 관련 사항을 돌아보고 운영사항을 살펴본 이후 구체적인 시행계획도 밝히겠다."고 덧붙였습니다.

MZ 세대가 삼킨 골프계

나도혜의 "MZ 세대가 삼킨 골프계"(골프저널, 2022. 4. 28)를 소개합니다.

최근 몇 년간 소위 MZ 세대라고 불리는 2030 세대에게 골프가 급부상한 데에는 여러 가지 이유가 있지만, 그중에서도 단연 큰 비중을 차지하는 것은 바로 코로나19 사태의 장기화를 꼽을 수 있습니다.

상대적으로 환기에 취약한 실내 시설을 이용할 경우 코로나 19 바이러스에 감염되기 더욱 쉽다는 인식이 널리 퍼지기 시작하면서 캠핑이나 차박, 등산 같이 야외에서 즐길 수 있는 활동에 대한 선호도가 증가했고, 더불어 장기간 시행되고 있는 각종 방역수칙 강화에 대한 피로감이 사회 전반에 누적되어 왔습니다.

또한, 감염에 대한 우려와 격리 조치 등 기존에는 자유롭게 행할 수 있었던 해외여행에 현실적인 제한이 생기면서, 이에 대한 대안으로 자연스럽게 2030층 에게도 골프라는 스포츠가 주목받기 시작했습니다.

여기에 평소에는 미처 인지하지 못했던 건강에 대한 염려 역시 MZ세대가 골프를 찾는 데 큰 영향을 미쳤고, 건강하게 오래 살기 위해서는 나이를 막론하고 꾸준한 운동을 통해 체력을 관리해주어야 한다는 것을 깨닫게 된 것입니다.

몇 년 전 우리 사회를 강하게 휩쓸었던 웰빙(well-being) 열풍은 '잘 먹고 잘 사는 것'에 초점을 맞추고, 건강한 식단을 유지하거나, 요가 등 정신수양이 가능한 운동에 대한 전 국민적인 관심을 불러일으켰습니다.

자연스럽게 전국 각지에 대형 요가 센터가 설립되고, 요가 의류나 용품 등 관련 산업이 급성장하며 직장인들이 퇴근하면 앞 다투어 요가 센터에 찾아가 운동을 하고, 채식 위주의 식사를 통해 건강한 식습관을 유지하려는 이들도 많았습니다.

하지만 이번 골프 열풍은 웰빙 사태와는 결을 달리한바, 그 누구도 상상하지 못했던 감염병이 전 세계를 휩쓸고 수많은 사상자를 발생시키기 시작하면서 '건강하게 오래 사는 것'에 대한 관심과 더불어, 각종 방역수칙 강화로 인한 '비대면 문화'가

결합되어 운동 역시 집에서 하는 홈 트레이닝 족이 등장하게 되었고, 불특정 다수와의 접촉으로 인한 감염에 대한 걱정 없이 안전하고 편하게 체력을 키우고자 하는 움직임으로 인한 결과물인 것입니다.

또한 '건강'을 유지하기 위해 하는 운동임과 동시에 여행이나 모임 등에 대한 욕구를 해소할 수 있는 스포츠로 골프가 각광받게 된 것입니다.

골프의 경우 실내에 비해 상대적으로 감염 우려가 적다고 알려진 야외에서 경기를 진행할 수 있기때문에 비교적 부담 없이 가족과 지인 등의 사적 모임까지 가능해, 모임에 대한 갈증을 해소하면서 즐길 수 있는 스포츠라는 측면에서 그동안 골프에 대해 큰 관심이 없었던 젊은 세대들에게 폭발적인 인기를 불러일으키게 되었습니다.

더불어 전국 각지의 필드를 방문하며 멋진 자연경관을 즐기고, 골프와 여행을 함께 할 수 있는 것 또한 해외여행에 대한 갈증을 느끼고 있는 MZ세대들에게 상당 부분 어필한 것으로 해석할 수 있습니다.

그간 골프업계에서는 비주류로 인식되어 왔던 젊은 층들이 앞 다투어 필드에 몰려들고, 이에 대한 지출로 이어지면서 프로 골퍼가 등장하던 골프웨어 광고 모델들도 2030세대에 호감도와 인지도가 높은 유명 연예인들로 교체되고 있는 것 또한 눈에 띄는 변화입니다.

방송 업계 및 다양한 유튜브 채널에서도 '골프'와 '어린이'라는 단어를 더한 신조어인 '골린이'라는 것을 주요 아이템으로 다양한 골프 예능을 선보이고 있고, '골린이'라 불리는 신흥 골프족인 MZ 세대들이 좀 더 친숙하고 편안한 방식으로 골프를 즐길 수 있도록 새로운 시도를 꾀하고 있다는 방증입니다.

이는 프로 경기 중계나 프로선수들의 강의 등이 주된 아이템이었던 골프 관련 방송에 비해 타겟 층이 매우 다양해졌음을 의미하며, 실제로 시청률 등 화제성 역시 기존의 예능 프로그램에 못지않게 상당한 이슈가 되고 있음을 확인할 수 있습니다.

실제로 유원골프재단 측에서 발표한 통계 자료에 따르면, 2017년에는 70만 명에 불과했던 30대 이하 골프 인구가 2020년에는 100만 명을 돌파하면서 가파른 성장세를 보이고 있으며, 당분간 이러한 흐름은 지속될 것으로 전망됩니다.

2030층을 중심으로 골프에 관한 관심이 증가하면서 자연스럽게 신흥 골프 산업이 급속도로 성장하고 있고, 기존에 골프를 즐기던 중장년층의 경우 골프채와 같은 장비에 금액적인 투자를 아끼지 않았다면, MZ 세대의 경우 SNS를 중심으로 한 인증 샷 문화 등의 영향으로 필드에서도 나만의 개성을 드러낼 수 있는 패셔너블한 골프웨어에 관심이 집중되고 있습니다.

국내 주요 백화점의 골프 상품 군 매출 현황에 따르면, 2020년 상반기에 이미 20~30대의 골프웨어 매출이 기존 골프 상품의 주요 고객이었던 40대를 넘어서면서 골프 장비에서 골프웨어 중심으로 골프 산업이 격변하고 있다는 것을 확인할 수 있었습니다.

특히 MZ 세대의 경우 오픈마켓 등 온라인에서의 소비가 더욱 익숙한 세대임에도 불구하고, 오프라인 매장의 지표가 되는 백화점 판매 매출이 이미 40대 고객층을 따라잡은 지 오래됐다는 것은, 그만큼 골프와 골프웨어에 대한 관심이 급증했다는 것을 짐작할 수 있는 결과이기도 합니다.

골프웨어를 통해 필드에서도 나만의 개성을 표현할 수 있을 뿐만 아니라, 일상생활에서도 입을 수 있는 캐주얼한 골프웨어들이 다양한 브랜드를 통해 출시되고 있는 이 시점에서, 일각에서는 단순히 코로나19 사태의 장기화로 인한 피로도가 골프 산업에 반짝 열풍을 만들어낸 것이 아닌가 하는 우려의 목소리 역시 존재하고 있습니다.

2 골프 경기

한때 부자와 엘리트 계층의 전유물로 여겨졌던 골프가 이젠 노래방, PC방만큼이나 대중에게 친숙한 놀이문화로 정착해서, 골프를 바라보는 시각이 과거와 달리 점차 유연해지고 있으나, 대중 스포츠로 자리 잡기 위해선 아직 거쳐 가야 할 관문들이 많습니다.

골프에 대한 인식이 점차 개선되고 있는데, 아이러니하게도 신종 코로나바이러스 감염증(코로나19)도 한 몫을 했고 소규모 인원이 탁 트인 자연에서 비교적 코로나19로부터 안전하게 스포츠를 즐길 수 있다는 점이 컸습니다.

실제로 지난해 통계청이 발표한 13세 이상 국민의 레저시설 이용률은 43.5%였는바, 코로나19 시국 이전인 2년 전(73.4%)보다 29.9%P 감소했지만, 골프장 이용률만 2019년(6.6%)보다 3.6%P 증가한 10.2%로 나타났습니다.

골프가 점점 다양한 세대가 즐기는 인기 스포츠가 되고 있다는 점은 고무적이나 번거롭고 불필요한 관습은 바뀌어야 하겠는데, 먼저 '환복 문화'를 개선해야 합니다.

최근까지 코로나19로 집에서 바로 골프복을 입고 골프장으로 향했지만 다시 정상화가 된다면 옷을 여러 벌 준비해야 하며, 간편한 골프 복장으로 가면 대형 로커 시설, 목욕탕 등을 이용하지 않아도 되고, 미국이나 유럽은 대체로 간편한 옷차림으로 골프장을 오갑니다.

'노캐디' 골프장의 확대도 필수로 캐디에게 의존하는 골프 대신 '노캐디 셀프 라운드'를 하면 요금 인하 효과를 누릴 수 있고, '노캐디'로 라운딩을 할 경우 오히려 경기 시간도 줄고 직접 코스를 공략하는 즐거움도 커질 수 있습니다.

이제 골프는 한 때 사치와 과소비의 대명사라는 이유로 특별소비세까지 부과되었던 일부 계층의 전유물이 아니라, 전 국민의 10% 이상 인구에게 사랑받는 스포츠로 자리한지 오래입니다.

100년이 넘는 근대 한국 골프 역사는 세계 골프 최강국 된지는 이미 오래고, 국민 600만이 사랑하는 스포츠로, 골프라는 운동에 대해 잘못된 오해 역시 사라지고 있으며, 골프라는 운동에 대한 올바른 이해와 지식을 널리 알리고 대중화시키기 위해 사회 전반적 방면에서의 변신이 시도 되고 있습니다.

아직은 한국의 골프장에서 정규 라운딩 하기에는 그 비용이나 시간 등이 만만하지 않기에, 사실 대부분의 골프 입문자들은 고가의 골프장 라운딩보다는 건강을 챙기고 바쁜 일상에서 짬을 내어 틈틈이 인도어 골프드라이빙라운지에서 연습으로 시간을 보내고 있거나, 스크린골프장에서 친목을 도모하며 골프를 즐기는 사람들이 대부분입니다.

최근 정부는 '골프 대중화 방안'을 내놓았는데, 골프 대중화는 이미 시작됐고 정부가 가장 먼저 해야 할 일은 세율 조정입니다.

앞선 정부는 1976년 골프장을 중과세해서 세율은 올랐고 고객도 개별소비세를 내야 하는데, 세월이 46년이나 흘렀고 이젠 개별소비세 감면, 면제 등을 적극 검토해야 할 시기입니다.

골프는 이제 대한민국 인구의 10% 이상이 즐기는 스포츠이고, 이제는 지자체에서 골프라는 운동에도 관심을 가져야 할 때가 됐으며, 사실 인도어 골프연습장은 주차장 등지의 윗 공간을 사용하고 ,소음 등의 민원만 신경을 쓴다면 지자체에서 얼마든지 설치할 수 있을 것이며, 그로 인한 경제적 이익을 지자체에서 활용할 수도 있을 것입니다.

골프를 즐기는 이들이 크게 늘었지만 고비용 구조로 생활 스포츠로 진입하지 못하고 있는바, 골프는 오랫동안 백인 스포츠였고 골프장은 백인 남성의 놀이터였는데, '꿈의 무대'라 불리는 미국프로골프(PGA)투어 메이저 대회인 마스터스에 흑인 선수가 출전한 것은 1975년이 처음이었습니다.

그때까지 흑인은 오직 캐디로서만 마스터스가 열리는 오거스타 내셔널 골프클럽 무대를 밟을 수 있었는데, '골프 황제' 타이거 우즈가 1997년 유색인종으로는 처음 마스터스를 정복한 것은 이런 점에서 극적 사건이었습니다.

인종 차별보다 더한 게 여성 차별이었으며, 2019년 오거스타내셔널 위민스아마추어(ANWA) 대회가 열릴 때까지 여자 선수들은 TV를 통해 마스터스의 남자 선수를 구경하는 데 그쳤습니다.

오거스타 내셔널 골프클럽이 흑인을 회원으로 받아 준 것은 1990년이었고, 여성 회원에게 문호를 개방한 것은 2012년이 되어서였는데, 한국 여자골프는 백인이 쥐락펴락하던 골프 무대에 뛰어들어 왕조(dynasty)를 구축한 독특한 경우로, 인종과 성의 거대한 성벽을 넘어서자 블루오션의 신세계가 열렸습니다.

한국 여자골프는 맨발 투혼으로 상징되는 박세리의 US여자오픈 우승과 100여 년 만에 골프가 정식 종목으로 부활한 2016년 리우 올림픽에서 박인비가 금메달을 따면서 국민적 자긍심을 일깨우는 스포츠가 됐습니다.

스크린골프와 코로나19로 인한 골프 특수 이후 더 많은 사람이 즐기고 있지만 누구나 부담 없이 즐기기엔 턱없이 비싼 고비용 스포츠의 한계가 발목을 잡는데, 많은 한국인이 좋아하는 골프에 어릴 때부터 누구나 부담 없이 접할 수 있는 생활스포츠의 날개를 달아준다면 좋겠습니다.

올림픽 메달

4월 26일 대한골프협회에 따르면 2022 항저우 아시안게임 남자 골프 국가대표는 총 4명으로 프로와 아마추어 선수 각 2명씩 출전하는데, 임성재와 김시우(이상 CJ대한통운)가 남자 골프 종목에 국가대표로 나섭니다.

아시안게임 골프에는 당초 아마추어 선수만 참가가 가능했으나, 지난해 아시안올림픽평의회(OCA)가 프로 참가를 허용했고, 아마추어 몫으로는 선발전을 통해 장유빈(한국체대)과 조우영(한국체대)이 태극마크를 달았습니다.

특히 남자부에 프로 선수들의 출전이 허용되면서 병역 혜택 가능성도 생겼고, 임성재와 김시우는 지난해 2020 도쿄 올림픽에 나란히 출전했지만 메달을 따지 못했으나, 1년 만에 아시안게임에서 명예 회복을 노립니다.

2021. 8. 1. 보도에 따르면, 2020 도쿄올림픽 골프 남자부 최종일 4라운드 경기가 펼쳐진 일본 사이타마현 가와고에시에 위치한 가스미가세키 컨트리클럽(파71 · 7447야드)에서 한국 남자골프 첫 올림픽 메달을 노렸던 김시우(26)와 임성재(21 · CJ대한통운)는 모두 아쉬움을 감추지 못했습니다.

하지만 실망은 잠시. 국가대표라는 큰 부담을 안고 경기를 펼친 올림픽의 소중한 경험을 발판 삼아 남은 미국프로골프(PGA) 투어 대회와 3년 뒤에 찾아올 파리올림픽에서는 더 좋은 모습을 보이겠다는 각오를 밝혔습니다.

출전 선수 60명 모두 메달을 차지할 수 있는 '톱3'를 향해 치열한 공격 골프를 펼친 대회 최종일에 임성재는 3라운드 때, 버디 10개와 보기 2개로 8타를 줄였던 흐름을 이어 순위 상승을 노렸습니다.

내심 전날 보여줬던 몰아치기가 기대되는 상황이었지만, 임성재는 버디 3개를 기록하며 경기를 마쳤고, 합계 10언더파 274타(공동 22위)로 임성재의 첫 올림픽 성적입니다.

아쉬움이 많은 김시우도 이날 보기 없이 버디만 4개를 잡아내며 합계 8언더파 276타를 쳐 공동 32위로 경기를 마무리했습니다.

치열한 우승 경쟁이 펼쳐진 이날 단독 선두로 출발한 잰더 쇼플리(미국)가 18언더파 266타로 금메달을 목에 걸었고, 올림픽 출전을 위해 남아프리카공화국 국적까지 버리며 투혼을 보인 로리 사바티니(슬로바키아)가 이날만 10타를 줄이며 17언더파 267타를 기록해 극적으로 은메달의 주인공이 됐으며, 동메달은 무려 7명의 공동 3위가 연장 승부를 펼친 끝에 판정충(대만)이 차지했습니다.

한편, 2022 항저우 아시안게임에 여자 대표팀은 프로 1명과 아마추어 2명으로 선발하는데, 아마추어에서는 방신실(비봉고)과 김민별(춘천여고방통고)이 선발된 가운데, 프로에서는 투어 활동 등을 이유로 출전 희망자가 나오지 않아 아마추어 선수가 1명 더 대회에 나설 가능성이 커졌습니다.

2021. 8. 7. 보도에 따르면, 한국 여자골프 '4인방' 박인비, 김세영, 고진영, 김효주가 2020 도쿄올림픽 골프 여자부 경기에서 메달 획득에 실패했습니다.

박인비는 116년 만에 여자골프 경기가 올림픽 정식 종목으로 채택되어 처음 열린 2016 리우데자네이루 올림픽에서 금메달을 목에 걸었었고, 5년 만에 박인비는 여자골프 사상 첫 올림픽 2회 연속 금메달 획들을 노렸지만 아쉽게도 실패했습니다.

또 2019년 7월부터 2년 가까이 여자골프 세계랭킹 1위에 자리했던 고진영을 비롯해 4위 김세영, 6위 김효주 까지 세계 최강 전력으로 꾸려 메달 획득에 큰 기대를 가졌지만, 아쉬움을 남겼습니다.

당시 고진영과 김세영은 당시 8월 7일 일본 사이타마현 가와고에시의 가스미가세키 컨트리클럽(파 71 · 6648야드)에서 열린 골프 여자부 경기 최종 4라운드에서 나란히 3언더파 68타를 쳐 최종합계 10언더파 274타를 기록해 공동 9위로 마쳤습니다.

전반 보기 없이 버디만 2개를 잡으며 2타를 줄인 고진영은 후반 10번 홀(파 3)과 14번 홀(파 5)에서 버디를 추가하며 3위권 진입을 노렸지만 이후 타수를 줄이지 못했고, 마지막 18번 홀(파 4)에서 보기를 범하며 마쳤습니다.

이날도 어김없이 '빨간 바지'를 입고 나온 김세영은 전반 보기 없이 버디 4개로 4타를 줄이며 공동 5위까지 올라가며 공동 2위 선수들을 3타 차로 추격, 메달 획득에 대한 기대감을 가지게 했습니다.

그러나 김세영은 11번 홀(파 4)에서 티 샷 실수에 이어 러프에서 고전해 더블보기를 범해 추격전을 멈춰야 했고, 이후 버디 2개와 보기 1개를 기록했는데, 리우 올림픽에 이어 2회 연속 올림픽에 출전했고, 고진영은 첫 출전이었습니다.

올림픽 첫 출전인 김효주는 이날 버디 6개, 보기 2개로 4언더파 67타를 쳐 최종합계 9언더파 275타를 기록해 공동 15위를 차지했고, 2016 리우데자네이루 올림픽 금메달리스트인 박인비는 2타를 줄여 최종합계 5언더파 279타로 공동 23위를 차지해 2회 연속 올림픽 금메달 획득에 실패했습니다.

세계랭킹 1위 넬리 코다(미국)가 금메달을, 연장전 끝에 이나미 모네(일본)가 은메달을, 그리고 리디아 고(뉴질랜드)가 동메달을 각각 목에 걸었습니다.

한국 여자골프 대표팀이 '노메달'로 아쉽게 2020 도쿄올림픽을 마무리했는데, 이번 도쿄올림픽에 출전한 한국 여자골프 대표팀은 세계랭킹 2위 고진영(26 · 솔레어), 3위 박인비(33 · KB금융그룹), 4위 김세영(28 · 메디힐), 6위 김효주(26 · 롯데)로 대표팀을 꾸렸기 때문에 '어벤져스'로 불렸었습니다.

4명의 선수가 미국여자프로골프(LPGA)투어서 거둔 승수를 합하면 자그만치 44승이고, 그 중 메이저 대회 우승이 11차례나 있습니다.

박인비는 112년 만에 올림픽 정식 종목으로 부활한 2016 리우데자네이루 올림픽 금메달을 목에 걸어 이번 대회가 타이틀 방어전이었고, 게다가 이들을 이끄는 감독은 '골프여왕' 박세리(44)였습니다.

대회 기간 내내 선수들을 괴롭힌 살인적인 폭염과 메달 획득에 대한 심리적 압박감 등으로 선수들이 컨디션 조절에 실패한 게 패인이라는 분석이고, 고진영과 김세영이 공동 9위, 김효주는 공동 15위, '디펜딩 챔피언' 박인비는 공동 23위라는 초라한 성적표를 받아 쥐었습니다.

코르다 자매를 앞세운 미국 선수들이 올해 치러진 19개 대회 중에서 6승을 합작하면서 초강세를 보이고 있는 가운데 '한국 군단'은 골프 신흥 강국 태국과 함께 3승 합작에 그치고 있어서 역대 최악의 시즌 성적이라는 점에서 분명 위기입니다.

한국여자골프는 1998년 US여자오픈에서 박세리가 우승하기 전까지는 세계 여자골프의 변방이었고, 이후 '세리 키즈'들이 화수분처럼 쏟아져 나오면서 세계 여자골프의 중심으로 우뚝 섰는데, 그들이 '초심'을 잃지 않고 정진에 정진을 거듭한 결과였습니다.

골프 경기용어

골프에서 한 라운드는 어떻게 이뤄지는가에 대해 미국의 한 골프잡지가 통계를 냈는데, '퍼팅 43%, 드라이버를 비롯한 우드플레이 25%, 치핑 13%, 쇼트 아이언 7%, 미들아이이언 4%, 롱 아이언 3%, 트러블 샷 5%' 로 된다는 것이라서, 골프 스코어는 퍼팅이 좌우하고 있으니 홀에 집중해 신경을 쓸 수밖에 없습니다.

우선, 초보자에게 '108mm홀'이라는 말은 낯설지만, 구력이 많은 골퍼라면 이 표현이 금방 무슨 뜻인지 알 것으로 홀 직경 사이즈입니다.

'108'이라는 숫자 때문인지 무수한 퍼팅으로 인해 울고 웃었던 경험이 있는 골프 고수들이 많고, 원래 영어식 숫자인 '직경 4.25 인치'는 몰라도 우리식 숫자 표기인 108mm는 또렷하게 알고 있습니다.

불교 용어에 '108번뇌'라는 말이 있고 번뇌(煩惱)는 자신에 대한 집착으로 일어나는 마음의 갈등을 의미하는데, 불교의 탄생지 인도에서 108이란 '큰 수'를 상징하며, '108번뇌'란 '많은 번뇌'라는 뜻입니다.

골퍼들이 공을 집어넣기 위해 항상 고민해야 하는 홀의 직경이 108mm라는 사실은 의미심장해서 불교문화의 한국, 일본 등 동양인들에게는 특히나 그렇고, '4.25'라는 숫자보다 '108'이라는 숫자에 골프 고수들이 쉽게 익숙해진 이유입니다.

홀별 더블보기를 계속하면 파72 기준의 18홀에서 36오버파, 108타가 되고, 아마추어골퍼들은 이 숫자의 공통성에 대해 주목하며 골프가 안 되는 '108번뇌'에 대해 조크를 하기도 합니다.

공이 잘 안 맞는 이유를 날씨부터 시작해 많이 둘러대지만 마지막 108번째 최종적인 것은 자기 자신 탓이라는 얘기이고, 108타 정도 치는 골퍼들을 '백돌이'라고 부르기도 합니다.

또한, 골프 용어에서 잘 치는 스코어에만 새 이름을 사용하고, 잘 못 치는 스코어는 수학법칙에 따라 부르는데, 골프도 잘 쳐야 새털만큼이나 몸이 가벼워질 수 있지만 못 치면 숫자만 더 늘어갈 뿐입니다.

'스코어 명칭은 수학적인 법칙을 따르지 않는다'는 것으로 일관성이 없는바, 2언더파가 '이글'이라면 4언더파는 '더블 이글'이라고 해야 하지만, 더블이글은 3언더파라고 말해서 논리적으로 맞지 않습니다.

버디 이하의 용어와 보기 이상의 용어가 이치에 맞지 않는데, 버디는 홀에서 1언더파를 한 스코어이라서 2언더파는 '더블 버디'가 되어야 하지만, '이글(Eagle)'이라고 합니다.

그런데 더블보기 이상은 점수 조건이 수학적인 논리에 따라서 2오버파는 '더블보기', 3오버파는 '트리플 보기(Triple Bogey)', 4오버파는 '쿼드러플 보기(Quadruple Bogey)' 등으로 숫자를 나타내는 접두어를 사용합니다.

원래 '보기'라는 용어는 1890년대 골프 사전에 처음으로 올랐는데, 이전 용어는 '그라운드 스코어(Ground Score)'였고, 당시의 유행가 '보기맨(Bogey Man)'과 관련이 있는 '보기'는 기준 타수를 의미하는 '파(Par)'와 같은 의미였습니다.

시간이 흐르면서 1오버파로 다른 의미가 됐고, 골퍼들은 보기 보다 더 높은 점수로 접두어를 사용해 더블, 트리플 등으로 사용해 불렀습니다.

미국골프협회(USGA)는 1911년부터 공식적으로 '파'를 사용하여 골프 홀과 골프장을 평가하기 시작했고, USGA는 파를 잘 치는 전문가 골퍼가 달성할 것으로 예상하는 점수로 정의했습니다.

그래서 미국에서 '파'와 '보기'가 모두 사용되던 첫 해에, 그 의미는 갈라지기 시작했으며, 일부 골프장에서 홀의 파 등급과 보기 등급이 모두 기재된 짧은 기간이 있었고, 때로는 그 수치가 같을 때도 있었으나 시간이 흐르면서 보기는 파 보다 1타 높은 등급이 됐습니다.

한 때는 더블보기를 새 이름을 쓰는 버디 이상의 용어(버디, 이글, 알바트로스, 콘도르)처럼 유럽의 대머리 독수리를 지칭하는 '버자드(Buzzard)'라고 쓰기도 했다는데, 오늘날에는 거의 사용하지 않지만 더블보기조차도 조류 이름을 사용했다는 얘기입니다.

이 표현이 어떻게 유래됐는지를 알아보면 대단히 흥미롭고 재미있는데, '골프 용어에는 비유적인 표현들이 많다'는 마니아타임즈에 게재된 김학수님 글을 아래 소개합니다.

골프 용어 '보기(Bogey)'라는 표현이 영화 '콰이강의 다리'의 오프닝 장면과 마지막 장면에 흘러나오는 경쾌한 남성 휘파람 소리에 맞춘 '보기 대령 행진곡(The Colonel Bogey March)'과 연관이 있다는 것을 알게 됐다고 합니다.

이 곡의 원곡은 1914년에 케네트 알포드(1881-1945, 영국)가 작곡한 것이었는데, 맬컴 아널드(1921-2006, 영국)가 휘파람 소리를 첨가해 1957년 영화 '콰이강의 다리'에 영화 주제곡으로 만들었고, 이 곡은 결과적으로 영화음악 최고의 명곡 가운데 하나로 꼽히게 됐던 것입니다.

보기 대령이 골프 용어와 연관이 된 것은 영국 골퍼들의 상상력에 의해서였는데, 보기의 이전 용어는 원래 '그라운드 스코어(Ground Score)'였습니다.

초창기에는 골프장마다 홀수나 난이도가 천차만별이라 특별한 스코어의 기준이 없었다고 하며, 그 후 1890년에 영국에서 각 홀의 기준 타수를 정하자는 의견이 처음 나왔고, 그렇게 각 홀의 기준 타수를 정한 뒤 이를 '그라운드 스코어'라고 불렀습니다.

하지만 스코어를 기록하는 일이 쉽지 않아 '어둠 속에서 어린아이를 잡아가는 귀신'이라는 뜻의 당시의 유행가 '보기맨'에 빗대 '보기 스코어'라고 불렀는데, 스코틀랜드의 은어에 등장하는 도깨비나 악마를 용어로 쓴 것입니다.

'보기'는 '파'보다 먼저 기준 타수로 사용됐던 것이고, 골프 스코어에 이름을 빌려준 보기맨은 아마도 골퍼였을 것으로 추정합니다.

'보기'가 '그라운드 스코어'를 대체한 후 얼마 있다가 골퍼들은 골프 스코어를 의인화하기 위해 가상의 캐릭터를 발명했고, 그 캐릭터는 '보기 대령'인데 골프 용어 역사 사전은 1892년 신문 기사에서 '보기 대령'을 인용했습니다.

이 말은 불과 1~2년 사이에 널리 알려졌고, 보기 스코어를 넘어서려는 골퍼들은 '보기 대령'을 이기려 했는데, 그 캐릭터는 1914년 '보기 대령 행진곡'에 노래로 등장했고, 골프용품으로도 팔렸습니다.

1800년대 후반에서 1900년대 초반에 영국 골프에서 그런 일이 벌어졌던 반면, 미국 골프에서는 1900년대 초반에 '파'라는 용어가 골프 사전에 올랐습니다.

골프장 용어

사실 골프 자체가 크게 체력적인 부담을 요구하는 스포츠가 아니다보니 오죽하면 골프의 라이벌은 다른 스포츠가 아닌 Linked In이라는 농담도 있을 정도입니다.

최종목적지인 그린 위에서 퍼팅을 하고 난 후 홀에 공을 가까이 붙이면 같이 치는 플레이어들이 '컨시드'를 주기도 합니다.

이는 홀에 직접적으로 넣지 않아도 다음 퍼팅은 반드시 홀에 넣었다고 인정해 주는 의미인데, 이를 대부분 '오케이'라 표현하기도 합니다.

오케이(OK) 혹은 기브(give), 정확한 표현으로는 'concede(컨시드: 양보하다, 인정하다)'인데, 그린에 올라온 공이 핀에서부터 아주 가까운 거리에 붙었을 경우, 상대방이 쉽게 넣을 것이라는 가정 아래 상대방이 1타 만에 넣은 것으로 간주해, 퍼팅 생략을 인정해주는 것입니다.

이때 적용되는 거리는 퍼터의 손잡이 부분을 뺀 길이(60~65cm)고, 퍼터로 거리를 재어 손잡이 부분에 이르지 않으면 '오케이'를 주게 됩니다.

우리나라에선 'OK'가 더 자주 사용되지만 미국에서는 'give'가 널리 쓰이는데, 어원은 그린 위의 볼이 퍼터 손잡이 안쪽 거리에 있을 때 볼 동료가 상대방에게 '이 볼 원 퍼팅으로 넣은 것으로 치고 그냥 집게 해줘.'라는 뜻으로, "기브 미(give me)"라고 말한 데서 비롯됐는데 이를 줄여 '기미(gimme)'라고도 합니다.

'쪼루' 혹은 '쪼로'는 샷 거리가 짧을 때 사용하는 은어며, 특히 공이 공중으로 치솟아 비거리가 짧을 때는 '뽕 샷'이란 말도 사용한데, 뽕 샷은 클럽으로 공 아랫부분을 가격할 때 발생하는바 "하늘을 뚫겠다"라고 빗대기도 합니다.

똑바로 멀리 가는 공을 '오잘공'(오늘 가장 잘 보낸 공)으로 부르며, 영어로 표현하면 'the shot of the day'에 해당합니다.

코스가 오른쪽이나 왼쪽으로 휜 도그레그 홀에서 티샷이 너무 훌륭한 나머지 공이 OB구역 밖으로 나갔을 때 "막창 났다"라는 표현을 쓰는데, 영어로 'cross over'가 정확한 표현이며 소나 양의 위장 부위를 일컫는 막창과는 상관없습니다.

도그레그(dog leg) 홀은 기역, 니은으로 휘어진 홀로, 하늘에서 보았을 때 '개 뒷다리와 비슷하게 생긴 데서 유래됐다'고 합니다.

간혹 주말 골프계에선 티샷한 공이 OB나 페널티 구역으로 향하면 멀리건 형태의 잠정구를 주는데, 이때 먼저 친 공이 확실하게 밖으로 나갔다면 뒤에 친 공을 '유정란'이라고 부르며, 승부에서 이기더라도 상금을 못 가져가는 대신 스코어는 그대로 인정한다는 의미로 '씨 없는 수박'이라고도 합니다.

페어웨이에서도 아이언으로 친 공이 뜨지 않고 잔디 위를 굴러가는 공을 '뱀 샷'이라고 표현하는데, 지그재그로 굴러가는 모양을 묘사했습니다.

'뒤땅'만큼 절묘한 우리말 은어도 없는데, 클럽으로 공 뒤의 땅을 치는 형상을 그대로 나타내 영어로 두껍게 맞는다고 해서, 팻샷(fat shot)이 영어 표현입니다.

같은 홀에서도 공의 방향성이 일정하지 못하거나 홀마다 스코어가 천차만별일 때 "우라가 심하다"고 말하는 골퍼도 있는데, 이는 일본어 '무라'에서 나온 말로 원래 옷감이 고르게 염색되지 않을 때 사용하며 기복이 심하다는 표현으로, 영어로는 'up and down'입니다.

캐디(경기도우미)에게 우드 대신 "스푼을 달라"고 말하는 골퍼도 있는데, 여기서 말하는 스푼은 실제 골프장비 용어이기도 하며, 예전에는 클럽 중에 1번, 3번, 5번 등을 감나무로 만든 데서 우드가 유래했고, 1번 우드 드라이버(driver), 3번 우드 스푼(spoon), 5번 우드 명칭은 클리크(cleek)입니다.

2(투) 그린의 경우, 핀이 없는 다른 그린에 공이 올라가면 "옆집에 살림 차렸다"란 농담을 하며, 포대그린은 전쟁터의 포대처럼 높은 곳에 솟아오른 그린을 말합니다.

조금만 짧아도 공이 또르륵 굴러 내려오거나 지나치면 그린 밖으로 나가버려 유효(온)을 시키기에 매우 까다롭고, 엘리베이티드(elevated) 그린이 정식용어로, 서울 주변 남서울CC가 대표적이며 산악형 골프장으로 성적을 잘 내기 힘듭니다.

볼을 집어 들면서 마크할 때 '동전치기'라는 수법이 나오는데, 이는 공보다 핀에 더 가깝게 마커를 던지는 행위를 말하며, 당연히 2벌 타를 먹어야 하고 고의로 하면 실격입니다.

승부를 가르는 결정적인 순간에 동료들이 일명 '구찌'를 넣어 방해를 한다는데, '구찌'는 우리말 '입방아'에 해당하며, 이를 잘 극복해야 진정한 고수입니다.

골프장에선 칭찬을 비롯해 모든 게 구찌에 해당하며 오로지 컨시드를 뜻하는 OK만 빼곤 모두 구찌라는 이야기도 있고, 그만큼 골프가 민감한 운동이란 뜻입니다.

핀에서 애매한 거리에 공이 놓이면 동반자의 컨시드를 고대하며 머뭇거릴 때가 있는데, 이를 눈치 챈 듯 동반자들이 "오바마"라고 외치면 "오케이 바라지 말고 마크해"라는 말입니다.

아예 컨시드를 달라는 투로 동반자들을 둘러보며 "왜 영어가 나오지 않지?"라고 말하기도 하나, 이때 "파이팅" 혹은 "마크"라고 응수하면 끝까지 퍼트하라는 답변입니다.

캐디에게 "빠따를 달라"고 하는데, 이는 일본식 영어로 퍼터가 옳고, 퍼터로 공을 치는 행위를 '퍼트'라고 하며 '퍼팅'도 함께 사용됩니다.

한국에 유일한 스코어 기재 방식이 있는데, 첫 홀이 끝나면 '일파만파', 혹은 '무파만파'라는 말을 외치며 모두 파를 적는데, 파를 연속 네 개 기록하면 아우디, 다섯 개는 올림픽이라고 하며 여섯 개는 "ㅇㅇㅇ"라는 욕설로 동반자들이 못 참는다는 농담입니다.

골프 경력에서 가장 잘 나온 스코어를 "라베가 얼마냐"고 묻는데, '라이프 베스트(life time best score)'의 줄임입니다.

스코어 용어로 '양파'라는 말을 쓰기도 하는데, 파(par)는 '타수의 두 배를 기록했다'는 의미이고, 파3홀에서 트리플 보기, 파4홀 쿼드러플 보기, 파5홀 퀸튜플 보기를 말합니다.

간혹 파5홀에서 '애바'라는 스코어를 사용하는데, 4타를 초과한 쿼드러플 보기를 말하며, 정체불명의 용어로 "그냥 집에 가서 애나 봐라"라고 비웃는 표현이란 설도 있으며, 한국 골프계에 오래된 은어입니다.

골프에 입문한 지 얼마 되지 않아 100타를 넘기는 사람을 '백돌'이라고 하며, 기준 타수보다 9타를 넘기지 않으면 '싱글'이라고 하는데 싱글 디지트 핸디캐퍼(single digit handicapper)가 원래 용어로, 싱글 플레이어로 부르면 외국인들은 독신자로 오해할 수 있습니다.

골프장 내 모든 식당에서 내놓지 않는 메뉴가 공통적으로 OB맥주와 양파인데, 골퍼들이 가장 싫어하는 Out of Bounds와 홀별 기준타수의 2배를 치는 양파(Double par)와 발음이 같아서 이것을 연상시킬 수 있다는 이유로 내놓지 않습니다.

골프 황제

미국 스포츠에는 '농구 황제' 마이클 조던(59), '골프 황제' 타이거 우즈(46) 2명의 황제가 있다는데, 40년 전인 1982년, 25년 전인 1997년, 두 미래의 황제는 '게임 체인지' 우승을 거둡니다.

당시 나이는 공교롭게도 21세로 같았고, 둘 모두 미국의 민간인에게 주는 최고의 훈장 '대통령 자유메달'을 수상했으며, 조던은 버락 오바마 대통령, 우즈는 도널드 트럼프 대통령이 수여했습니다.

먼저 우즈는 명문 스탠포드 대학 2년을 마친 1996년 "헬로우 월드!" 일성으로 프로에 데뷔했고, 이어 1997년 3번째 마스터스에 출전해 기록적인 스코어로 생애 첫 메이저 타이틀을 거머쥡니다.

1라운드 2언더파 70타로 시작한 뒤 2라운드 8언더파, 3라운드 15언더파, 최종일 18언더파로 마스터스의 최고 기록을 갈아 치우고, 21세의 약관의 나이. 2위 톰 카이트와는 무려 12타 차로 앞서며 첫 번째 그린 자킷을 입습니다.

1997년이 골프 황제의 탄생을 알리는 신호탄이었고, 2001, 2002년 연속 우승으로 자존심 강한 오거스타 내셔널골프클럽은 코스를 전면적으로 바꾸는데, 이를 '타이거 프루핑(Proofing)'이라고 합니다.

2000년 캘리포니아 페블비치에서의 US오픈에서 또 하나의 기록적인 스코어로 3번째 메이저 우승을 차지하는데, 출전자 가운데 유일하게 언더파를 작성하면서 2위 남아공화국 어니 엘스, 스페인 미겔 앙헬 히메네스와 무려 15타 차에 우승 트로피를 듭니다.

우즈는 2000년 US오픈을 시작으로 브리티시오픈, PGA챔피언십, 2001년 마스터스 토너먼트 등 4연속 메이저 타이틀로 '타이거 슬램'의 대기록을 만드는데, PGA투어 사상 캘린더 이어에 4대 메이저 타이틀을 석권한 골퍼는 아직 없습니다.

우즈처럼 해를 넘기며 그랜드슬램 대회를 4연속으로 우승한 선수도 없고, '골프 황제'라는 칭호를 붙여주는 이유입니다.

교통사고 이후 17개월 여 만에 PGA투어에 출전한 우즈는 마스터스 3라운드를 3오버파로 마감했고, 올 컷오프 통과로 22회 연속의 역대 3번째 최장 기록을 수립했으며, PGA투어 컷오프는 1957년부터 도입됐습니다.

한편, 농구 명문 노스캐롤라이나(UNC) 타힐스 1년생이던 조던은 1982년 3월 30일 루이지애나 뉴올리언스 슈퍼돔에서 벌어진 대학농구 NCAA 토너먼트 결승전에 출전했고, 결승 점프슛을 성공시키며 63-62로 UNC의 통산 두 번째 우승을 이끌었는데, 상대는 센터 패트릭 유잉이 대들보였던 조지타운 호이야스로 두 대학은 1번 시드로 결승전에서 맞붙어 1점 차로 승부가 갈렸습니다.

조던은 훗날 1982년 조지타운전 결승 점프슛에 대해 "내 농구인생의 방향을 바꿔 놓았다"고 고백했고, NBA로 진출한 조던은 한 번도 우승하지 못한 시카고 불스를 통산 6회 정상에 올려놓으면서 '농구 황제'로 자리매김했으며, 그는 한 번도 NBA 결승전에서 패한 적이 없고 6전 전승으로 파이널 MVP를 모두 차지했으며, 득점왕 10회, 정규시즌 MVP 5회 받았습니다.

스타선수 수입 50

2022. 5. 20. 자 [헤럴드경제 스포츠팀=남화영 기자]는 " '골프 황제' 타이거 우즈가 지난해 수입 6,804만 달러(870억 원)로 골프 선수 중에서는 가장 높았던 것으로 조사됐다."고 보도합니다.

미국의 경영 전문지 〈포브스〉가 지난 5월 19일 발표한 '스포츠 스타 수입 50' 리스트에 따르면, 우즈는 지난해 후원금으로만 6,800만 달러를 벌었고 코스에서는 지난달 마스터스에서 47위로 마치면서 받은 상금 4만 3,500달러(5,559만 원)를 합쳐 이 같은 수입을 올렸답니다.

<포브스> 2022년 스포츠 스타 수입 랭킹(22.5.19)

순위	선수(종목)	연봉	후원금	합(만$)
1	리오넬 메시(축구)	7500	5500	13000
2	르브론 제임스(농구)	4120	8000	12120
3	크리스티아누 호날두(축구)	6000	5500	11500
4	네이마르(축구)	7000	2500	9500
5	스테판 커리(농구)	4580	4700	9280
6	케빈 듀란트(농구)	4210	5000	9210
7	로저 페더러(테니스)	70	9000	9070
8	카넬로 알바레즈(복싱)	8500	500	9000
9	톰 브래디(미식축구)	3190	5200	8390
10	지아니스 아테토쿰보(농구)	3990	4100	8090
11	러셀 웨스트브룩(농구)	4420	3500	7920
12	제임스 하든(농구)	4440	3000	7440
13	매튜 스태포드(미식축구)	6980	250	7230
14	타이거 우즈(골프)	4	6800	6804
15	아론 로저스(미식축구)	5700	1100	6800
16	조시 앨런(미식축구)	6300	400	6700
17	루이스 해밀턴(F1)	5700	800	6500
18	타이슨 퓨리(복싱)	6000	200	6200
19	오사카 나오미(테니스)	120	5800	5920
20	다미안 릴라드(농구)	3940	1800	5740
31	필 미켈슨(골프)	330	4200	4530
37	로리 매킬로이(골프)	750	3400	4150

매년 스포츠 스타 수입 상위 50위를 발표하는 이 매체는 전년도 5월에서부터 올해 4월 말까지 세금과 에이전트 수수료를 뗀 세계 모든 스포츠 스타들의 수입을 집계해서 발표하는데, 이에 따르면 올해 스포츠계의 소득 1위는 축구선수 리오넬 메시(아르헨티나)의 1억 3천만 달러(1,661억 원), 2위는 미국프로농구(NBA) 스타 르브론 제임스(미국), 3위는 크리스티아누 호날두(포르투갈)였습니다.

주로 유럽에서 활동하는 축구 선수 및 NBA 스타들이 상위권을 차지한 가운데 우즈는 14위로 지난해보다 2계단 하락했고, 우즈는 이 매체의 지난해 집계에서는 코스 내에서 상금 20만 달러에 코스 밖의 사업 및 후원 계약금으로 6천만 달러를 합쳐 6,020만 달러로 스포츠인 중에 12위였습니다.

우즈는 2020년 집계에서는 조조챔피언십 우승으로 6,230만 달러를 기록해 8위를 기록한 바 있고, 코스 안에서의 상금 수입은 최근 몇 년간 꾸준히 줄었으나 코스 밖에서는 올해가 지난 2012년 부활에 성공했을 때만큼 수입이 높았습니다.

스타 50위 중 종목별로는 NBA가 18명으로 가장 많았고, 미식축구(NFL)가 14명이었는데, 그 뒤를 골프와 복싱, 테니스가 3명씩, F1 레이싱이 2명, 이밖에 메이저리그야구(MLB)와 종합격투기에서 1명씩 나왔습니다.

우즈 외에 골프에서는 필 미켈슨(미국)이 코스 안에서 메이저 대회인 PGA챔피언십 우승 상금을 합쳐 330만 달러에 코스 밖에서 4,200만 달러를 합쳐 4530만 달러로 31위에 올랐습니다.

로리 매킬로이(북아일랜드)는 코스 내에서는 더CJ컵 우승 등 750만 달러를 벌었고 코스 밖에서는 후원금으로 3,400만 달러를 합쳐 4,150만 달러로 스포츠 선수 중에 37위였습니다.

여자 스포츠 스타 중에는 테니스의 오사카 나오미(일본)가 5,920만 달러의 전체 19위로 가장 많은 수입을 올렸고, 여성 중에 두 번째는 역시 테니스의 세레나 윌리엄스(미국)가 4,500만 달러로 31위에 올랐습니다.

한편 지난해 수입 1위였던 종합격투기의 코너 맥그리거(아일랜드)는 지난해 더스틴 포이리에에게 두 차례 TKO로 지는 등 저조해 1년 만에 35위로 떨어졌습니다.

요즘 스포츠 스타들은 단순히 운동선수가 아니라 기업인에 가깝고, 르브론 제임스, 케빈 듀란트, 스테판 커리 등 NBA 스타들은 미디어 회사를 소유하고 있으며 세레나 윌리암스는 1억 1,100만 달러의 펀드 회사를 운영하고 있습니다.

오사카 나오미는 20개 이상의 기업 파트너를 보유하며 스킨 케어 라인의 창립자이기도 하고, 미식축구 스타 톰 브래디는 자신의 NFT 플랫폼인 오토 그래프를 출시해 암호화폐 거래소 FTX와 대규모 파트너십을 추가했습니다.

이 매체는 오늘날의 스포츠 스타는 운동장 밖에서 더 큰 돈을 벌고 있다고 분석했는데, 이 매체의 상위 50위 리스트의 커트라인도 점차 상승하고 있기 때문이며, 지난해 세계 경제 상황이 나아지지 않았지만 50번째 선수의 수입 3,760만 달러는 전년도의 3,400만 달러보다 올랐습니다.

세계에서 가장 돈을 많이 버는 운동선수 50인의 수입은 세금과 에이전트 수수료를 제외하고 무려 29억 7천만 달러에 달했는데, 이는 전년도 총액보다 8%(2억 달러) 이상 오른 수치입니다.

일본, 줄어드는 골프장

2022. 5. 19. 자 e대한경제신문 김경수 골프라이터의 "일본, 골프붐에도 골프장은 줄어드는 까닭은?"도 소개합니다.

골프 붐과 함께 골프장수도 늘어나는 한국과 달리 일본에서는 골프 붐에도 불구하고 골프장수는 줄어드는 것으로 나타났습니다.

일본 골프전문매체 'e! 골프'에 따르면 최근 일본에서는 젊은 세대와 여성 위주로 신규 골프인구가 늘어나면서 골퍼들이 원하는 코스와 시간대의 골프장 예약을 하기가 어려워졌고, 특히 코로나19 사태로 인해 야외스포츠인 골프가 인기를 끌면서 평일에도 골프장이 붐빈다고 합니다.

그러나 일본 골프장수는 점점 줄어들고 있는데, 일본 골프장 관련업체가 지난 4월 조사한데 따르면 현재 영업 중인 골프장은 2,140개로, 이는 2021년에 비해 11개(0.51%)가 감소한 것이며, 지난 2004년에 2,356개 골프장이 영업했던 것과 비교하면 최근 10년간 216개가 감소했으며, 이는 매년 10개 이상이 줄어든 것입니다.

일본 골프장수는 최근에도 감소세를 지속하고 있는데 이는 저출산 고령화에 따라 인구가 감소하면서 골프인구도 줄어들기 때문이고, 골프인구가 줄어들면 골프장 경영은 어려워지게 마련이며, 이익을 내지 못하는 골프장은 사라지는 행태입니다.

일본 총무성이 지난 4월 추산한 일본 인구는 1억 2,519만 명이고, 1년 전 대비 67만 명(0.53%)이 줄었으며, 공교롭게도 일본 인구감소율과 골프장감소율이 비슷합니다.

일본에서 골프장을 많이 보유한 현은 지바(158개) 효고(152개) 홋카이도(144개) 도치기(119개) 이바라키(113개) 순이며, 시네마현이 8개로 가장 적습니다.

일본의 골프인구와 내장객수는 반대방향으로 가고 있는데, 일본 총무성이 5년마다 실시하는 사회기본조사에서 2016년 기준 골프인구는 895만 명으로 집계됐고, 2021년 조사 결과는 아직 발표되지 않았습니다.

일본골프장경영자협회가 집계한 골프장 내장객수는 2020년 8,234만 7,000명에서 지난해에는 2009년 이후 12년 만에 9,000만 명에 육박한 것으로 추정됐고, 골프인구는 줄어든 대신, 1인당 라운드 수는 증가한데 따른 것입니다.

이 매체는 "장기적으로 일본 골프인구는 줄겠지만 골프마니아들이 늘어나면서 월 1회 라운드 하던 사람들이 월 2회 라운드 하는 패턴을 보일 것이다. 그러다 보면 현재의 골프장 감소세에 제동이 걸릴지 모른다."고 분석했습니다.

일본 골프장업계에서는 골프 활성화를 위해 '시작하자, 계속하자, 더 골프를'이라는 캐치프레이즈를 내걸고 골퍼들의 발길을 이끌고 있는데, 현재 한국 골프장수는 570여개, 미국 골프장수는 1만 4,000여개로 추산됩니다.

3 미국 역대 대통령과 골프

지난 2009년 6월 27일 세계골프연맹은 드와이트 D. 아이젠하워 전 미국 대통령(1890년 10월 15일~1969년 3월 28일)을 명예의 전당에 헌액 했는데, 아이젠하워 대통령이 2차 세계대전 이후 침체에 빠졌던 '골프의 대중화에 기여한다.'는 이유였습니다.

'아이젠하워는 골프를 마음껏 치기 위해서 대통령이 된 것이 아니냐'는 소리를 들을 정도로, 재임 기간에도 지나치다 싶을 정도로 자주 골프를 쳐서 골프와 관련된 기록과 에피소드, 유머가 유난히 많습니다.

마스터스 대회는 두 가지 전통을 갖고 있는데, 하나는 우승자 선수가 '그린 자켓'을 입는 것이고, 또 하나는 '챔피언스 디너'라 해서 매년 대회가 열리는 주의 화요일 저녁 전년챔피언이 역대 우승자를 초청해 저녁을 대접하는 것입니다.

오거스타 골프장은 회원 가입요건이 까다로운데, 아이젠하워는 2차 세계대전 종료 직후 아내와 함께 골프장을 찾은 이후 골프코스에 매료되어 곧바로 회원에 가입, 1948년부터1969년 사망할 때까지 열성회원이었고, 그는 대통령직에서 물러난 이후에도 골프를 매일 즐기는 '골프광'이었습니다.

에피소드 한 토막을 들자면, 그가 대통령 대통령에서 물러난 이후 골프장을 찾았을 때 골프장의 한 직원이 아이젠하워에게 물었는데, "각하, 백악관에 계실 때와 지금 달라진 것이 있는지요?" "응 있지, 내기 골프에서 내가 이길 확률이 현저하게 떨어 졌어"라고 얘기했답니다.

사실 아이젠하워의 골프실력은 열정에 비해서는 그다지 좋지 않았다고 하지만, 내기에는 강해 비록 1달러짜리지만 주위에 있는 달러를 긁어모았다고 해서, 자신이 골프를 매우 잘 친다고 생각했는데, 대통령직에서 물러난 이후에는 주위 사람들 모두가 자신보다 골프를 잘 치는 것을 깨닫고 이후 내기 골프를 하지 않았다고 합니다.

캐나다 밴쿠버에서 록키산맥 쪽으로 가다보면 아이크라 불리는 산이 있는데, '아이크는 아이젠하워의 애칭'으로 자연을 사랑하고 평화를 즐기는 그 지역 주민들이 여론조사를 한 결과 산 이름을 아이크산이라 정하고, 아이젠하워에게 명명식에 참석해 달라고 초청장을 보냈습니다.

하지만 그는 "산 이름을 자신의 애칭을 따서 명명하는 것은 더할 나위없는 영광이지만 다른 중요한 약속이 있기 때문에 명명식에 갈 수는 없다"고 전했고, 중요한 약속이란 게 친구들과 골프를 치는 것이었습니다.

그 소식을 들은 지역 주민들의 여론이 급격히 나빠져서 그 산에 '아이크 마운틴'이라고 이름을 붙이는 것을 취소했으나, 지금도 일부 주민들은 그 산을 '아이크 마운틴'이라고 부르고 있습니다.

미국 국민들 사이에서 아이젠하워의 '골프 사랑'을 모르면 간첩으로 통해서, 1952년 그가 미국대통령에 당선될 때 새로 발행될 화폐에는 가장 좋아하는 프로 골퍼 벤 호건의 사진이 인쇄 될 것이라는 소문까지 나 돌았고, 한번은 미 공군의 U-2기가 소련영공에서 격추돼 조종사들이 체포되는 사건이 일어난 순간에도, 골프를 쳐 비난을 받기도 했습니다.

그는 재선을 포함해 1953년부터 1961년까지 8년간의 재임기간 동안 800번 이상의 라운딩으로 이 부문 미국 대통령 신기록을 갖고 있고, 2위는 8년 동안 300여번의 라운딩을 한 빌 클린턴, 3위는 버락 오바마 대통령이었다고 알려졌는데, 골프광 트럼프도 임기 4년 중 300번 이상 라운드를 했다고 합니다.

아이젠하워 대통령은 재임기간 마스터스가 열리는 오거스타 코스를 29차례 방문해 총 210번의 라운딩을 했다는데, '골프는 골프일 뿐 오해하지 말자'라는 얘기가 통하는 시대가 될지 한번 지켜보도록 하겠습니다.

드와이트 D. 아이젠하워 대통령의 골프 실력은 보기 플레이어 정도에 불과했지만, 마스터스 대회가 열리는 오거스타 내셔널골프장에서 몇 번이나 80타대 스코어를 기록했을 정도로 수준급입니다.

하지만, 오거스타의 17번 홀 페어웨이 왼쪽에 자리한 20 m 짜리 큰 소나무는 그의 플레이에 항상 걸림돌이었고, 그는 나무를 잘라버리기 위해 운영회의를 신청했지만, 오거스타의 초대회장 클리포드 로버츠는 "코스를 훼손할 수 없다"는 신념으로 1분 만에 그 안건을 기각시켜버렸는데, 나무와의 대결에서 진 대통령은 자존심이 상했지만 오거스타를 탈퇴하지 않고 쉬쉬했으며, 뒷날 그 나무는 '아이젠하워 나무'라고 이름 붙여졌습니다.

골프가 미국에 전파된 지 120여년이 지난 동안, 대통령은 21명이 나왔고 그중 17명이 골프를 쳤는데 드와이트 D 아이젠하워는 골프화를 일상화로 신었습니다.

버락 오바마 대통령과 트럼프 대통령

MLB, NBA, NFL, 북미아이스하키리그(NHL) 우승팀이 대통령 초청으로 백악관에 가는 건 관례인데, 도널드 트럼프 행정부 시절에는 그렇지 않았습니다.

트럼프의 인종차별 발언에 프로 선수들의 반감이 컸고 코로나19 영향도 있었으나, 골프광 트럼프는 임기 4년 중 300번 이상 라운드를 했지만 과도한 비용과 잦은 횟수가 문제가 됐습니다.

트럼프 대통령은 과거 버락 오바마 대통령의 골프 라운딩을 수차례 트위터를 통해 비판한 바 있고, 2014년 10월에는 "미국이 마주한 문제와 어려움이 산적해 있는데 오바마 대통령이 종일 골프만 쳤다는 걸 여러분은 믿으시겠습니까. 카터 전 대통령보다 더 최악이네요" 라며 직설적으로 비난의 목소리를 높였습니다.

실제 오바마 대통령은 재임 기간에 총 306회 골프 라운딩을 즐겼고, 그중 192회를 백악관 일정 담당 비서인 마빈 니컬슨과 동행했으며, 그다음으론 전속 사진사 데이비드 캐츠가 오바마 대통령과 그린을 누볐으며, 선출직 정치인과의 골프 횟수는 20회가 채 안 되며, 프로 골퍼와 라운딩도 타이거 우즈와 단 한 번 가졌을 뿐이었습니다.

미국 시사주간지 타임은 "오바타 대통령은 홀린 사람처럼 골프를 쳤다"며 "순수하게 스트레스를 풀려고 골프를 친 것"이라 분석했습니다.

버락 오바마의 골프실력은 핸디캡 16정도 인 것으로 알려져 역대 대통령의 골프실력과 비교하면 중간정도이고, 대신 골프보다 농구를 더 좋아하는 것으로 유명합니다.

하와이의 푸나후 고교 시절과 컬럼비아대, 그리고 하버드대 로스쿨 재학시절 줄곧 농구를 즐겨왔고, 골프는 상원의원이 된 후 배웠으나 다른 대통령들에 비해 늦게 배웠지만 핸디캡 16을 유지하고 있을 정도로 수준급의 실력을 자랑해 골프에도 꽤 소질이 있음을 보여주며, 특이한 점은 필 미켈슨 처럼 오바마 역시 '왼손잡이 골퍼'라는 사실입니다.

카일루아 골프장에 모습을 드러낸 오바마는 흰색 폴로 티셔츠에 엷은 갈색 바지 차림으로 필드에 나섰고, 동반자로는 참모 중 유일한 한국계로 잘 알려진 유진 강 씨가 함께했는데, 오바마는 이날 라운드에서 그리 좋은 성적을 거두지는 못했으나, 그늘집에 들른 오바마에게 기자들이 "타수가 좋으냐"는 질문에 "난 그렇게 잘 치지 못한다."고 말했습니다.

실제로 티업 하기 전 오바마는 몇 차례 드라이버 샷을 날렸으나, 오른 쪽으로 슬라이스가 났는데, 미국 역대 대통령들의 골프실력은 종종 언론에 소개돼왔고, 골프가 대중화되었기 때문에 크게 반감을 사지 않는 편입니다.

미국의 워싱턴포스트와 뉴욕타임스 등은 "버락 오바마 대통령 당선인이 하와이에서 측근들과 함께 골프 라운드를 하며 휴가를 보내고 있다"고 보도했는데, "크리스마스와 연말연시를 맞아 휴가를 보내고 있는 오바마가 하와이의 카일루아 골프장에서 참모들과 함께 라운드를 즐겼다"며 사진과 함께 언론이 비중 있게 다뤘습니다.

역대 미 대통령 중 가장 골프를 좋아한 사람은 아이젠하워 대통령으로 그는 집무실 밖에 그린을 만들어 연습했는가 하면 마스터스가 개최되는 오거스타 내셔널 골프클럽의 회원이었을 만큼 실력도 뛰어난 것으로 알려졌는데, 그에 앞서 우드로 윌슨 대통령은 1913년 골프를 시작해 1919년 뇌졸중으로 쓰러지기 전까지 1,200번의 라운드를 돌며 '골프광'이란 명성을 얻었습니다.

존 F. 케네디 대통령은 아이젠하워 대통령이 재임 당시 골프로 인해 비난 여론에 휩싸였음을 의식해 몰래 골프를 즐긴 것으로 알려졌는데, 2차 세계대전 군 복무 당시 도진 만성 허리 통증으로 코스 전체를 돌 순 없었지만, 늘 평균 80타 이상을 유지하며 숨은 골프 실력자로 기록됐습니다.

로널드 레이건은 핸디캡 12 실력자였지만 재임 8년 동안 10번미만으로 라운드를 했고, 오랫동안 조깅을 해온 빌 클린턴은 1993년 방한해 김영삼 대통령과 뛰기도 했습니다.

미국 대통령 중에서는 드와이트 아이젠하워가 원 퍼트 뒤에는 무조건 OK를 받곤 해서 '아이크 퍼트'라는 유행어를 낳았고, 빌 클린턴은 멀리건을 시도 때도 없이 요구하는 바람에 '빌리건'이란 비아냥 소리를 들어야 했습니다.

부시 대통령 부자

골프로 가장 유명한 정치인은 미국의 부시 대통령 부자인데, 아버지 부시는 진정한 골프마니아로서 예일대학교 야구선수 출신에 미국골프협회장을 지내기도 했는데, 백악관에 살던 시절에는 정원에 연습용 퍼트 그린을 만들라고 지시하기도 했습니다.

아들 조지 W 부시 미국 대통령은 아내 로라 여사와 첫 데이트 장소로 골프장을 찾았을 정도로 골프를 좋아했고, 잦은 슬라이스 때문에 핸디캡은 15에 불과하지만 틈만 나면 골프장에서 휴가를 보내기로 유명했는데, 악성 슬라이스만 아니더라도 훨씬 더 핸디캡을 줄일 수 있었을 터이나 아쉽게도 멈췄습니다.

존 F. 케네디는 미국 대통령 중 골프를 가장 잘 쳤던 대통령이고, 싱글 핸디캡을 유지하고 있지만 정확한 타수는 비밀로 알려지지 않았지만, 싱글 핸디캡(6~7정도)이라고 알려졌습니다.

한국에도 왔던 제럴드 포드는 막무가내 골퍼로 유명한데, 그는 볼을 찾아 숲의 이곳저곳을 헤치는 탓에 골프클럽을 몇 개나 부러트렸고, 이 정도 실력이면 "초보 수준이 아닐까?" 반문하겠지만, 핸디캡 12로 취임식 다음날 당대 최고의 골프스타 아널드 파머, 잭 니클로스, 개리 플레이어와 함께 골프를 쳤습니다.

빌 클린턴 대통령은 '멀리건'으로 유명한데, 얼마나 많이 멀리건을 남발했는지 혹자들은 '빌리건'이라고 했고, 스코어를 창조적으로 적는 것으로도 유명하며 분명 트리플 보기를 저질렀음에도 그의 스코어카드에는 보기로 적혀있었고, 당장 퇴장감이지만 감히 누가 대통령에게 그럴 수 있겠는가 했고, 평균 타수는 보기플레이어 정도입니다.

우드로 윌슨은 뛰어난 골퍼는 아니지만 '개척자'로 통하는데, 윌슨보다 더 깊이 골프에 빠진 대통령이 많았지만 겨울 골프에 꼭 필요한 것을 발명하진 못했고, 윌슨은 한겨울 눈 덮인 코스에서도 골프를 칠 수 있기를 바랐습니다.

그의 고심은 컬러볼을 탄생시켰고, 흰색의 볼에 빨간색이나 검은색으로 칠했다고 하는데, 이것이 흰 눈 속에서도 쉽게 찾을 수 있는 컬러볼의 시초입니다.

이명박 전 대통령은 미국 부시 전 대통령과 같이 운전하며 브라더, 형, 동생. 그랬다며, 친해 졌다는 얘기도 하는데, 미국은 골프 비용이 싸고 대통령들도 국가의 재난이 있는데 골프를 쳐서 얘기도 듣고 하나 정서는 많이 다른 것 같습니다.

캐나다에는 캐디가 없고, 캐디가 필요 없이 자기가 스스로 백 들고 골프클럽 끌고 다니면서 치고 하니까 저렴하지만, 기본적으로 사계절 내내 골프를 즐길 수 있는 코스들이 많고, 또 골프에 적절한 잔디들이 마련되어 있으니까 환경적으로 유리해서 그렇습니다.

영국의 수상 윈스턴 처칠은 어렸을 때부터 골프를 쳤지만 즐기지는 않았고, 여행을 떠날 때 골프클럽을 챙길 정도였고, 넬슨 만델라 전 남아공 대통령은 1995년 럭비월드컵을 유치해 흑백으로 갈라진 국민을 화합시키려 노력했으며, 2010년 남아공 월드컵 트로피를 안아보고는 아이처럼 기뻐했습니다.

한편, 미국 22대 대통령 클리블랜드가 1888년 재선에 도전했지만 공화당 해리슨 후보에게 졌는데 전체 득표에선 앞서고도 선거인단 수에서 밀렸습니다.

4년 와신상담하는 동안 미국 경제가 곤두박질쳐 해리슨을 꺾고 백악관에 재 입성했고, 연임(連任)에는 실패했으나 중임(重任)에는 성공했는데 미국 역사상 유일하며 미 헌법은 연임은 2번으로 제한하지만 간격을 두고 대통령을 두 번 하는 중임은 허용합니다.

1900년 이후 재선에 실패한 미 대통령은 6명으로, 태프트, 후버, 포드, 카터, 부시(아버지), 트럼프인데, 대부분 경제 부진 때문에 떨어졌습니다.

트럼프는 코로나 방역도 실패했고 전문가 조언을 무시했다가 본인이 코로나에 걸리기도 했는데, 4년 내내 분열과 거짓말, 인종주의, 규범 파괴, 동맹 무시로 문제를 일으켰고, 분열된 미국 사회를 두 동강 냈으며 대선 불복으로 미국 역사에 큰 오점을 남기기도 했습니다.

트럼프는 2020년 대선 직전 "(패하면) 아마 나는 이 나라를 떠나야 할 것"이라고 했고, 당시 미국 검찰은 트럼프 일가의 탈세 · 사기 혐의, 대통령직을 이용한 사익 추구 혐의를 조사하고 있었는데, 지금도 수사 중입니다.

작년 1월 대선에 불복한 트럼프 지지자들이 미 의회를 난장판으로 만들자, 연방 검찰은 트럼프를 내란 선동 혐의로 기소하는 방안까지 검토했고, 영장 청구만 수십 건이라고 하는데 어느 하나만 유죄를 받아도 감옥에 갈 수 있습니다.

그런데 오는 11월 미 중간 선거를 위한 공화당 경선에서 트럼프가 공개 지지한 후보 22명 전원이 당선됐다고 하며, 오하이오주 연방 상원의원 후보로 뽑힌 밴스는 2016년 트럼프를 '미국의 히틀러'라고 비난했습니다.

그런데 작년 7월 "좋은 대통령"이라고 태도를 바꿔 트럼프 지지를 받았고 '미 의회 폭동 책임자는 트럼프'라고 하던 공화당 의원들도 줄줄이 투항하고 있으며, 2024년 미 대선에서 트럼프가 바이든 대통령을 이길 것이란 여론조사가 나온 이후 공화당은 '트럼프당'이 됐다는 말도 나옵니다.

지금 트럼프 지지층은 2016년 당선 때처럼 저소득 백인과 낙후 지역 주민이고 이들의 지지는 맹목적인데, 40년 만에 최악이라는 미국 인플레이션도 이들을 결집시킵니다.

검찰 수사를 막는 방법도 '대통령'이란 방탄복을 입는 것이고, 지금 미국 정치와 사회는 우리가 알던 그 미국과는 다르며, 130년 전 클리블랜드는 정직하고 도덕적인 대통령이란 평가를 받았으나, '정직' '도덕'과는 담을 쌓은 트럼프가 다시 대통령이 된다면 미국은 지금보다 더 달라질 것 같습니다.

또한, 미국 선거토론의 원류는 1858년으로 거슬러 올라가는데 링컨이 16대 대통령으로 당선되기 전 일리노이주 상원의원 선거에서 당시 주지사인 스티븐 더글러스와 벌인 토론입니다.

도전자인 링컨의 선거토론 제의를 더글러스가 받아들여 두 후보 간 7회의 토론이 진행됐고, 이 토론에선 노예제도의 찬반이 쟁점이었으며 두 후보의 격렬한 토론은 전국 유권자들의 관심을 끌었으나, 링컨은 이 선거에서 졌지만 지명도를 높여 2년 후 대통령에 당선됐습니다.

현직 대통령이 TV를 처음 정치에 이용한 것은 1939년 루스벨트 대통령의 TV연설을 꼽는데, TV연설이 더 보편화된 것은 1948년 선거에서 승리한 트루먼 대통령 때입니다.

1960년대 들어 공화당의 닉슨 후보와 민주당의 케네디 후보가 벌인 TV토론에선 케네디가 승리했고, 토론에서 상대 후보보다 훨씬 더 좋은 '연기'를 보여줬다는 분석이 나왔으니 'TV는 케네디를 사랑했다', '케네디는 TV가 낳은 최초의 미국 대통령이다'는 말이 여기서 비롯됐습니다.

4 당구[Billiards, 撞球]

당구란 규격화된 테이블 위에 여러 개의 공을 놓고 긴 막대기인 큐로 쳐서 룰에 따라 승부를 가리는 스포츠이며, 몸을 많이 쓰지 않고 오히려 머리를 더 많이 쓰는 게임입니다.

강한 스트로크, 마세 등 거칠거칠한 이미지가 상당히 강한 스포츠이고, 성별을 불문하고 큐를 잡는 자세가 섹시하게(?) 보일 수도 있는 스포츠입니다.

2021. 3. 16. 보도에 따르면, 대한당구연맹(회장 박보환, KBF)은 아시아당구연맹(ACBS)으로부터 '당구 종목이 '2030 도하아시안게임'에 포함되었다'는 소식을 전달받았다고 하는바, 2010년 광저우아시안게임 이후 2014년 인천아시안게임에 종목으로 채택되지 못했던 당구가 다시 아시안게임 종목으로 채택되었습니다.

1998년 방콕아시안게임에서 처음으로 정식 종목으로 채택된 당구는 2002년 부산아시안게임과 2006년 도하아시안게임, 2010년 광저우아시안게임까지 정식 종목으로 채택되어 총 4차례 아시안게임 종목으로 치러졌지만, 2014년 인천아시안게임에서 '대회 개최 비용이 부족하다'는 이유로 종목에서 제외된 후, 실내체육 종목으로 분류되어 이후부터는 실내무도아시안게임에 포함돼 개최되어 왔습니다.

당구는 2002년 부산아시안게임에서도 한 차례 종목 탈락의 위기를 겪었는바, 정식 종목에 이름을 올려 황득희가 아시안게임 첫 금메달을 목에 걸었습니다.

포켓볼 국가대표를 선발하고도 행정 미숙으로 3쿠션 한 종목만 출전했던 1998년 방콕 아시안게임에서는 김무순과 김정규가 처음으로 국가대표로 아시안게임에 출전해 김정규가 동메달을 획득했으며, 2002년 부산아시안게임에서는 3쿠션의 황득희와 이상천이 결승에 진출해 나란히 금메달과 은메달을 목에 걸었고, 포켓볼 부문에서는 정영화가 개인전 동메달을, 포켓9볼 단체전에서는 정영화–김원석이 은메달을 차지했습니다.

2006년 도하아시안게임에서는 포켓볼 부문 김가영이 은메달을, 3쿠션 부문 김경률이 동메달을 따냈으며, 2010년 광저우아시안게임에서는 포켓볼의 김가영이 또다시 은메달을, 정영화가 동메달을 획득했습니다.

2024 파리 올림픽에서 프랑스 정부가 지정하는 개최국 추가종목으로 당구가 도전하고 있고, 1980년대부터 IOC한테 지속적인 로비를 해 왔으나 다른 스포츠 단체들의 힘에 밀려서 그동안 올림픽 종목이 되지 못했지만, 당구의 인기는 전 세계적입니다.

PBA(프로당구협회, Professional billiards association) TOUR는 2019-20시즌 기준 연간 8개 1부 투어를 운영 중인데, 글로벌 투어이나 아직 주 활동 무대가 한국이고, PBA TOUR 장상진 대표는 "한국이 당구의 발상지는 아니지만 당구장 2만 5,000개에 동호인만 1,000만 명이다. 국내 6번째 프로스포츠이지만 세계 당구의 흐름을 주도하는 역할을 할 수 있을 것"이라고 2020년에 설명했습니다.

당구[Billiards, 撞球]

한국민족문화대백과, 한국학중앙연구원의 설명에 따르면, 당구란 당구대(billiard table) 위에서 적색, 백색 공을 큐(cue stick)로 쳐서 각자의 점수를 겨루는 레저스포츠라고 합니다.

지적인 흥미와 가벼운 운동이 될 뿐만 아니라 레크리에이션스포츠로도 각광을 받고 있고, 시설로는 당구대가 있으며, 용구로는 큐와 공이 있습니다. 당구대는 152×305㎝의 정방형이며, 큐는 무게가 16~18온스, 길이는 145~147㎝이고, 공은 지름 61.5㎜의 플라스틱 공을 사용합니다.

경기방법은 여러 가지가 있으나 그 가운데 빨간 공치기와 스리쿠션경기가 압도적인바, 4구(흰 공 2, 빨간 공 2)가 어울려서 이루어지는 이 게임의 승패는 다음과 같이 정합니다.

① 2명 또는 2조의 대항형식으로 합니다.

② 경기자는 자기의 기량에 따라 능력점을 주게 되는데, 일반적으로 4, 5회 치면 얻을 수 있는 점수를 기준으로 합니다.

③ 득점은 흰 공(手球)이 빨간 공에 맞으면 2점, 빨간 공 2개에 맞으면 3점, 흰 공과 먼저 공 2개에 맞으면 5점을 얻습니다.

④ 흰 공이 어느 공에도 맞지 않거나 흰 공에만 맞았을 경우는, 상대방과 교대합니다.

⑤ 이와 같이 게임을 진행하여 자기 점수에 빨리 도달한 쪽이 이기게 되나, 자기점을 모두 치고 나서 마지막에 스리쿠션을 쳐야 합니다.

스리쿠션경기는 수구인 흰 공을 빨간 공에 맞힐 때 반드시 3회 이상 쿠션에 넣었다가 빨간 공에 맞혀야 하고, 먼저 공격하는 자는 서브할 때 빨간 공부터 맞혀 득점해가며, 뒤에 치는 자는 먼저 친 사람이 남긴 공으로 치게 됩니다.

3회의 쿠션은 제2의 빨간 공에 맞기 이전에 수구(흰 공)가 3회 쿠션에 들어가면 득점이 되고, 당구를 칠 때는 큐를 잘 잡고 치는 형태에 따라 브리지를 변화시켜야 하며, 수구를 바로 겨누어야 좋은 경기를 할 수 있는데, 수구를 칠 때는 수구의 중심을 쳐야 하며 수구 겨누기와 수구 치기(당점)를 하는 것이 좋습니다.

당구는 장점이 많아서 앞으로 발전할 수밖에 없는 종목인데, 우선 당구는 ① 매우 재미있는 종목인 데다, ② 기후도 날씨도 관계없으며, ③ 낮과 밤도 구별이 없고, ④ 남녀노소 누구나 함께 즐길 수 있고, ⑤ 관전하는 것도 직접 행하는 것도 모두 재미있고, ⑥ 신체에 무리가 가지 않으며, ⑦ 비용도 부담스럽지 않습니다.

당구의 종목

당구에는 여러 가지 종목이 있는데, 크게 2가지로 나눌 수 있고, 테이블 가장자리에 있는 6개의 포켓에 목적구(object ball)를 집어넣는 포켓 당구(Pocket billiards, Pool), 포켓이 없이 한 번의 샷으로 큐볼(cue ball,수구)로 여러 개의 목적구를 맞히는 캐롬 당구(Carom billiards)가 있습니다.

포켓 당구는 pocket billiards나 Pocket billiard(pool)로 흔히 포켓볼이라고 하는데, 북미에서는 유독 포켓 당구가 인기가 많고, 당구를 치는 인구는 (아마추어, 선수 포함) 전 세계적으로 포켓 당구가 제일 많으며, 스누커가 그 다음, 캐롬이 제일 적습니다.

아시아권(특히 한국), 유럽 대륙, 라틴 아메리카 등지에 캐롬 인구가 많으며, 영 연방권에서 주로 인기가 있는 스누커가 상금 규모는 제일 크고 그 다음이 포켓 당구, 캐롬 순입니다.(세계대회 기준)

캐롬 당구는 carom billiards 또는 Carom billiard/Billiard français로, 유럽 대륙과 라틴 아메리카, 아시아에서 가장 인기 있는 당구이고, 국내에서 주로 치는 4구, 쓰리쿠션이 바로 캐롬 당구로 구멍(포켓)이 없는 당구대에서 두개 이상의 적구를 연속해서 맞히는 경기 방식입니다.

예술 당구는 Artistic billiards 또는 trickshot이라고 부르는데, 특정한 형태로 공과 장애물을 배치한 뒤, 주어진 조건에 따라 묘기와 같은 미션을 완료시키는 형태의 경기로, 크게 나누면 캐롬 당구대에서 하는 경기와 포켓 당구대에서 하는 경기로 나뉩니다.

캐롬 당구대에서 3구만을 보통 사용하며, 미리 배치된 공을 주어진 조건에 맞혀 쳐내는 방식이며, 보통 쓰리쿠션 시합에서 나올만한 난구 상황이 문제로 제시되고, 반드시 주어진 조건에 맞혀 공을 쳐내야 합니다.

당구의 기원

역사적으로 오래 되어 'BC 400년경에 그리스에서 옥외 스포츠로서 당구의 원형(原型)이 실시되었다'고 하며, 현대식 당구의 기원은 '영국 기원설'과 '프랑스 기원설'이 있습니다.

'14세기에서 15세기에 걸쳐 고안되었다'고 하며, 처음에는 **"크리켓을 닮은 옥외 스포츠였던 것이 실내경기로 개량되어 유럽 각지에서 발달하였다"**는 것이 일치된 정설(定說)로 되어 있습니다.

1500년경부터 '빌리아드'라는 용어가 사용되고, 프랑스 전쟁 중이었던 1570년 샤를르는 당구를 즐겼다 하고, 그의 부관이었던 앙리 데니(Henri d'Wenny)와 연구를 거듭하여 빌리아드 게임을 완성하였다고 하나, 그 당시의 당구대는 모양이 정방형 · 장방형 · 타원형의 것 등 오늘날과 큰 차이가 있었습니다.

당구대의 모양이 정방형으로 정하여진 것은 1600년경이며, 근대 당구는 기구의 발명 · 개량에 따라 발전하고 신장하였고, 1818년 영국의 자크칼이 초크를 발명하고 10년쯤 뒤에 프랑스인 망고가 탭(tap, 큐 팁:큐 끝에 붙이는 가죽)을 발명함으로써, 당구발달에 결정적인 계기가 되었습니다.

실제로 19세기 초엽부터 급속히 세계 각국에서 당구가 퍼지고 발전한 뒤에는, 이 초크와 탭의 보급에 의한 기술면에서의 진보가 크게 영향을 끼쳤습니다.

미국에는 1820년대에 포켓 테이블이 도입되었는데, 1860년에 프랑스의 베르게가 도미하여 유럽식 게임을 퍼뜨려, 그때까지 포켓 게임 일변도였던 미국에서 캐럼 게임이 보급되었습니다.

그 무렵부터 기구나 기술의 개량 · 향상이 급속히 진척되어 당구대의 대반(슬레이트) 가장자리에 붙이는 고무 쿠션, 대면을 덮는 나사(羅紗, 라샤(raxa), '모직물'이라는 뜻의 포르투갈어), 공의 재질과 지름치수의 개량과 더불어 쿠션에 따라 가면서 공을 흩어지지 않게 무제한으로 쳐나가는 아메리칸 세리의 연구 · 완성에 의한 기술의 향상은, 그때까지의 단순한 경기종목을 더 고도의 기술을 요하는 새 종목으로 확대하였습니다.

즉, 보크라인 경기를 비롯하여 스리쿠션 경기, 미국식 포켓 경기로 발전하고, 이것은 다시 오늘날 실시되고 있는 원 쿠션 경기 · 프리 경기 · 피거 경기 또는 제한을 더 엄격하게 만든 보크라인 경기 등으로 이어지고 있습니다.

1928년 벨기에에서 세계당구연맹이 창설되었으며, 현재 가입국은 30여 개 국에 이르고 있는데, 벨기에에서는 1940년대에 당구를 국기로 인정하였으며, 일본에서는 1955년 국회에서 당구를 건전한 스포츠로 인정한 뒤 급속히 발전하여 세계정상을 달리고 있으며, 아시아연맹을 일본에 두고 있습니다.

한국에는 구한말 개화기 때인 1884년 일본으로부터 당구대를 수입해 제물포의 외국인 접객업소에 설치하면서 처음 들어왔고, 조선에서 최초로 당구를 친 것으로 보이는 사람들 중에는 윤치호가 있으며, 청나라 상하이에서 유학 중이던 1885년 그는 '타구집(打球家, 打毬家)'에 가서 공치기를 했다는 기록을 자신의 일기에 남겼는데, 국사편찬위원회에서는 이 '타구(공치기)'를 당구라고 보고 있습니다.

1912년경 순종은 망국 이후 이 당구를 상당히 즐겨서, 창덕궁에 일본에서 주문해서 만든 옥돌로 만든 포켓 당구대 2개를 두고 '하루에 2시간 씩 당구를 쳤다'고 하는바, 1900년대 초반 외국인이 즐기던 당구가 우리나라 사람에게까지 보급된 것으로 볼 수 있습니다.

1955년 11월 대한당구협회를 창설하고, 1956년 1월 19일 서울에서 제1회 전국당구대회를 개최하였으며, 1966년 4월 19일 보건사회부에 사단법인 대한당구협회 설치허가를 받아 오늘에 이르고 있습니다.

1977년 세계당구연맹에 가입하였으며, 아시아지역에서는 한국 · 일본 · 자유중국 · 인도 · 싱가포르 등의 국가대표 급 선수들이 활약하고 있으며, 그 중 일본과 우리나라가 상위 수준국입니다.

1984년과 1985년에 대한당구경기연맹과 대한당구회가 발족되어 당구 인구의 저변확대와 국가대표선수 양성에 기여하고 있고, 특히 1985년 3월에 개최된 제1회 당구예술구선수권대회는 당구발전에 크게 이바지하였습니다.

국제대회로는 세계선수권대회(5종목 선수권) · 월드컵챔피언보크선수권대회 · 세계스리쿠션대회 · 예술구경기대회 등이 있으며, 국내대회로는 전국당구경기대회와 스리쿠션대회 등을 개최하고 있고, 매년 한일친선당구대회를 개최하고 있습니다.

또한, 1984년 3월부터 대한당구경기연맹 주최로 월례 순회대회를 개최하고 있으며, 1998년 태국의 방콕에서 개최된 아시아경기대회에서는 2명이 출전하여 동메달 하나를 획득하는데 그쳤습니다.

당구가 일본에서 들어오면서 당구 용어도 일본 용어를 많이 사용했으며, 국내에서는 중대에서 4구나 3쿠션을 칠 때, 파울을 범하면 점수를 1점 깎고 빈 쿠션 치기를 성공하면 2점을 주는 룰을 적용하기도 하는데, 대한당구협회 공식 경기에는 없는 규칙입니다.(2019년 출범한 PBA 프로당구 투어에서는 뱅크 샷 경우 2점 인정).

3쿠션 당구 경기시간

2021. 2. 18. 자 진성기 편집위원(당구칼럼니스트)이 매일경제에 게재한 "3쿠션 당구 경기 100분이나 걸린 까닭" 칼럼도 아래 소개합니다.

진성기 편집위원은 수구와 목적구(적구)는 뜻이 안 통하는 '엉터리 일본식 한자어이므로 적절한 우리말로 바꿔 쓰자'고 제안한 바 있다고 하며, 이에 따라 수구 대신 "내 공", 1 목적구 대신 "앞 공", 2 목적구 대신 "뒷 공"으로 표기하겠다고 하였는데 공감하며, 더 좋은 우리말 표현으로 사용한다면 좋겠습니다.

칼럼에서 경험에 비춰보면 동호인 3쿠션 경기는 대개 40~70분 걸린다고 합니다. 실제 디지털 스코어보드업체인 빌리보드가 최근 2개월간 자사 회원들이 치른 약 100만 게임을 분석한 결과, 게임당 평균 소요시간은 54분 3초로 집계됐고, 10게임 중 약 8게임(78.3%)이 40~70분에 끝났습니다.

한쪽이 자기 점수보다 높은 애버리지를 기록하면서 상대방을 압도할 경우 경기는 30분대에 끝나고, 반면 양쪽 모두 부진하면 1시간을 훌쩍 넘어가지만, 아무리 게임이 늘어지더라도 100분짜리는 좀처럼 보기 어렵고, 빌리보드 집계에서도 90분 이상 걸린 게임은 0.5% 밖에 안 됩니다.

이렇게 장시간이 걸린 가장 큰 이유는 당연히 타율이 형편없었기 때문이고, 당시 두 사람의 애버리지는 0.2대에 그쳤고 70이닝에 가까운 경기를 했다고 하는데, 샷(공을 치는 것)을 하면서 시간을 많이 쓴 탓도 있고, 긴 인터벌(interval)이 경기 시간을 잡아먹은 것입니다.

인터벌이 길어지는 원인은 여러 가지로, 이리 저리 재보며 어느 길을 선택할지 한참 설계하는 경우도 있고, 포인트를 세어 가며 산수를 하느라 시간을 쓰기도 합니다. 샷을 하려고 엎드린 자세에서 예비 스트로크를 수없이 하는 장면도 종종 볼 수 있고, 득점에 실패한 뒤 곧 바로 대기석으로 들어오지 않고 타석에서 공이 멈출 때까지 지켜보느라 시간을 소비하기도 합니다.

인터벌은 동호인 간 3쿠션 경기에서 민감한 사안 중 하나며, 각자 플레이 속도가 다르다 보니 인터벌 시간을 놓고 설왕설래 하는 일이 종종 발생한데, 인터벌이 지나치면 '시간 견제'를 한다며 타박하는 일도 벌어집니다.

공식 대회에서는 인터벌 시간이 최대 40초 주어집니다. 이른바 '40초 룰'이고 40초를 넘기면 파울이 선언돼 공격 기회를 잃게 됩니다. 긴 인터벌로 인해 경기가 늘어지는 것을 막기 위한 규정이지만, 지난 2019년 출범한 프로당구협회(PBA) 대회는 속도감을 높이기 위해 '30초 룰'을 채택하고 있습니다.

동호인 간 경기에서도 40초 룰이 통용되고, 디지털 스코어보드도 샷 제한시간이 40초로 세팅되어 있지만 강제 규정은 아닙니다. 난구(難球)가 놓이면 이따금 40초를 넘기기도 하는데, 물론 40초를 넘길 경우 대기석에 앉아 있는 상대방이 강력한 '레이저빔'을 쏘면서 '빨리 치라'는 신호를 보낼 지도 모릅니다.

문제가 되는 건 습관적인 슬로우 플레이로 어떤 동호인은 '맞아 있는' 손쉬운 배치에서도 30초 이상 써가며 신중히 임하며 난구 앞에선 40초를 다 써버립니다. 이런 일이 거듭되면 상대방은 지루함을 느끼다 못해 멘탈이 무너져 내리고, 인터벌을 의식하지 않으려고 샷 하는 모습을 지켜보지 않고 시선을 다른 곳으로 돌린다는 동호인도 있습니다.

인터벌은 실제 경기 시간에 큰 영향을 미칩니다. 20점 동호인 간 경기에서 한 번의 샷에 평균 20초를 쓸 때와 30초를 쓸 때를 예로 들어보면, 초구를 잡은 A가 애버리지 0.5를 기록하며 40이닝에 20대 19로 B를 이겼다고 가정하면, 두 사람이 샷을 한 횟수는 총 117회(A 59회, B 58회)가 됩니다.

한번 샷에 20초를 썼다면 2,340초(39분), 30초를 썼다면 3,510초(58분 30초)를 사용하게 돼 20분가량 차이 나는 것이고, '애버리지 못 지 않게 인터벌이 경기 시간에 미치는 영향이 크다'는 것을 알 수 있는데, 보통 두 경기를 하므로 30초를 쓰게 되면 약 40분 더 소요되는 셈이고, 당연히 그에 해당하는 게임비가 더 청구되며, 만에 하나 샷마다 제한시간 40초를 다 쓴다면 생각만 해도 끔찍합니다.

이 때문에 인터벌이 긴 동호인은 환영받지 못하는 편이고 심지어 기피 대상이 되기도 하는데, 느림보 동호인과 경기를 할 때 농담 반 진담 반 내뱉는 말도 "이 경기는 무조건 이겨야 해. 패하면 비용이 만만치 않거든." 이라고 합니다.

인터벌이 길다고 핀잔 받는 동호인들은 40초를 넘길 때도 많은 것은 모두 4가지 상황에서 계산되는데, ① 공격 순서를 넘겨받은 내가 샷을 할 때, ② 내가 득점에 성공한 뒤 이어서 공격할 때, ③ 공격 순서를 넘겨받은 상대방이 샷을 할 때, ④ 상대방이 득점에 성공한 뒤 이어서 공격할 때입니다.

이 가운데 ②와 ④의 경우 시간 계산이 부정확할 때가 많은바, 3개의 공이 모두 멈추기 전에 시간 계산을 시작하는 경우가 다반사이기 때문이고, 보통 득점이 이뤄진 뒤에도 얼마간 공은 구르는데, 대기석에 앉아 있는 상대방은 득점을 확인하자마자 점수판을 터치해 시간 계산을 시작하곤 합니다.

심지어 앞 공을 맞은 내공이 뒷공을 향해 굴러가고 있는데도 점수판을 누르는데, 득점이 확실하다고 판단해 점수판을 미리 누르는 것입니다. 이런 식으로 공이 정지하기 전에 점수판을 누르면 보통 2~3초, 많으면 5초가량 일찍 시간 계산을 시작하는 결과를 낳게 됩니다.

다시 말해 40초 안에 플레이했지만 화면은 40초를 이미 채운 것으로 표시되는 경우도 있어서, 40초를 넘긴 상대방을 향해 무턱대고 눈살을 찌푸릴게 아니라, 시간 계산을 정확히 했는지 먼저 살펴보는 게 순리입니다.

①과 ③의 경우는 시간 계산 문제가 거의 없고, 득점에 실패한 뒤 대기석으로 돌아오는 동안 3개의 공이 모두 정지하므로, 점수판을 일찍 터치하는 상황이 거의 벌어지지 않습니다.

긴 인터벌은 경기를 지루하게 만드는 요인임을 부정하지 않지만, 인터벌을 짧게 가져가 속도감 있는 경기를 하면 활기도 넘치고 게임비도 적게 드니 금상첨화 입니다.

다만 자기가 샷을 빨리 하는 스타일이라고 해서 상대방도 빨리 동작하길 요구하는 건 곤란하다는 얘기고, 진지한 태도로 샷을 하자면 어느 정도 인터벌이 필요하므로 차분히 기다려줘야 합니다. 또한 40초 룰을 따질 거라면 '공이 정지하기 전에 점수판을 터치한 건 아닌지 돌아보자'는 얘기입니다.

최근 당구 뉴스

1950년까지 당구와 골프는 산업 규모가 서로 비슷했으나, 골프가 스트로크 플레이(Stroke Play, 타수 경기)의 현재 종목을 개발하며, 1951년에 질적 도약을 거친 덕분에 스스로 대중의 수요를 확대하며 양적 팽창을 거듭함으로써 고급스포츠로서 위상도 확립하고 2000년에 이르러서는 가장 큰 스포츠산업으로 성장할 수 있었는데, 그와 달리 당구는 안타깝게도 그런 경로를 밟지 못했기에 골프와 비견할만한 발전을 이루지 못했었습니다.

이 기준으로 비교하자면, 골프는 이렇게 내부적으로 발전 동력을 갖춰서 밀고 나가며 주도적으로 성장한 케이스였고, 당구는 발전 동력이 외부로부터 형성된 후에 반영되느라 시간이 오래 걸렸다는 차이가 있습니다.

2차 대전 후 세계 각지에서 경제부흥정책과 개발정책들이 실현되고 1980년대에 냉전체제가 무너져 세계 경제가 안정적으로 발전하면서, 대중들 삶의 중심이 생존활동에서 레포츠 활동으로 이동하기 시작하고 나서야 당구발전의 윤곽이 서서히 모습을 갖추기 시작했는데, 다행히도 한국에서는 베이비부머 세대를 기반으로 당구붐이 다시 일어나며, 다른 나라보다 여건이 일찍 조성될 수 있었습니다.

어쨌거나 한국은 그 기회를 잘 활용했으며, 그 덕분에 적어도 현재 시점에서만 보자면 한국이 세계 캐롬 당구의 주인공인 것은 분명한 사실이고, 그런 점에서 되돌아볼 때, 이 기회가 다가올 때까지 길고 길었던 엄동설한의 힘든 시기를 견뎌낸 당구인들과, 그 기회를 잘 포착하고 구체화시킨 한국 당구인들 모두의 노력과 헌신은 마땅히 높게 평가되어야 할 것입니다.

이런 과정을 거쳐 우리가 지금 가지게 된 유형 또는 무형의 당구 자산으로는 폭넓은 동호인층과 조직, 탄탄한 선수진, 다양한 경험을 축적한 연맹조직, 전문적으로 당구 프로그램을 송출하는 방송사들, 프로시스템을 시험 가동하고 있는 PBA 등이 있고, 이는 '현재 시점으로 다른 어떤 나라에 비교해도 우위에 있다'고 평가할 수 있는 장점들입니다.

① 세계 3쿠션 하이런(28점)기록

2022. 5. 15 자 황국성 MK빌리어드뉴스 기자의 '난공불락' 30년째 깨지지 않는 세계 3쿠션 하이런(28점)기록도 소개합니다.

기록경기인 당구에선 우승횟수와 애버리지, 하이런 등 여러 부문에서 기록들이 쏟아집니다. '기록은 깨기 위해 존재한다.'고 하지만 좀처럼 깨기 어려운 대기록들이 있고, 각종 국내외 당구대회에서 나온 당구 대기록을 살펴봅니다.

레이몽 클루망(세계선수권 11회 연속 우승 및 통산 21회 우승) 토브욘 브롬달(3쿠션월드컵 통산 44회 우승) 딕 야스퍼스(에버리지 10.0) 로니 오설리번(맥시멈 브레이크15회)에 이어 다섯 번째는 '30년째 난공불락'인 3쿠션 하이런 기록입니다.

올해 초 세계캐롬연맹(UMB)은 색다른 인센티브를 내걸었는데, 2022년부터 세계선수권이나 3쿠션월드컵 등 UMB 공식대회에서 3쿠션 세계기록(28점)을 처음 깨는 선수에게 2만 9,000유로(한화 3,900만원)의 보너스를 지급한다며, UMB는 "이러한 인센티브가 선수들에게 보다 나은 성적을 위한 동기부여가 될 것"이라고 덧붙였습니다.

신기록 보너스가 내걸린 이후 올 들어 4월 말 현재 UMB대회는 앙카라3쿠션월드컵과 라스베가스3쿠션월드컵 두 번 열렸지만, 아직까지 28점 기록을 깬 선수가 없어 보너스는 그대로 남아있고, 현재까지 세계3쿠션 최고 하이런은 28점이고, 4명이 기록했습니다.

첫 번째 주인공은 '일본의 레전드' 고 주니치 고모리인데, 고모리는 1993년 네덜란드 준데르트에서 열린 네덜란드리그에서 하이런 28점으로 세계기록을 세웠습니다.

두 번째는 '살아있는 당구전설' 레이몽 클루망이며, 고모리가 첫 기록을 세운 후 5년이 지난 1998년 네덜란드 발베익에서 열린 네덜란드리그에서 똑같이 28점을 쳤습니다.

벨기에 롤란드 포톰이 세 번째 주인공이며, 2012년 네덜란드 준테르트에서 열린 네덜란드리그에서 에디 먹스를 상대로 대기록을 세웠습니다.

'PBA 최강'인 프레드릭 쿠드롱(벨기에)이 네 번째이자 가장 최근에 28점 기록을 달성했고, 2013년 독일 브란덴부르그에서 열린 유럽챔피언십 준결승 마르코 자네티와의 경기에서 기록했는데, 세계기록 보유자 4명 중 고모리를 제외한 3명이 벨기에 선수들입니다.

28점은 고모리가 처음으로 달성한 후 30년, 쿠드롱이 네 번째 기록한 후 10년째 깨지지 않고 있습니다.

UMB 3쿠션월드컵의 하이런 최고기록은 24점이고, 제레미 뷰리(프랑스), 조명우, 딕 야스퍼스 3명이 보유하고 있습니다. 뷰리는 2013년 구리3쿠션월드컵에서 필리포스 카시도코스타스(PBA)를 상대로 24점을 쳤고, 조명우는 2018년 서울3쿠션월드컵 예선 토니 칼슨(덴마크)과의 경기 3이닝 째 공격에서 24점을 기록했습니다.(조명우의 11이닝 40:21승)

야스퍼스는 2019년 네덜란드 베겔3쿠션월드컵 16강전 응우옌꾸억응우옌(베트남)과의 경기에서 24점을 기록했고, 야스퍼스는 8:16으로 뒤지던 7이닝에 하이런 24점을 폭발, 단숨에 32:16으로 역전했습니다.

1년에 한 번씩 열리는 세계3쿠션선수권 하이런 기록은 상대적으로 높지 않고, 지난해 말 이집트 샤름엘셰이크에서 열린 대회에서 마틴 혼(독일)이 타이푼 타스데미르(터키)를 상대로 기록한 20점이 최고기록입니다.

한국 최고기록은 26점으로 최성원(부산시체육회)과 조재호(PBA)가 한 번씩 기록했고, 최성원은 지난 2014년 8월 '춘천국제레저경기대회 전국3쿠션오픈당구대회' 박광열과의 16강전에서 26점을 쳤으며, 조재호는 2019년 서바이벌마스터즈에서 26점을 친 바 있습니다.

② '당구전문채널' 빌리어즈TV, PBA 전용채널로 새롭게 탈바꿈

2022. 5. 3. 자 (서울=연합뉴스) 이대호 기자 보도에 따르면, 당구 전문 채널 '빌리어즈TV'가 프로당구협회(PBA) 전용 채널로 새롭게 탈바꿈합니다.

PBA는 5월 3일 "피델리티매니지먼트그룹이 NEW(넥스트엔터테인먼트월드)의 스포츠 사업법인 ㈜브라보앤뉴를 최근 인수하면서 PBA 투어 경기를 당구 전문 채널 빌리어즈TV에서 보다 쉽고 편리하게 시청하게 됐다"고 밝혔습니다.

브라보앤뉴는 빌리어즈TV 뿐만 아니라 스코어보드 업체인 '빌리보드', 당구 프랜차이즈 '브라보앤파트', 당구용품 '센토' 등을 운영해왔습니다.

2016년 당구 전문 채널로 개국한 빌리어즈TV는 국내외 당구 대회 관련 콘텐츠를 제작 · 중계해왔고, 이번 인수로 PBA 콘텐츠를 집중적으로 편성할 계획입니다.

골프와 당구, 닮은 13가지

한편, 위드인뉴스에 실린 "골프와 당구가 닮아있는 13가지"[2020. 4. 3]를 읽고서 소개하는바, 자신이 좋아하는 스포츠를 만나 매 순간 설레는 멋진 경험과 마주하시길 바랍니다.

우선, 골프와 당구가 닮은 13가지는 ① 귀족 스포츠로 시작했으며, ② 다양한 게임 방법이 존재하고, ③ 예의와 매너를 중시하는 스포츠이며, ④ 멘탈(정신력) 스포츠이고, ⑤ 하면 할수록 어려운 종목이며, ⑥ 24시간 전문 채널이 존재한다는 점이고,

또한 ⑦ 시청률이 높고 ⑧ 레슨(교습) 콘텐츠이며, ⑨ 프로가 있고, ⑩ (명실상부) 종주국인바, 열한 번째, 비싼 스포츠이고, 열두 번째, 확실한 지지 층이 있으며, 열세 번째, 남녀노소 누구나 즐길 수 있다는 공통점입니다.

영화 '부당거래'에서 검사와 스폰서가 함께 골프 치면서 "굿 샷~ 야~ 연습 많이 하셨나 보네~" "이거 머~ 이제 골프도 불편해서 못 치겠네. 당구나 치러 다녀야지." "회장님. 당구는 좀 치세요?" "예~ 한 500 칩니다."라고 하는바,

짧은 대사 속에 등장한 골프와 당구 이야기로, '귀족 스포츠의 상징'인 골프와 요즘 '서민 스포츠의 상징'이 된 당구 종목이 처한 짧은 단상을 보여주는 장면이었고, 얼핏 보면 골프와 당구는 전혀 다른 세계관을 가진 듯합니다.

특히 당구장에서 삑 하면 싸움이 벌어졌고, 형사들도 범죄가 일어났다 하면 당구장을 먼저 뒤지고 다녔으며, 당구장을 소재로 한 매체들에선 십중팔구 싸움 장면이 나오는 경우가 많았습니다.

당연히 비행 청소년들의 소굴로도 애용되어서 1990년대까지 당구장을 출입하는 학생들과 교사들의 술래잡기가 끊이지 않았고, 다행히 2000년대 이후에는 당구가 스포츠로 분류되며 연령 제한이 없어지고(다만 청소년은 이용 시간제한이 있다.), 학교에서도 중ㆍ고등학교 특기 스포츠로 보급되면서 인식이 많이 바뀌기 시작했습니다.

PC방과 당구장, 대형음식점을 금연 구역으로 지정하는 국민건강증진법이 4월 29일 국회에서 통과되면서 2012년 말부터 당구장 내에서도 금연이 시행 되었고, 비흡연자들뿐만 아니라 여성이나 미성년자들이 당구를 접하기 힘든 이유에는 이 담배 피는 문화와도 관련이 있었습니다.

우선, 골프는 돈 많은 사회 유력 인사들이 연신 '굿 샷'을 외쳐대며 은밀한 뒷거래가 오가는 이미지를 가지고 있는데 최근 바뀌고 있고, 골프는 한번 라운딩 시 평균 30~40만원(인당) 정도 비용이 들기도 해서, 실제 경제적 부담이 상당합니다.

반면, 당구는 2017년 12월 이후 당구장은 '금연구역'으로 지정되었으나 담배연기 자욱한 당구장에서 슬리퍼를 신고 짜장면 시켜먹는 이미지가 연상되는데, 당구 요금은 대게 10분당 평균요금은 2,000원~2,500원 사이인 당구는 테이블당 가격으로 3명이건 4명이건 10분당 가격으로 비용을 계산합니다.

골프 라운딩은 팀당 평균 120~160만원 소요되고 평균 라운딩 시간은 5시간이라서 시간 당 24만원~40만원인 셈인데, 당구는 테이블 당 가격을 받기 때문에 2명이서 치던 4명이서 치던 상관없는 당구는 시간 당 12,000원~15,000원입니다.

즉, 일 년에 3~4차례 라운딩 가는 비용으로 당구를 친다면 일 년 내내 당구장에서 살아도 될 정도로 대중들이 가지고 있는 골프와 당구 간 인식 차이는 큰 편입니다.

첫째, 귀족 스포츠입니다.

골프(Golf)어원은 스코틀랜드 고어 '치다'의 '고프(Gouft)'가 어원이며, 스코틀랜드는 링크스(Links)라 불리는 기복이 심한 초원이 많아 골프코스로 적합했습니다.

대게 이곳은 공유지여서 많은 사람들이 자유롭게 이용할 수 있었는데, 스코틀랜드 사람들이 골프에 매력에 너무 빠져들게 되면서 국방을 소홀히 하기 시작했고, 이에 제임스 2세는 1457년 골프 금지령을 내립니다.(이는 골프에 관한 최초의 문서이기도 합니다.)

골프는 골프를 너무나도 사랑한 제임스 6세 때에 이르러 대중화 되는데, 대한민국 골프는 도입 초기부터 상류층 문화로 포지셔닝 했고, 대한민국에 골프가 처음 전해진 것은 1900년으로 봅니다.

고종 황실 고문으로 온 영국인들이 원산 바닷가의 세관 구내에서 6홀짜리 코스를 만들어 놓고 골프를 즐겼던 골프는, 도입 초기부터 황실 고문, 외국인 선교사와 외교관들이 주로 즐기면서 일반인들에게 널리 알려지게 되었습니다.

'당구는 마당에서 하던 크리켓이 실내 테이블 위로 옮겨진 것'으로 15세기 말 프랑스 루이 11세 때부터 활성화되었는데, 루이 14세 시절 프랑스 상류 사회에 널리 유행한 당구는 이후 유럽 각국으로 퍼지면서 오늘날의 형태를 갖췄습니다.(자연히 용어도 프랑스어에서 온 게 많습니다.)

대한민국 당구는 일본을 거쳐 유입됐고, 아시아 다른 나라보다 일찍 문호를 개방한 일본은 1870년대 네덜란드를 통해 당구를 접했으며, 이를 19세기 말 조선에 전파했고 당시 '순종 황제는 옥돌로 만든 4구 당구대 2대를 설치하고 게임을 즐겼다'고 전해집니다.

골프는 초기 스코틀랜드 서민들 사이에서 성행하다 골프금지령이 내려진 후, 서민들이 할 수 없었기 때문에 자연스럽게 특권층인 왕족만이 할 수 있었고, 대한민국 골프는 도입 초기부터 사회고위층 인사를 통해 활성화 되었습니다.

당구는 프랑스, 영국, 스페인, 이탈리아, 독일, 일본, 중국, 한국 등 왕실에서 출발했고, 상류층을 중심으로 인기를 끌었으며, 대한민국 당구는 개화기 외국인과 외교관 교류가 왕성해 진 시점에 여가 이용 및 친목 다짐의 수단으로 활용되면서 일반인들에게 널리 알려지게 됩니다.

외국에서는 주로 클럽 회원제로 당구장을 운영을 하지만, 한국에는 돈만 내면 누구나 와서 당구를 칠 수 있습니다.(물론 국내에도 회원제를 겸하는 당구장은 꽤 있고, 입회비와 월 회비를 내면 개인 큐/큐 장을 지급하고, 강습이 포함되기도 합니다.)

초기에는 서민 스포츠로 시작한 골프와 초기부터 귀족 스포츠로 시작한 당구는, 좋은 것은 무엇이든 '독점'하고 싶은 '사회 고위층 욕망을 대변한 상징물'이라는 공통점을 가지고 있습니다.

둘째, 다양한 게임 방법이 존재합니다.

골프대회는 18홀 72타수를 기준으로 가장 적게 친 사람이 승리하는 방식이고, 초창기 골프대회는 개인 간의 승패를 가리는 매치 플레이가 성행했지만, 많은 사람이 참가하는 경우 '최종 결승전을 치룰 때까지 많은 시간이 걸린다'는 단점 때문에, 현재 주요 골프대회는 많은 인원이 참가해 우승을 가릴 수 있는 스트로크 플레이가 일반적입니다.

매치플레이 방식은 홀 당 승부를 가리는 것으로 전체 타수와 무관한데, 예를 들어 전체 홀을 다 돌지 않았더라도 이긴 홀이 남은 홀보다 많은 경우엔 경기가 끝나기 때문에, 가끔 일반 골퍼들이 프로를 이길 수 있는 홀이 나오기도 합니다.

현재, PGA, LPGA 투어에서는 스트로크 방식을 라이더 컵이나 프레지던츠컵과 같은 골프 국가대항전에서 매치플레이 방식을 택하고 있습니다.

당구 역시 경기는 방법이 다양한데, 우리나라에서 가장 인기 있는 캐롬(3-cushion)종목을 살펴보면, 3쿠션은 수구가 제1적구와 제2적구에 모두 맞히기 전에 3번 이상의 쿠션을 맞추어야 점수가 인정되는 규칙입니다.

현재 당구 월드컵은 UMB라는 세계캐롬연맹이 주최하고, BWA는 1985년에 설립되었으며 월드컵이라는 용어를 최초로 쓰고 주최한 당구협회입니다. UMB나 KBF(사단법인 대한당구연맹)가 주관하는 대회 기준으로 한 번 칠 때 1점으로 계산하며, 40점이 될 때까지 상대방과 번갈아 가며 샷을 시도하는데, 40점에 먼저 도달하는 자가 승리하는 방식이고, 종료 점수는 경우에 따라 30점~35점으로 조정하여 진행합니다.

큰 인기를 끌고 있는 세트 제는 통상적으로 5세트를 기준으로 15점에 먼저 도달하는 사람이 그 세트를 가져가는 방식이고, 당구 황제 프레드릭 쿠드롱은 "세트 스코어 2:0으로 앞서고 있더라도 경기를 이긴다는 보장이 없다. 순식간에 역전할 수 있는 것이 세트제다."라고 설명했습니다.

과거 UMB가 주관하는 월드컵, 월드챔피언십에서 세트 제를 주로 진행했으며, 현재 프로당구협회 PBA(Professional billiards association)가 이 방식을 채택하고 있습니다.

골프 '포섬(foursome)'방식은 당구의 '스카치 더블(Scotch Double)'과 유사한데, 골프 포섬 방식은 4명이서 2인 1조 복식 플레이가 가능하며, 팀당 두 선수가 볼 하나를 번갈아가면서 치는 방식입니다.

당구 스카치 더블 역시 복식 게임이며, 4명이서 2팀을 만들어 게임을 진행하고, 팀 당 두 선수가 볼 하나를 번갈아가면서 치는 방식입니다.

이 외 골프나 당구는 수많은 경기 방식이 존재하는데, 골프는 포볼, 스킨스 게임, OECD게임 등이 있고, 당구는 서바이벌, 600점 릴레이 방식, 레이아웃 3쿠션 등이 있습니다.

전 세계 어떤 스포츠 종목도 변하지 않는 룰은 없고, 급변하는 정세와 시대의 흐름이 스포츠 경기에 반영되며, 현대 사회에서 스포츠는 '더 짧고', '더 격렬'하고, '더 박진감' 넘치는 플레이 스타일을 원하는바, 이런 점에 있어 골프와 당구는 '시대적 변화를 비교적 잘 수용'했습니다.

셋째, 예의와 매너를 중시합니다.

축구, 야구, 농구, 배구 등 경기 내내 환호성을 지르는 스포츠와 달리 골프와 당구는 '침묵'과 '환호' 사이 간극이 명확한 스포츠로, 스포츠 세계에서 치열한 승부를 펼치기 전 '예의'와 '매너'를 갖추고 상대방을 존중하고 배려하는 모습은 언제 봐도 기분 좋은데, 그 중 골프와 당구는 '신사의 스포츠'라 부를 정도로 '예의'와 '매너'를 중시합니다.

골프규약에는 골프 복장(dress code)에 대한 특별한 규제나 제한이 없지만, 2020년 오늘날까지도 오랜 전통이 있는 골프장 일수록 골프 복장에 대한 엄격한 규칙을 적용하고 있습니다.

남자의 경우 라운드 티셔츠, 민소매 티셔츠, 청바지, 반바지, 운동화, 샌들 착용을 금지하고 있고, 라운딩 시 셔츠가 밖으로 나오지는 않게 착용하는 것도 예의며, 여자의 경우 민소매, 가슴 파인 상의, 짧은 반바지 등을 금지하고 있습니다.

대표적인 골프 매너를 잠깐 소개하자면, ① 티오프 시간 30분 전에 도착하기.(골프는 골프장에 도착해 동반자와 인사를 나누고 몸 풀 수 있는 여유시간이 필요합니다.) ② 상대방이 샷을 할 때는 조용히 하고 시야에 방해가 되지 않도록 주의하기. ③ 벙커 샷을 하고 난 후 발자국, 샷 한 자국 등을 정리하고 나오기. ④ 상대방의 퍼팅라인을 밟지 않기. ⑤ 먼 거리에 위치하여 홀 컵이 잘 보이지 않을 경우 홀 컵에서 가장 가까이 볼을 붙인 사람이 홀 깃발을 잡아주고 퍼팅 샷 이후에 홀 깃발 빼 주기. ⑥ 디 봇 정리하기.(아이언 샷을 하는 경우 디 봇이 발생하는데 파여서 날아간 잔디를 찾아서 디 봇이 발생한 곳을 덮어줘야 줘야 함) 등이 있습니다.

당구 역시 대표적인 귀족 스포츠답게 예의와 매너를 중시하는 스포츠로, 프로가 출범하면서 복장 규범이 다소 완화되었기는 했지만 우리는 당구선수들이 조끼와 나비넥타이를 하고 경기에 임하는 모습을 쉽게 떠올릴 수 있는데, '당구계 김연아'로 불리우는 '이미래 선수'는 "당구선수들이 '정복'을 입고 경기에 임하는 모습이 멋있어서 당구를 시작하게 되었다"는 말을 할 정도입니다.

당구 매너를 잠깐 소개하자면, ① 게임 시작 전에 상대방선수에게 인사하기. ② 상대방 타석 시 반드시 자리에 착석하기. ③ 득점하지 못했을 경우 자신의 초크는 가지고 나오기. ④ 초크 칠 소리 주의하기. ⑤ 게임 상대 플레이에 영향을 미칠 수 있는 언행 주의하기. ⑥ 행운의 득점이 되었을 경우 상대방에게 미안함을 표시하기. ⑦ 상대방 득점 시 함께 응원하기 등이 있습니다.

넷째, 멘탈(정신력) 스포츠입니다.

골프와 당구는 둘 다 멘탈이 가장 중요해, 숨소리조차 들리지 않는 적막한 순간이 많은데, 이 순간에 가장 큰 긴장감이 발생하고, '플레이 시간보다 기다리는 시간이 많은 것도 특징'이어서 골프와 당구는 짧은 시간 집중력을 놓치지 않고 자신만의 리듬을 유지하는데 혼신의 힘을 다해야 합니다.

골프 황제 잭니클라우스는 "승리를 좌우하는 것은 기술 20%, 정신력 80%"라고 말한 바 있는 만큼, '선수 심리상태가 시합에 미치는 영향이 크다'는 뜻이고, 연습 때는 좋은 스코어를 기록한 선수가 시합에 나가 제 실력을 발휘하지 못하고 번번이 아쉬운 성적을 남기는 것은, 기술보다 정신력에 대한 문제 때문입니다.

여기서 말하는 정신력이란 경기를 수행하는데 절대적으로 필요한 자신감, 집중력, 인내심을 포함한 감정조절 능력을 말하며, 실제 시합은 연습과 달라 정신적으로 엄청난 압박을 받기 마련입니다.

선수는 살얼음판을 걷는 것과 같은 긴장감 속에서 경기를 치루고 있는바, 골프는 자기 차례를 기다리거나 걸어가면서 생각할 시간이 많은데, 방금 전 한 실수나 잘못한 점들이 꼬리에 꼬리를 물고 일어나기 마련입니다.

골프가 '멘탈 스포츠'라고 하는 것은 경기 흐름이 선수 심리상태에 의해 좌우되기 때문이고, 타이거 우즈, 필 미켈슨 등 정상급 선수들이 멘탈 트레이닝이나 심리치료를 지속적으로 하는 이유가 여기에 있습니다.

당구 역시 흐름이 매우 중요한 종목이며, 당구 게임은 둘, 셋, 넷이 치게 되지만 기본적으로 일대일 게임이고, 당구는 상대방의 공을 뺏거나 되받아 치는 운동이 아니라 자기 차례에 자기 공을 치는 운동입니다.

상대방이 득점하지 못할 경우에만 내 차례가 주어지는데, 온전히 '자기 자신만의 플레이를 요구 하는 게임'이고, 당구 역시 자기 차례를 기다리거나 앉아서 생각할 시간이 많은데, 방금 전 한 실수나 잘못한 점들이 꼬리에 꼬리를 물고 일어난 바로 이러한 요소로 인해, 당구는 정신적, 심리적 요소가 다른 어떤 스포츠보다 강하게 개입합니다.

우리나라는 3쿠션 종목에서 세계적인 선수들을 많이 배출했는데, 이상천, 김경률, 조재호, 최성원, 강동궁, 김행직 등 세계무대에서 큰 활약을 펼친 선수들이 많지만, 정작 멘탈에 대한 훈련은 전무한 실정입니다.

골프와 당구가 다른 종목에 비해 유독 심리적 태클(구찌, 겐세이)이 많은 것도 이 때문일 것이고, 당구 3쿠션 종목은 최근 프로화를 맞이했는데 점차 당구 관련 산업이 발달하면서 많은 선수들이 '멘탈 트레이닝'을 통해 경기력 향상에 도움이 되길 바랍니다.

실제, 실력면에서 약간 뒤진다 해도 멘탈이 강하면 자신보다 살짝 실력에 우위에 있는 선수들에게 이기는 경우가 있는지에 대한 물음에, 스포츠심리전문가 강성구 교수는 "근소한 차이로 컨디션에 따라 경기가 좌우될 수 있는 그런 상황이라면 심리적 전략들이 충분한 효과를 볼 수도 있다."고 답했습니다.

다섯째, 하면 할수록 어렵습니다.

모든 스포츠가 상급자 수준으로 올라가면 갈수록 더 어렵다고 느끼지만, 골프는 상급자로 갈수록 드로우, 페이드 등 다양한 구질을 연습해야 할 뿐만 아니라, 기상

상태, 언듈레이션(코스 내의 높고 낮은 기복) 등에 따라 그린을 공략하는 다양한 방법을 고민해야 합니다.

당구도 상급자로 갈수록 밀어치기, 끌어 치기 등 다양한 구질을 연습해야 하고, 나사(羅紗, 포르투갈의 모직물 라샤(raxa)에서 온 말. 날실과 씨실이 모두 방모사이고 경우에 따라 날실에 소모사를 사용한 두꺼운 방모직물도 있음.)지와 유분 상태에 따라 테이블을 공략하는 다양한 방법을 고민을 해야 합니다.

매일 같은 골프장에서 라운딩 해도 같은 상황은 한 번도 없고, 골프에 비해 당구는 변수가 훨씬 적은 것 같지만, 당구장 마다 테이블, 큐, 공 상태가 다 다르고, 칠 때마다 공의 배치 또한 다릅니다.

심지어 당구를 치는 동안에도 테이블 상태는 변하는데, 이는 오전이 지나면서 상태가 달라지는 그린 상태와 같은 것이고, 또한 골프든 당구든 확신 없는 샷은 미스 샷이 될 확률이 높은데, 만만한 상대와는 없던 실력도 생기고 부담 있는 상대와는 있던 실력도 사라집니다.

골프든 당구든 샷 하기 전에 생각이 많아지면 몸이 굳어지고 이는 미스 샷으로 이어지기 마련이며, 어드레스(공을 치기 위한 자세를 취하는 것)가 길면 당구에서는 '삑사리'가 나고, 골프에서는 '토핑'이나 '뒤땅'이 납니다.

'하면 할수록 어렵다'라는 말이 많은 논란의 소지를 불러일으킬 것이라 보는데, 실제 골프와 당구뿐만 아니라 모든 스포츠가 상급자로 올라 갈수록 더 어렵게 느끼는 것이 사실이기 때문입니다.

여섯째. 24시간 전문 채널이 있습니다.

현재 대한민국 골프 전문 방송사는 SBS Golf, JTBC Golf, The Golf Channel 세 곳이고, 이들 방송사를 중심으로 골프 관련 콘텐츠가 생산되고 있는데, 당구 역시 전문 당구 채널을 보유하고 있으며 빌리어즈TV입니다.

빌리어즈TV는 2014년을 기점으로 당구 전문 방송으로 거듭났는데, 이전에는 SBS스포츠, MBC스포츠플러스, 인터넷 방송 코줌 등에서 중계되었고, 특이한 점은 '빌리어즈TV가 현존하는 세계 유일의 당구 전문 채널'이라는 점입니다.

전문 채널 존재는 곧 중계권료 활성화를 의미하는데, 골프대회는 J골프&엑스포츠(2007~2009년), J골프&MBC ESPN(2010년), J골프&SBS골프(2011~2013년), SBS골프(2014~현재)로 중계권사를 거치면서 2008년 연간 2억 5,000만원이었던 중계권료가 2018년 기준 68억 원으로 26배나 껑충 뛰었습니다.

대한당구연맹은 2015년~2017년까지 빌리어즈TV와 3년간 중계권 계약을 체결했고, 연간 2억 5,000만 원으로 총 7억 5,000만 원의 사상 최대 액수라고 밝힌 바 있습니다.

2020년에는 2020년~2023년까지 총 3년간 중계권료로 20억 원, 마케팅 권리금으로 7억 5,000만 원 등 총 27억 5,000만원 계약을 체결했습니다.

중계권료 금액만 놓고 보자면, 연간 6억 6천만 원 수준이며 당구 중계권료는 2015년 대비 약 2.6배 성장했는데, 골프 중계권료가 2008년 연간 2.5억 원 규모로 시작해서 2018년 기준 68억 원 수준으로 대폭 뛰었던 것처럼, 당구 중계권료 역시 2015년 연간 2.5억 원 규모로 시작해 2020년 기준 6.6억 수준으로, 상승세를 그리고 있습니다.

일곱째, 시청률이 높습니다.

'특정 종목을 다루는 전문 채널이 등장했다'는 건 시청률이 어느 정도 뒷받침되었음을 의미하는데, 국내 최고 인기 스포츠인 2017년 프로야구 평균 시청률은 1.07%였고, 프로배구는 0.81%로 2위를 차지했습니다.

2018년 여자프로골프(KLPGA) 시청률은 0.42%정도였고, 남자 프로농구는 경기당 평균 0.2%, 프로축구는 0.11%순이었습니다.

당구는 2019년 프로 출범한 PBA투어를 기준으로 살펴보자면 2019년 PBA TOUR 채널 별 평균 시청률은 빌리어즈TV 0.21%, SBS SPORTS 0.2%, MBC 0.44%이고, 시청률만 놓고 보면 프로농구나 축구를 훌쩍 뛰어넘는 수치입니다.

더욱 놀라운 사실은 어떤 매체에 최소한 한번 또는 그 이상 노출된 표적 오디언스 수 혹은 퍼센트를 말하는 프로그램 도달률인데, 예를 들어 4주 동안 해당 프로그램에 한번이라도 노출된 표적 오디언스 수는 10명 중 7명으로서 비율을 환산하면 70%가 됩니다.

2019년 3월~2020년 2월까지 국내 프로스포츠 종목 프로그램 도달률 순위는 프로야구(60.2%) 〉프로당구(35.1%)〉 프로농구(32.7%) 〉 프로배구(31.6%) 〉 프로축구(30.4%) 〉프로골프KLPGA (20.2%) 순이며, 정규시즌 생방송 중계 기준으로 유료방송가구(AGB NMR) 모집단 가구 수 19,221,541 가구 중 6,735,909 가구에 해당합니다.

여덟째, 레슨(교습) 콘텐츠입니다.

골프와 당구의 대표적인 특징은 '경기 결과가 결정적으로 중요하지 않다'는 것이며, 야구와 마찬가지로 전체적인 흐름을 느끼면서 관람하는 스포츠로 무엇보다 긴 호흡이 중요하고, 이렇게 호흡을 따라가다 보면 몰입감과 심리적 일체감이 커집니다.

골프선수 스윙을 보며 저 상황에서는 몇 번 클럽을 잡고 테이크 어웨이(백스잉 시작 단계에서 어깨가 회전하며 골프채를 90도 회전시켜 수평으로 들어 올리는 동작)를 얼마만큼 빼고, 백스윙은 얼마만큼 했는지 유심히 살펴보게 되는 것이며, 당구 역시 나라면 이렇게 길을 봤는데 '선수는 저렇게 보는 구나 나중에 나도 한 번 해 봐야지'라고 생각하고, 두께, 회전, 당점, 큐 스피드 등을 종합적으로 살펴보게 됩니다.

이렇게 골프와 당구는 경기를 떠나 '레슨 콘텐츠' 역할을 겸하고 있고, 이 때문에 두 종목 재방송 시청률은 다른 종목에 비해 높은 편이며, 실제 2018년 6월 벨기에에서 열린 블랑켄베르크 월드컵이 바로 이런 경우인데, 생방송 평균 시청률 0.373%, 최고 시청률 0.569%를 기록했으나, 재방송에서 평균 시청률은 거의 변화가 없었고, 최고 시청률은 0.779%로 오히려 더 오른 것으로 나타난 것입니다.

'1,200만 동호인을 보유했다'는 당구의 위력이 새삼 느껴지는 대목이고, 골프대회 재방송 시청률은 0.09%내외를 유지하고 있는데, 타 스포츠 재방송 비율이 턱없이 낮다는 점을 고려한다 해도 고무적인 수치가 아닐 수 없으며, 참고로 2019년 KBO재방송 시청률은 0.07%를 기록했습니다.(AGB닐슨 기준)

아홉째, 프로가 있습니다.

'골프에 프로가 있다'는 사실은 이제 누구나 알고 있는 상식인데, '당구에도 프로가 있다'는 사실은 대중들에게 아직 잘 알려지지 않았는데, 한국남자프로골프는 1968년 프로화 되었고, 여자프로골프는 1988년 프로화 되었으나, 그 동안 당구 프로화는 총 5번의 시도가 있었으나 모두 실패하고 말았습니다.

90년대 후반, 2000년대 초반과 중반, 2010년, 그리고 2018년까지 모두 다섯 차례 프로 당구 창설이 추진되었던 것이 2019년 5월 PBA TOUR가 탄생하면서 마침내 당구 프로화의 길이 열렸습니다.

PBA TOUR는 대한민국 역사상 8번째 프로스포츠 단체이자, 6번째 프로스포츠 종목이자, 첫 번째 글로벌투어이며, 프로골프와 프로당구 모두 승강제를 기반으로 하고 있고, 프로골프는 1, 2, 3부 리그가 운영되고 있으며 1투어에서 약 128~144명이 탄력적으로 뛰고 있습니다.

1부 투어 규모는 일 년에 대략 30내외로 왔다 갔다 하고, 프로골프 2부 투어와 3부 투어도 비슷한 규모의 선수들이 참가하고 있는데, 프로당구도 마찬가지로 1, 2부 리그를 운영하고 있고 현재, 1부 투어에서 128명이 뛰고 있습니다. 1부 투어 규모는 대략 8개 내외로 왔다 갔다 하며, 프로당구 2부 참가인원은 평균 240명 정도입니다.

프로는 스포츠의 '꽃'이고, 프로가 된다는 건 대중적인 관심을 의미하며 나아가 영화나 음악 같은 엔터테인먼트 콘텐츠로서 가치를 재평가 받을 수 있는 기회이며, 앞으로 테니스, 배드민턴, 탁구 등 경쟁력 있는 스포츠가 프로화 되어 보다 많은 사람들에게 사랑받고 산업적으로 한 단계 도약했으면 하고 바랍니다.

열째, (명실상부)한 종주국입니다.

오늘날 이 말에 토를 달 사람은 별로 없듯이, 미국은 골프나 아이스하키 종주국입니다.(아이스하키를 너무나도 사랑하는 캐나다를 제외하고.)

그런데 실상 골프와 아이스하키 발상지는 영국이나, 오늘날 세계시장에서 골프와 아이스하키는 미국 중심으로 재편되었고, 미국은 스포츠 상업화에 성공한 것입니다.

사실 '대부분 스포츠가 미국을 중심으로 돌아가고 있다'고 해도 과언이 아니지만, 2020년 오늘날 골프(여기서는 KLPGA에 한함)와 당구는 적어도 '실력면에 있어서는 미국의 아성을 뛰어넘을 위치에 왔다'고 해도 과언이 아닙니다.

우선 2020년 두 종목 모두 세계 최정상급 선수를 보유했고, 여자 골프는 지난 2019년 10월 세계랭킹 1, 2, 3위를 배출했으며, 세계 톱 20 중에서는 한국 선수가 무려 9명이 포진해 있습니다.

지금까지 LPGA무대를 밟은 선수는 대략 40명 내외로 지금도 많은 한국 선수들이 LPGA무대에 진출하고 있고, LPGA무대는 우리나라 선수들뿐만 아니라 전 세계 많은 선수들이 '아메리칸 드림'을 이룰 수 있는 무대가 분명합니다.

그런데 최근 여자 프로골퍼들에게 변화가 생겨 LPGA 투어 시드를 얻어도 미국 진출에 신중을 기하게 된 것인데, 이는 과거와 달리 국내 무대 즉, KLPGA 위상이 확연히 달라진 것에 기인합니다.

2019년 KLPGA 상금랭킹 1위 최혜진은 총 상금은 12억 700여만 원이고, 2위 장하나는 11억 5,700여만 원으로 LPGA 상위 랭커와 비교해도 크게 떨어지지 않습니다.

참고로 김효주 선수는 LPGA상금랭킹 10위로 1,290,734달러이고, 이제 한국여자골퍼들은 무작정 미국 진출을 서두르기보다, 가족과 함께 지낼 수 있는 보다 안정적인 국내 무대 역시 선택지에 올려 두었습니다.

당구는 2019. 2월 대한체육회 등록 당구 선수 기준 세계당구연맹(UMB) TOP 50위 중 한국선수 8명이 포함되어 있고, 2019년 5월 PBA TOUR가 공식적으로 출범하면서 많은 선수들이 프로화 길에 나섰는데, PBA TOUR는 총128명이 뛰고 있으며, 쿠드롱, 레펜스, 마르티네스, 필리포스 카시도코스타스 등을 비롯해 외국인 선수가 30명 정도입니다.

벨기에, 스페인, 네덜란드, 독일, 터키, 그리스, 콜롬비아, 덴마크, 프랑스, 미국, 멕시코, 베트남, 일본 13개국 선수들이 PBA TOUR에서 활약하고 있는데, 나머지 선수들은 한국선수들로 구성되었습니다.

물론 아직까지 두 종목이 종주국 위치를 차지했다고 말하기에는 여러 가지로 부족한 면이 많으나, 다른 종목에 비해 골프와 당구는 취약한 한국 스포츠 시장에서 선전하고 있는 것이 분명해 보입니다.

열한 번째, 비싼 스포츠입니다.

골프가 비싼 스포츠인 것은 확실히 알겠지만, 당구가 비싼 스포츠라는 것에 많은 사람들이 의문을 가질 것이나, 확실한 건 적어도 장비에 있어서는 당구가 골프를 확실히 능가합니다.

현재 타이틀리스트나 캘러웨이 등 어지간한 클럽 풀 세트를 200~300만 원 선에서 구매할 수 있다고 하면, 아담 무사시, 롱고니, 한밭과 같은 큐 한 자루는 300~500만 원 정도를 호가합니다.

골프장비 풀 세트(드라이버, 아이언, 웨지 등)를 200~300만 원 선이면 살 수 있는데, 좀 비싸다 싶은 큐는 한 자루에 5백~천만 원 가까이 합니다. PXG나 뱅과 같이 고가를 형성하고 있는 드라이버 가격이 평균 200안쪽 것에 비하면, 엄청난 가격차이가 아닐 수 없습니다.

골프가 골프 채 외 각종 악세사리(보스턴 백, 골프화, 골프 볼, 장갑, 파우치 등)가 많은 것처럼, 당구 역시 많은 악세사리(팁, 초크, 글러브, 그립, 익스텐션 등)를 가지고 있는데, 이 또한 가격이 만만치 않습니다.

교습비 또한 만만치 않습니다. 현재 당구는 골프에 비해 레슨(교습)이 활발한 편은 아니지만 레슨 가격은 만만치 않은데, 당구레슨비는 A급 선수한테 받을 경우 한 달 기준 40만 원 정도 소요됩니다.

일주일에 2~3번, 회당 2시간 정도 소요되며, 한 시간 기준으로 15분 레슨 45분 연습으로 구성되며, B급 선수한테 받을 경우 한 달 기준 20~30만원이고, 이 정도면 골프와 얼추 비슷한 수준입니다.

당구 시장이 좀 더 활성화 된다면 지금보다 가격이 떨어질 수 있지만, 이쯤 되면 당구가 '서민들의 스포츠'라는 사실이 무색하게 느껴질 정도입니다.

열두 번째, 확실한 지지 층이 있습니다.

골프와 당구는 확실한 지지 층이 존재한바, 한국레저산업연구소에 따르면 2020년 국내 골프 동호인은 386만 명으로 집계 되었고, 대한당구연맹은 국내 약 1,200만 명의 당구 동호인이 있다고 밝혔습니다.

2020년 대한민국 인구수는 5,178만 579명인데, 정말 많은 사람들이 골프와 당구를 즐기고 있는 것을 알 수 있고, 전국 편의점 수는 2019년 기준 약 42,000개인데 전국 골프장, 골프연습장, 스크린골프장 수는 대략 1만여 개입니다.

전국 당구장 수는 22,000여개로, 쉽게 전국 편의점 대비 골프 시설은 1/4수준, 당구 시설은 1/2 수준으로 우리 생활과 밀접하게 연관되어 있습니다. 전 세계 스타벅스 수는 2019년 기준 29,865개인데(우리나라만 1,260개) 실로 놀라운 숫자가 아닐 수 없습니다.

골프와 당구가 타 종목과 가장 차이가 나는 부분은 종목 뒤에 산업이 존재하는가 여부로, 2018년 기준 국내 골프 시장 규모는 12조 4,000억 원이며, 골프를 직접 치거나 관람하는 본원시장이 4조 9,409억 원(39.8%) 규모를 형성하고 있고, 골프용품, 골프장 운영, 시설관리 등 파생시장이 7조 4,619억 원(60.2%)규모로 나타났습니다.

당구 시장 규모는 2조 2,000억 원 규모로 당구 역시 본원 시장인 당구장 클럽을 이용하거나 관람하는 시장이 대략 2조원 규모를 형성하고 있으며, 당구용품, 유통업, 창업 컨설팅 사 등 파생시장이 2,000억 원 규모입니다.

물론, 이러한 숫자가 야구나 축구처럼 대중화를 의미하는 건 아니고, 골프나 당구를 소비하는 층이 소득수준, 연령 등 특정계층에 집중되어 있는 현상을 보이기 때문이지만, 분명한 건 골프와 당구 뒤에는 야구, 축구, 농구, 배구 종목이 가지지 못한 '산업이 뒷받침하고 있다'는 사실입니다.

열세 번째, 남녀노소 누구나 즐길 수 있습니다.

골프와 당구는 남녀노소 누구나 즐길 수 있다는 공통점이 있고, 두 종목 모두 체력과 체격에 크게 구애 받지 않는데, 어릴 때부터 시작해서 성인이 되고 노후까지 즐길 수 있는 스포츠는 흔치 않고, 골프 용품 사상 최대 이벤트인 2012년 제59회 PGA Merchandise Show에서 골프 전설 잭 니클라우스가 골프 2.0 Plan을 발표했습니다.

해당 이벤트 주제이기도 한 골프 2.0 Plan은 재미있는 골프, 주니어 패밀리, 여성을 포함한 시니어 골프 개발을 위한 "Player Development Game Plan"이 핵심이며, '2020년 4,000만 골퍼 만들기와 선수개발프로그램으로 골프 산업을 발전시키겠다.'는 야심적인 전략입니다.

골프 산업이 장기적으로 지속 가능한 '번영'을 이루기 위해서는 '변화'를 꾀해야 한다는 것을 골자로 하고 있고, 주니어, 여성, 시니어를 콕 집어 언급한 점이 인상적입니다.

최근 골프는 주니어 중심으로 재편되고 있는데, 스내그 골프는 골프를 처음 접하는 어린아이들이 골프에 대한 관심과 재미를 느낄 수 있도록 구성되어 있고, 알록달록한 색상의 공과 벨크로(찍찍이) 소재를 적극 활용한 미니 골프로 골프에 대한 이해도를 자연스럽게 높일 수 있도록 고안되었습니다.

당구 역시 대한민국을 대표하는 클럽 스포츠로서 재도약을 꿈꾸고 있는데, 당구는 2020년 문화체육관광부와 대한체육회가 주최/주관하는 '스포츠클럽 디비전' 도입이 확정됐으며, 축구에 이어 국내 2번째로 '스포츠클럽 디비전' 리그 도입이 확정된 것입니다.

스포츠클럽 디비전에 당구 종목이 선정된 것은 당구가 이미 리그 구성에 적합한 인프라를 갖추었음을 의미합니다만, 당구는 아직까지 유소년이 즐길 수 있는 시설이 많이 부족합니다.

기존 당구대 사이즈는 중대, 대대 위주로 구성되어 있는데 초등생이 활용하기에 너무 크고 높으며, 아이들을 위한 소대 시장과 큐 시장은 머지않아 블루오션으로 떠오를 것인바, 아이들이 자신과 맞지 않는 옷을 벗고 당구를 즐길 수 있는 환경이 된다면 당구 확장성 역시 커질 것입니다.

스포츠 선순환이란 좋은 선수가 지속적으로 나올 수 있는 환경을 구축하는 것을 의미하고, 젊은 층들이 기성세대 버금가는 뛰어난 실력을 보일 때 해당 투어 역시 젊어지고 경쟁력이 강화될 수 있는 것입니다.

2020년 현재 대한민국 골프는 20대 여자프로선수를 주축으로 활성화되었고, 좋은 선수들이 꾸준히 배출되는 KLPGA 덕분에 세계무대에서 대한민국 골프 위상은 크게 올라갔습니다.

최근 출범한 프로 당구도 당구계 아이돌로 떠오른 신정주, 스페인 신성 마르티네스와 같은 젊은 선수가 선전하고 있고, 여기에 LPBA(Ladies professional billiards association)를 대표하는 미녀 3총사인 이미래, 서한솔, 전애린과 같은 젊은 선수가 활약한다면, 당구가 가진 구태의연한 이미지를 개선하는데 큰 도움이 될 것입니다.

프랑스에서는 "당신은 부자인가?"에 대한 기준으로 "직접 즐기는 스포츠가 있는가?"라는 항목이 있는바, 대한민국에서 "당신은 부자인가?"에 대한 기준으로 스포츠가 그 반열에 끼지 말아야 할 이유는 어디에도 없습니다.

5 소피아그린CC 소개

여주시 관내 22개 골프장 중에서 열 두 세 번째로 개장한 지혜의 땅, 소피아그린 CC 코스는 27홀로, 코스 유지 관리에 최선의 노력을 기울입니다. 빼어난 코스 레이아웃과 관리, 그리고 감성을 자극하는 서비스로 접근성도 빼어납니다.

세종(世宗, Par36, 3,204m), 여강(驪江, Par36, 3,148m), 황학(黃鶴, Par36, 3,229m) 3개 코스로 구성되어 있고, 15년 이상의 골프장 운영 및 코스관리 등을 통해 갖춘 전문적인 노하우를 지닌 곳입니다.

각 홀에는 Blue, White2, White1, Gold, Red 티를 설치하여 연령별, 기량별로 난이도를 조절할 수 있도록 운영 중이며, 홀별 난이도에 따라 연못 및 86개의 벙커를 적재적소에 배치시켜 매 홀별 플레이에 묘미를 더했습니다.

세종(世宗) 코스

세종(世宗) 코스의 명칭을 단 세종대왕은 여주 영릉(英陵)에 잠들어 계시는데, 한글 창제는 세종대왕의 애민정신(愛民精神)의 정점입니다.

문자와 말이 달라 백성들이 자신의 뜻을 마음대로 표현하지 못하는 것을 염려한 측은지심(惻隱之心)이 우리를 전 세계에서 가장 위대한 문자를 사용하는 민족으로 만들었습니다.

이러한 세종의 뜻을 되살리고자 아홉 개의 홀에 아름다운 순 우리말의 이름을 붙였고, 이 아름다운 우리말들이 잊혀지지 않고 날로 쓰이어 후세에도 세종의 애민정신이 길이길이 이어지기를 바랍니다.

(1번 누리홀, 2번 다솜홀, 3번 더기홀, 4번 마루홀, 5번 송알홀, 6번 아람홀, 7번 우금홀, 8번 하늬홀, 9번 한울홀)

여강(驪江) 코스

여강(驪江) 코스의 '물'은 여주의 상징이며, 여주는 충주를 관통하는 달천(達川, 달래강)과 강원도와의 경계에서 유입되는 섬강이 합수되는 절묘한 지형입니다.

예로부터 경기 제일의 농경문화를 꽃피운 산하(山河)와 중요 지점마다 여러 나루터가 있던 여주는 교통은 물론 문화의 집산으로 국가경제의 한 몫을 담당하던 지역이었습니다.

이곳 주민들이 불러왔던 남한강의 옛 이름 '여강(驪江)'의 120 리 뱃길을 따라 물이랑을 내 듯 따라가는 아홉 개의 라운드는 자연스레 여주의 역사와 문화 속으로 여러분을 안내할 것입니다.

(1번 파사홀, 2번 매사홀, 3번 창남홀, 4번 영릉홀, 5번 중암홀, 6번 청심홀, 7번 마암홀, 8번 영월홀, 9번 흔암홀,)

한편, 남한강과 수려한 자연 · 비옥한 평야를 바탕으로 힘차게 날아오르는 여주시는 풍부한 문화자산을 지녔고, 여주시 단현동, 여주시 연양동, 능서면 내양리에서 구석기 유물이 수습되었으며, 청동기 유적으로는 흔암리 선사주거지가 잘 알려져 있을 정도로 거주시기가 오래되었습니다.

여주시는 여주 쌀의 인지도를 더욱 높이기 위해 쌀을 미래형으로 귀엽게 형상화한 '캐릭터 미돌이'와 역사와 전통을 이어온 도예문화의 메카로서 '캐릭터 청돌이'와 '백돌이'를 의인화하여 홍보하고 있습니다.

마한 · 백제기에는 고구려 · 동예 등과 요충지대를 이루었으며, 이와 관련하여 이포, 술천성, 매룡리고분군 등의 유적이 형성되었고, 고구려의 남진 이후 475년(장수왕 63) 여주 지역에 골내근현이, 이포 지역에 술천군이 설치되었으며, 삼국통일 이후 757년(경덕왕 16)에 각각 황효현, 기천군으로 고쳤습니다.

1469년(예종 1) 세종대왕릉(영릉)이 북성산 기슭으로 옮겨짐에 따라 훈민정음을 지어 펴신 성군 세종대왕님을 모신 고장이 되어 여주목으로 승격되었으며, 이때 천녕현을 폐지하여 여주목에 병합시켰습니다.

1992년에는 북내면에 오학출장소가 설치되어 1읍 · 9면 · 1출장소 체제로 정비되었으며, 2007년 행정구역 개편으로 북내면 오학출장소가 여주읍 오학출장소로 개편되었고, 2013년 여주군이 여주시로 승격되어, 여주읍은 여흥, 중앙, 오학동으로 개편되었고, 가남면은 가남읍으로 승격되었습니다.

황학(黃鶴) 코스

황학(黃鶴) 코스의 '황학산(黃鶴山)'은 여주 사람들의 삶의 터전인 '여강' 주변의 비옥하고 너른 충적평야의 중심에 위치해 있고, 황학산 주변의 너른 들은 예로부터 임금께 진상했던 것으로도 이름이 높은 전국 제일 품질의 '쌀'을 생산하고 있습니다.

여주는 비옥한 토지만큼이나 역사적으로 훌륭한 인재를 많이 배출하기도 하고, 덕망 높은 선조들이 애착을 갖고 오랜 기간 기거했던 지역이기도 하는바, 때론 치열하기도 하고, 때론 유유자적한 삶을 살아간 선조들의 그림자를 고스란히 '황학(黃鶴)코스' 아홉 개의 라운드에 담아냈으니, 이 길을 따라 선조들의 삶과 풍류를 느껴보시길 바랍니다.

(1번 서희홀, 2번 백운홀, 3번 목은홀, 4번 매죽홀, 5번 우암홀, 6번 반계홀, 7번 명성홀, 8번 창의홀, 9번 묵사홀,)

더케이(The-K)호텔 서울, 소피아그린CC 클럽하우스 입성

한국교직원공제회(The-K, 이하 '공제회')는 1971년 전국 교직원의 생활 안정과 복리 증진을 위해 설립된 국내 최대의 교직원 복지기관으로서, 2022년 2월 말 기준 회원 87만 명, 자산 53조 원을 달성하고 있습니다.

공제회는 모든 교직원이 재직 중에는 물론, 퇴직 후에도 교직의 보람과 생활의 풍요함을 누릴 수 있도록 특별법(법률 제2296호)으로 설립된 정부 보장의 교직원 복지기관이며, 소피아그린CC에 100% 출자한 공제회입니다.

소피아그린CC 클럽하우스에 더케이(The-K)호텔 서울에서 입성했는데, 더케이(The-K)호텔 서울의 풍부한 호텔 경험을 바탕으로 호텔 급 서비스와 최고의 실력을 갖춘 쉐프로 구성하여, 소피아그린CC에서의 제 2의 도약을 준비하고 있습니다.

소피아그린 회원들의 연령대를 고려해 음식 가격을 파격적으로 낮춰 판매함으로써 고객들의 좋은 반응을 받고 있으며, 맛과 서비스 가격으로 최고의 경쟁력을 갖춰 국내 골프장 클럽하우스의 판도를 주도하려는 목표도 갖고 있습니다.

공제회 구내식당 및 출자회사 식음사업장 출점을 통한 더케이호텔 서울 인력 파견 등의 다양한 노력도 하고 있는바, 소피아그린CC를 거점으로 제2, 제3 더케이(The-K)호텔 서울의 브랜드 가치와 최고의 서비스, 최고의 맛으로 보답할 것입니다.

한편, 교직원공제회는 지난해에도 적자가 지속됐으며 회원 이용률이 높지 않은 경남 창녕의 실버타운과 복지몰 등의 사업 정리에 나선 바 있고, 올해 김상곤 이사장 신년사를 통해 "출자회사의 경영 효율화를 통한 경쟁력 강화와 재무 건전화는 올해 반드시 선결해야 할 과제"라고 강조하기도 했습니다.

공제회의 자산은 교원의 고귀한 재산인 만큼 공제회가 추구하는 사회적 책임도 병행해야 하며, 기본과 원칙에 입각한 책임경영과 투명성을 바탕으로 한 신뢰, 윤리경영을 토대로 기업 이윤을 창출하고 미래조직을 이끌 수 있는 인재경영을 해 나갈 것입니다.

"깨어있는 삶, 길 찾기"

한상석의 골프장 이야기 2

발행일 2022년 5월 29일

지은이 한상석

펴낸곳 세창문화사
주소 | 경기도 수원시 장안구 천천로 233. 5층
전화번호 | 1544-1466
팩스 | 031-269-6366

가 격 19,000원